# 大学体育与健康运动实践

主　编　闻年富　刘　伟　田国祥
副主编　张　健　雍丽明　蔡阜生
　　　　郁超然
参　编　郭盼盼　靖国梁　王　静
　　　　王湘太　徐晓慧　朱闻松
　　　　马春梅　韩　锐　马岗峰
　　　　殷　枭　张玮红　武青那
　　　　何小亮　程子倩　（排名不分先后）

## 师范高专公共课教材

南京大学出版社

图书在版编目(CIP)数据

大学体育与健康运动实践 / 闻年富，刘伟，田国祥
主编. -- 南京：南京大学出版社，2024.8.(2025 年 8 月重印) -- ISBN
978-7-305-28367-3

Ⅰ. G807.4;G647.9

中国国家版本馆 CIP 数据核字第 2024GS2530 号

出版发行　南京大学出版社
社　　址　南京市汉口路 22 号　　邮　　编　210093
书　　名　**大学体育与健康运动实践**
　　　　　**DAXUE TIYU YU JIANKANG YUNDONG SHIJIAN**
主　　编　闻年富　刘　伟　田国祥
责任编辑　丁　群　　　　　　　编辑热线　025－83686756

照　　排　南京布克文化发展有限公司
印　　刷　盐城华光印刷厂
开　　本　787mm×1092mm　1/16　印张 19.75　字数 480 千
版　　次　2024 年 8 月第 1 版　2025 年 8 月第 2 次印刷
ISBN 978-7-305-28367-3
定　　价　48.00 元

网　　址　http://www.njupco.com
官方微博　http://weibo.com/njupco
官方微信　njupress
销售咨询热线　025－83594756

# Preface

## 前　言

本教材坚持"以学生为本，健康第一"的指导思想，是以科学的发展观为依据，根据教育部颁发的《全国普通高等学校体育课程教学指导纲要》而编写，供幼儿师范高等专科学校学生使用的公共体育课程教科书。分上下两册，上册为《大学体育与健康理论基础》，内容有健康体育篇和幼儿体育篇；下册为《大学体育与健康运动实践》，包括田径、篮球、足球、排球、羽毛球、网球、乒乓球、武术、女子防身术、跆拳道、健美操、排舞、体育舞蹈、瑜伽、拓展训练、攀岩运动、花样跳绳、击剑、极限飞盘、轮滑、游泳 21 项运动的实践内容。教材各章内容重点突出，文字简洁，图表恰当，通俗易懂，便于自主学习。教师在组织体育课教学时可根据各年级学生的实际水平，有计划、有选择地使用。

本教材遵循健康性、兴趣性、科学性和发展性等编写原则，理论基础部分既注意保持体育理论知识体系的系统完整，又注重幼师生知识水平和实际应用需要；运动实践部分力图突破竞技运动体系的框架，以健身、娱乐、休闲的指导思想组织教材体系，同时考虑到幼师生未来岗位工作的需要和终身体育的需求，对各类体育项目的基本内容、方法和学法指导有所侧重，力求贴近新课程改革的要求，较好体现师范体育教育的双重目标。

本教材具有以下两个特色：一是具有职业性，本书依据高等职业院校的教学特点，立足本位，重视体能教育，在引导学生练好基础体能的同时，提高其职业技能；将体育与职业素质融为一体，引导学生为终身体育和未来所从事的职业打好身体基础，帮助学生在体育锻炼中享受乐趣、增强体质、健全人格、锤炼意志。二是具有思想性，本书以"立德树人，健康第一"为指导思想。其中，体育与健康理论基础可引导学生重视健康，促进学生养成健康的生活方式，掌握科学的体育锻炼方法，树立终身体育意识。在体育与健康运动实践中，教材通过对各类体育运动项目的介绍，激发学生的体育运动兴趣，培养其规则意识、团结拼搏精神和顽强的意志品质。根据教材，总体上形成"健康知识＋基本运动技能＋专项运动技能"的学校体育教学模式。

由于编写人员水平有限，若本书有不妥之处，恳请广大读者给予批评和指正，以便我们今后对本书进行修订和完善。

编者
2024 年 6 月

# Contents
## 目　录

# 第一章 田径

田径运动是最大的运动项目之一，看似简单易行，却包含许多技法。选择适合自己的田径运动可以改善人体形态，提高身体素质和心理机能。

## 第一节　田径运动概述

### 一、田径运动的起源与发展

田径运动是由走、跑、跳、投等运动技能组成的以个人为主的运动项目。早在远古时期，人们在劳动中不断重复走、跑、跳、投等动作，从而掌握相应技能。真正的田径运动在公元前776年第1届古代奥运会上产生，现代田径运动也起源于欧洲。1896年在希腊举办的第1届现代奥运会上，田径的走、跑、跳、投等项目被列为主要比赛项目。此后现代田径运动逐步发展。

### 二、田径运动的特点与分类

**1. 田径运动的特点**

（1）健身特点：田径运动易于在群众中广泛开展，是健身价值较高的运动项目。长时间、系统的田径运动能提高人的走、跑、跳、投等基本运动技能水平，能全面提高人的速度、力量、耐力、灵敏度、柔韧性等身体素质。

（2）竞技特点：竞技体育是社会文化不可缺少的组成部分。田径运动比赛是竞技运动中公平竞争的典范，运动员的精神和运动美是激励人们欣赏体育的源泉。

（3）运动基础特点：田径运动的运动基础价值表现在3个方面。第一，人类不能摆脱走、跑、跳、投等基本运动技能；第二，很多运动项目也离不开走、跑、跳、投等基本动作；第三，田径运动能全面有效地提高人的身体素质。

（4）教育特点：在田径项目教学、训练和比赛中，参加者既可以在技术学习中提高心智,承受生理、心理负荷,还要遵守规则,这有利于养成良好的思维心理素质。

(5)娱乐特点:参加田径运动可以愉悦身心。在各种以田径为主的游戏和比赛中,参与者自身的技术改进、运动水平的提高都会使参与者心理满足,使其身心得到健康发展。

(6)回归自然特点:在现代社会中,人们渴望回归自然,而走、跑、跳、投是人类在与自然环境的斗争中掌握的技能,锻炼田径能力可以让人们找到回归自然的感觉。

**2. 田径运动的分类**

《国际田联竞赛规则》(2018—2019 年)将田径运动分为径赛、田赛、公路赛跑、竞走、越野赛跑、山地赛跑、野外赛跑。国际正式比赛中对田径运动的分类及具体比赛项目如表 1-1 所示。

表 1-1　国际正式比赛中田径运动的比赛项目

| 类别 | | 组别 | 项目 |
|---|---|---|---|
| 竞走 | | 男子组 | 场地赛 5 000 米、10 000 米 |
| | | 女子组 | 公路赛 20 千米、50 千米 |
| 跑 | 短距离跑 | 男子组 | 100 米、200 米、400 米 |
| | | 女子组 | 100 米、200 米、400 米 |
| | 中距离跑 | 男子组 | 800 米、1 500 米、3 000 米 |
| | | 女子组 | 800 米、1 500 米 |
| | 长距离跑 | 男子组 | 5 000 米、10 000 米 |
| | | 女子组 | 5 000 米、10 000 米 |
| | 跨栏跑 | 男子组 | 110 米栏(1.067 米)、400 米栏(0.914 米) |
| | | 女子组 | 100 米栏(0.838 米)、400 米栏(0.762 米) |
| | 障碍跑 | 男子组 | 3 000 米 |
| | 马拉松 | 男子组 | 42.195 千米 |
| | | 女子组 | 42.195 千米 |
| | 接力跑 | 男子组 | 4×100 米、4×400 米 |
| | | 女子组 | 4×100 米、4×400 米 |
| 跳跃 | | 男子组 | 跳高、撑竿跳高、跳远、三级跳远 |
| | | 女子组 | 跳高、撑竿跳高、跳远、三级跳远 |
| 投掷 | 铅球 | 男子组 | 铅球(7.26 千克) |
| | | 女子组 | 铅球(4 千克) |
| | 标枪 | 男子组 | 标枪(800 克) |
| | | 女子组 | 标枪(600 克) |
| | 铁饼 | 男子组 | 铁饼(2 千克) |
| | | 女子组 | 铁饼(1 千克) |
| | 链球 | 男子组 | 链球(726 千克) |
| | | 女子组 | 链球(4 千克) |

续表

| 类别 | 组别 | 项目 |
|------|------|------|
| 全能 | 男子组 | 100米、跳远、铅球、跳高、400米、100米栏、铁饼、撑竿跳高、标枪、1 500米 |
| | 女子组 | 100米栏、铅球、跳高、200米、跳远、标枪、800米 |

### 三、田径运动主要赛事

国际上的田径比赛主要有奥运会田径比赛、世界田径锦标赛、田径世界杯赛、国际田联钻石联赛、亚运会田径比赛、亚洲田径锦标赛等。我国的田径比赛主要有全国田径锦标赛、全国田径冠军赛、全国田径大奖赛等。

## 第二节　径赛基本技术

径赛项目众多,根据高校学生锻炼与比赛的需要,这里主要介绍短跑、中长跑、接力跑和跨栏跑。

### 一、短跑

短跑是田径运动的基础项目,在其他项目训练中也占有非常重要的地位。短跑的基本技术包括起跑、加速跑、途中跑、终点跑。

#### 1. 起跑

起跑指从静止到起动的过程。起跑的任务是迅速摆脱静止状态,并获得良好的向前冲力,为起跑后的加速跑创造条件。起跑器如图1-1所示。短跑主要采用蹲踞式起跑技术,如图1-2所示。"各就位"时要求两臂伸直,手指成拱形做弹性支撑,身体重量均匀地落在两手、脚和后膝之间,身体稳定;"预备"时要求逐渐抬起臀部,身体重量主要落在两臂与前腿之间,臀部稍高于肩,两肩超出起跑线;鸣枪时快蹬、快摆,迅速蹬离起跑器,注意前摆时脚掌不要离地过高。

图1-1　起跑器

各就位　　　　　　　预备　　　　　　　鸣枪

图1-2　蹲踞式起跑技术

如图 1-3 所示，弯道起跑时，为了形成一段直线距离的加速跑，应将起跑器安装在跑道右侧正对左侧弯道的切点方向。左手撑于起跑线后 5～10 厘米处，身体正对弯道的切点。加速跑距离较短，上体抬起较早，沿切线跑进。

如图 1-4 所示，从直道进入弯道，身体应有意识地稍向圆心方向倾斜，同时，右脚前脚掌内侧用力，左脚前脚掌外侧用力。摆动时，右腿膝关节稍向内，左腿膝关节稍向外。右臂的摆动幅度和力量略大于左臂，尽可能沿跑道内侧前进。

图 1-3　弯道起跑姿势

图 1-4　直道进入弯道

从弯道进入直道，最后几米，应逐渐减小身体内倾程度，惯性跑 2～3 步后转入正常途中跑。

**2. 加速跑**

加速跑指从蹬离起跑器到途中跑开始。加速跑的任务是充分利用重力和向心力的合力，尽量达到最大速度。起跑后第一步不宜过大，为 3.5～4 脚长，第二步为 4～4.5 脚长，稍后逐渐增大。开始阶段，上体前倾角度很大，随着步长和速度增加，上体逐渐抬起，如图 1-5 所示，重心逐渐提高，脚着地点轨迹逐渐成一条直线。

图 1-5　加速跑

**3. 途中跑**

途中跑是全程跑速最快的一段，任务是继续保持高速度。途中跑着地时脚掌要富有弹性地积极扒地。后蹬时支撑腿在摆动腿的拉动下，快速有力地伸展髋、膝、踝三个关节，摆动腿同侧骨盆送髋并迅速有力地向前上方摆。腾空时刚结束后蹬动作的支撑腿小腿应随蹬地惯性迅速向大腿靠拢，形成大、小腿一边前摆一边折叠的动作。另一摆动腿积极下压，膝关节放松，小腿随大腿下压惯性向前下方摆出，做积极的下落扒地动作。腾空时期，应使不参加工作的肌群得到瞬间的放松和休息。

**4. 终点跑**

终点跑是全程跑的最后阶段，任务是尽可能地保持途中跑的最高速度，力求在疲劳情况下保持途中跑的正确技术,以最快的速度跑过终点。技术上要求上体适当前倾,并加强后蹬和摆臂的力量,撞线时上体迅速前倾,躯干撞线。跑过终点后应逐渐减速,以免跌倒受伤。

## 二、中长跑

中长跑不同于短跑的极限爆发力,它要求运动员在跑时既能保持一定速度,又能跑得久,因此,对中长跑的要求是动作轻松自然,身体重心移动平稳,节奏性强,肌肉用力和放松交替能力好。中长跑的基本技术包括起跑和起跑后的加速跑、途中跑、终点跑、呼吸4个方面。

**1. 起跑和起跑后的加速跑**

(1)中长跑的起跑姿势有半蹲式和站立式两种,如图1-6所示。

半蹲式　　　　　　　站立式

**图1-6　中长跑的起跑技术**

(2)800米跑多采用分道跑,运动员一般采用单臂支撑的半蹲式起跑技术。1 500米以上的项目不分跑道,运动员一般采用站立式起跑技术。

(3)无论是在直道还是在弯道跑,都应按切线方向朝有利位置跑进。

(4)在起跑后加速时,应在不妨碍或影响别人的情况下跑向能发挥个人速度和战术需要的位置。

(5)按照既定速度有节奏地进入途中跑。

**2. 途中跑**

(1)脚着地缓冲前,摆动腿的大腿应积极下压,小腿顺势前摆做扒地动作,着地腿的膝关节是弯曲的。

(2)脚着地时应用前脚掌或前脚掌外侧先着地,然后过渡到全脚掌着地。脚尖应正对跑进方向,避免脚向内或向外偏。

(3)脚着地后,小腿后侧肌群和大腿前侧肌群应积极而协调地退让,以减缓着地的制动力。在伸肌退让的同时,应迅速屈踝、屈膝、屈髋,完成缓冲动作。

(4)后蹬前摆时,后蹬的方向必须与跑的方向保持一致。前摆的方向不正会影响后蹬的方向。

(5)后蹬结束时,上体稍前倾,后蹬腿充分发展,髋前送,腾空阶段主要肌群都应适度放松,以减少能量的消耗,保持较快的速度跑完全程。

(6)在弯道跑进时,身体应向左倾斜,右臂摆动的幅度大,右脚着地时脚掌稍内旋。

### 3. 终点跑

（1）爆发力运动员在跟随跑的前提下，在最后阶段可突然加速，耐力好的运动员为了最后的胜利可采取更多阶段的加速。

（2）进入冲刺阶段之前必须抢占有利位置，并注意观察对方的状况，确定开始加速时机。

（3）一旦开始加速必须突然加速，拼尽全力一鼓作气冲到终点。

（4）冲刺时应加大摆臂，加快步频。

### 4. 中长跑中的呼吸

（1）要用鼻子和嘴同时呼吸。

（2）中长跑的呼吸节奏应与跑的节奏配合，可采用三步一呼吸、两步一呼吸、一步半一呼吸或一步一呼吸的形式。

（3）在跑步过程中不能憋气。

## 三、接力跑

接力跑的传棒、接棒位置如图 1-7 所示。

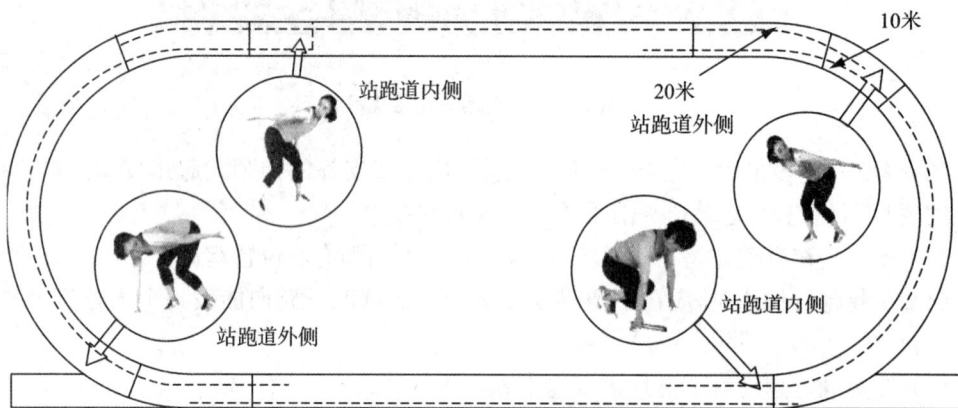

**图 1-7 传棒、接棒位置**

### 1. 起跑

（1）持棒起跑。第一棒运动员采用蹲踞式起跑，技术类似短跑起跑，但接力棒不得触及起跑线或超过起跑线。持棒的方法为：一般用中指、无名指和小指握住棒的末端，用大拇指和食指分开撑地，如图 1-8 所示。

**图 1-8 持棒起跑**

(2)接棒人起跑。如图1-9所示,第二棒、第三棒、第四棒运动员多采用半蹲式或站立式起跑。第二棒和第四棒运动员站在跑道外侧,第三棒运动员站在跑道内侧。接棒人起跑姿势的选择主要取决于能否快速起跑和进入加速跑,并能清晰地看到传棒人以及预设的起动标志。

**图1-9　接棒人起跑**

### 2. 传棒、接棒方法

(1)上挑式:如图1-10所示,接棒人手臂自然后伸,手臂与躯干成40°~45°,掌心向后,虎口张开朝下,传棒人将棒"挑"送到接棒人手中。上挑式的优点是接棒人手臂后伸的动作比较自然放松,易掌握。缺点是第二棒运动员接棒后,握在棒的中部,第三棒、第四棒运动员传接棒时,棒的前端已所剩不多,这样不便于持棒快跑且容易掉棒。

(2)下压式:如图1-11所示,接棒人手臂后伸,与躯干成50°~60°掌心向上,虎口向后,传棒人将棒"压"送到接棒人手中。下压式的优点是每一次传接棒都能握住棒的一端,便于持棒快跑。缺点是接棒人在手臂后伸时相对紧张。

**图1-10　上挑式　　　　图1-11　下压式**

### 3. 传棒、接棒的时机

正确的传棒、接棒时机和起跑标志线的位置是保证在接力区内高速完成交接棒的重要条件。当传棒人到达起跑标志线时,接棒人迅速起动向前奔跑;当传棒人快速追上接棒人还剩2米左右,即接棒人的后伸手与传棒人的前伸手可以交会时,传棒人发出"接"的口令。传棒、接棒的技巧体现在时间差的运用上,当传棒人发出口令"接"时,不要急于将棒送出,待看准接棒人的手臂后伸位置后,再递到接棒人手中。

**4. 接棒人起跑标志的确定**

标志的作用是当传棒人跑到此标志时接棒人开始起跑。起跑标志线的位置一般在接力区 30 米外,视传棒人的后程速度和接棒人的起跑速度以及传棒、接棒技术熟练程度而定,传棒、接棒双方在反复练习中调整这一距离,然后确定下来。

**5. 接力棒次顺序安排**

4×100 米接力跑的成绩主要取决于各棒运动员的短跑速度和传棒、接棒技术。一般第一棒应选择起跑好并善跑弯道的运动员;第二棒应选传棒、接棒技术熟练且专项耐力较好的运动员;第三棒运动员除应具备第二棒运动员的长处外还要善跑弯道;第四棒应选择短跑成绩最好、冲刺能力最强的运动员。

## 四、跨栏跑

跨栏跑是在分道赛跑中依次跨越规定距离设置的栏架的赛跑,分为女子 100 米跨栏跑、男子 110 米跨栏跑和男、女 400 米跨栏跑。跨栏技术可分为起跑至第一栏技术、过栏腾空技术、栏间跑技术和终点跑技术。

**1. 110 米跨栏跑技术**

(1) 起跑至第一栏技术

起跑至第一栏的任务是快速启动,积极加速,为顺利跨过第一个栏架和建立全程跑节奏打好基础。

①起跑方式同短跑。

②起跑至第一栏一般为 8 步,起跑时起跨腿在前,少数身材较高大的运动员采用 7 步,摆动腿在前。

③起跑后加速时,两臂协调一致,两腿积极蹬摆,与短跑相比后蹬角度略大,身体重心较高,躯干抬起较早,跑到第 6 步时,身体姿势已经接近短跑的途中跑姿势,并准备跨栏。

④起跑后各步步长逐渐增大,栏前最后两步更为突出,最后一步靠加快速度和起跨腿积极着地而较前一步缩短 10~20 厘米,准确踏上起跨点,加快起跨腿速度。

(2) 过栏腾空技术

过栏腾空技术包括起跨、腾空过栏、着地三方面。

①起跨:要求快速起跨,形成良好的攻栏姿势。技术要领为重心高、髋前移、腰挺直、身体前倾。起跨前应保持较高的跑速和较高的重心。栏前最后一步短于前一步,起跨腿积极着地,摆动腿折叠前摆。起跨时起跨腿后蹬要迅速有力,蹬地结束瞬间起跨腿的髋、膝、踝三个关节充分伸展,并与躯干、头基本成一条直线。摆动腿在体后折叠,足跟靠近臀部,以髋为轴,大腿带动小腿积极向前摆至膝超过腰部高度。在两腿蹬摆配合完成起跨动作的过程中,上体随之加大前倾,摆动腿异侧臂屈肘向前上方摆出,肘关节达到肩的高度,另一臂屈肘摆至体侧,整个身体集中向前用力,平衡舒展,起跨结束时形成一个良好的攻栏姿势,如图 1-12 所示。

②腾空过栏:要求尽可能缩短腾空时间,减小速度损失。技术要领为摆动腿异侧臂前伸,体前倾,起跨腿屈膝外展,膝高于踝,向前提拉,摆动腿积极直腿下压。起跨腿前脚掌内侧着地起跨,过栏后摆动腿快速主动下压,减少在栏上的滞留时间,以前脚掌支撑着地。

起跨腿蹬离地面后,摆动腿大腿继续向前上方摆动,膝关节超过栏板高度,小腿迅速前摆,脚背勾起。在摆动腿前摆的同时,异侧臂和肩也伸向栏板上方,使肘超过膝,异侧与摆动腿基本平行。同侧臂后摆,上体加大前倾,躯干与摆动腿形成锐角,目视前方。起跨腿蹬离地面后,迅速抬起折叠,踝关节勾脚,脚趾向上翘;过栏时大小腿折叠至几乎与地面平行,如图 1-13 所示,过栏后膝关节领先积极向前上方提拉,并准备积极着地。

③着地:要求主动、快速过渡到栏间跑。技术要领为下压快、着地稳、提拉快、幅度大。用前脚掌后扒着地,落地腿撑地伸直,身体重心处于较高位置。起跨腿提拉至身体正前方,大腿高抬并积极跑出第一步,如图 1-14 所示。

图 1-12 起跨　　　　　图 1-13 腾空过栏　　　　　图 1-14 着地

(3)栏间跑技术

栏间跑技术指栏间 3 步跑的技术。栏间跑技术基本等同短跑,其主要任务是尽可能加快栏间跑节奏,准确地运用栏间距离提高跑速,为顺利跨过下一个栏架创造条件。技术要领为高重心、频率快、节奏稳:栏间跑要保持高重心跑,尽量减少身体重心上下起伏,用前脚掌着地;每个栏间的步长稳定,步频加快。

(4)终点跑技术

终点跑指从跨过第 10 个栏架后跑到终点。此阶段的任务是顺利完成跨跑衔接。下最后一个栏架时,保持身体重心平稳,摆动腿积极下压,近点下栏,起跨腿不要过于向前拉,加大摆臂力度,采取高重心大步幅快速跑进,临近终点时,上体急速前压,躯干撞线。

**2. 不同距离跨栏跑技术**

(1) 女子 100 米跨栏跑技术

女子 100 米跨栏跑与男子 110 米跨栏跑在动作结构上基本相同。

①起跨点与栏架的距离较近,为 1.90～2.10 米,摆动腿几乎贴近栏板上沿过栏。

②躯干在上栏时没有明显的前倾和下压动作,过栏身体重心运行轨迹起伏不大,跨栏步的步长为 3.00～3.10 米,下栏时着地点距栏架为 1.00～1.20 米。

③起跨腿提拉的幅度和高度小,摆动腿压栏动作迅速短暂,摆动腿的异侧摆臂前伸角度小,两腿分腿角度大,剪绞速度快。

④栏间跑和冲刺跑时身体重心波动较小,摆臂动作、跨跑衔接紧密。

(2) 400 米跨栏跑技术

男、女 400 米跨栏跑技术与男子 110 米跨栏跑技术相比无本质差异,但由于栏架高度不同,栏间距离较长且有些栏架设立在弯道上,所以动作形式、动作幅度、用力程度、动作细节略有差别。

①女子过栏技术：由于栏架低，起跨的后蹬力量、上体前倾角度、摆臂幅度和跨腿的提拉速度都较其他项目小，跑跨连贯，接近于跑栏技术。

②弯道过栏技术：男、女 400 米跨栏跑弯道上有 5 个栏架，跨弯道栏时，过栏技术要适当改变，对起跨腿的选择也有要求，一般右腿起跨可以利用向心力顺利过栏而不致失去平衡，比左腿起跨有利，但必须避免过栏时犯规。

## 第三节　田赛基本技术

田赛项目包括跳跃、投掷两类，下面重点介绍跳跃类中的跳高、跳远、三级跳远，以及投掷类中的铅球。

### 一、跳高

当代跳高运动常用的技术是跨越式和背越式，如图 1-15 所示。不管采用哪种技术，跳高都包括助跑、起跳、过杆、落地 4 个阶段。

跨越式

背越式

图 1-15　常用跳高技术

**1. 助跑**

（1）助跑时的起动分为原地起动和行进间起动两种，原地起动如图 1-16 所示。

（2）弧线助跑必须始终保持身体内倾，外侧肩稍高于内侧肩。

（3）助跑的最后几步重心要平稳，步频加快。

（4）倒数第二步时摆动腿积极着地支撑，最后一步时身体保持内倾姿势，沿弧线积极

图 1-16　助跑

迈步准备起跳。

**2. 起跳**

（1）起跳脚以脚跟外侧先着地，然后迅速滚动至全脚掌，同时建立积极的起跳意识。

（2）摆动腿蹬离地面后迅速屈膝折叠向前上方及内侧摆动。

（3）起跳腿着地缓冲后积极蹬伸同时快速摆腿、摆臂、提肩、拔腰。

（4）起跳结束时，肩、髋、膝和踝关节要充分伸展。

**3. 过杆**

以背越式为例。

（1）起跳腿蹬离地面后身体自然伸展，两腿自然下垂。

（2）身体过杆时依次下肩、展体、挺髋。双臂过杆后下放或收于体侧。

（3）臀部过杆后应依次屈髋、抬大腿、上踢小腿。

**4. 落地**

（1）身体过杆后注意低头和保持屈髋、伸膝动作。

（2）以肩背部先着垫，避免两臂先着垫。

（3）着垫后，两膝、两腿适当分开。

## 二、跳远

跳远是速度力量类项目，由助跑、起跳、腾空和落地 4 个部分组成。运动员在通过助跑获得一定速度的基础上，在起跳前尽可能保持最高速度的情况下，通过快速有力的起跳，获得最远的抛射距离。

**1. 助跑**

（1）助跑方法：助跑方法有原地起动助跑和行进间助跑两种。

①原地起动助跑：如图 1-17 所示，原地起动助跑法的步幅比较稳定，速度变化较小，有利于保证助跑的准确性。

②行进间助跑：行进间助跑法的优点是自然放松，缺点是助跑速度不易控制，踏板的准确性不好掌握。

图 1-17　原地起动助跑

（2）助跑方式：助跑方式有平稳加速方式和积极加速方式。

①平稳加速方式：开始阶段步频较慢，在逐渐加大步长或保持步长的基础上提高步频。加速过程均匀、平稳，助跑动作轻松、自然，但加速时间较长。

②积极加速方式：步频始终保持在较高水平，能够较早摆脱静止状态并获得较高的助跑速度，开始几步步长较短，步频较快，上体前倾较大，适合绝对速度比较快的运动员。

（3）助跑距离：助跑距离与运动员的跑动能力有关。一般男子助跑距离为 35～45米，跑 18～24 步；女子助跑距离为 30～40 米，跑 16～22 步。在助跑最后 6 步左右应设立第二标志，以校验助跑步点的准确性和保证上板最后几步的助跑节奏。

最后几步助跑技术：在步长相对稳定的情况下加快步频；最后几步的步长要体现运动员的特点；身体重心适度下降，为起跳做好充分准备。

**2. 起跳**

起跳是跳远的关键技术环节之一，其主要任务是充分利用助跑取得的水平速度，创造必要的垂直速度，以获得尽可能大的腾起初始速度和适宜的腾起角度。起跳分为起跳脚着地、缓冲和蹬伸三个阶段。

（1）起跳脚着地：起跳前一步，起跳腿大腿前摆较低；起跳脚积极下落着板，起跳腿几乎伸直。脚掌与脚跟几乎同时接触起跳板；起跳脚着板前，摆动腿已开始折叠并迅速前摆跟上起跳腿。

（2）缓冲：起跳脚着地至膝关节弯曲程度最大时为缓冲阶段。缓冲时，膝关节弯曲角度要适宜，一般成 135°～145°；起跳腿弯曲缓冲时，摆动腿继续积极折叠前摆，并带动髋部迅速前移。

（3）蹬伸：蹬伸阶段从起跳腿膝关节最大弯曲时开始，至起跳腿蹬离地面瞬间为止。蹬伸时起跳腿的髋、膝、踝三关节充分蹬直，躯干和头部保持正直；蹬伸动作结束时，摆动腿大腿接近抬平，小腿自然下垂，两臂摆至体侧上方。

**3. 腾空**

跳远腾空阶段的任务是维持身体平衡，为顺利完成落地动作创造有利条件。起跳腾空后，运动员要保持起跳离地时的跨步姿势，向前上方腾起。腾空以后的空中动作姿势有挺身式、蹲踞式、走步式等，如图 1-18 所示。

挺身式

蹲踞式

**图 1-18　空中动作姿势**

（1）挺身式：挺身式有助于运动员在空中充分拉长整个身体，加大身体前旋半径，减慢身体前旋的角速度。完成腾空步后，展髋放下摆动腿，起跳腿屈膝前带向摆动腿靠拢。两臂开始时一前一后，当摆动腿继续向后运动时，两臂外展，同时挺胸送髋使躯干微成反弓形。落地前，两臂由上经体前、体侧向后引，收腹举腿，两腿前伸。

（2）蹲踞式：起跳成腾空步（起跳结束时，身体姿势在空中的延续）后，上体保持正直，摆动腿继续向上摆动，起跳腿顺势屈膝前摆，逐渐靠近摆动腿，使两腿屈膝在空中成蹲踞姿势，然后收腹举腿并前伸小腿，两臂由后向前摆动，使身体重心前移，顺势落地。

（3）走步式：这种姿势有利于助跑起跳、蹬伸和摆动各部分技术动作的紧密衔接，动作自然连贯。起跳后，摆动腿以髋为轴下放后摆，同时起跳腿屈膝前摆，在空中完成换步。落地前，摆动腿继续前摆靠拢起跳腿，完成落地的准备姿势。落地时，双腿向前伸。两臂大幅度环绕动作的形式与下肢走步动作协调配合。

**4. 落地**

跳远落地的任务是在身体不后倒的前提下，尽量获得较大的落地距离。落地时两腿伸直，脚尖勾起，两臂在体后；着地后，屈膝缓冲，髋关节快速向前移动。

### 三、三级跳远

三级跳远可分为助跑、第一跳、第二跳、第三跳、腾空和落地 6 个环节，腾空与落地两个环节和跳远相同，下面重点介绍助跑、第一跳、第二跳和第三跳。

**1. 助跑**

三级跳远的助跑方式基本和跳远相同，在距离和节奏上略有不同。优秀的运动员三级跳远的助跑距离一般在 35～40 米之间（跑 18～23 步），在最后的 3～6 步应该适当减小步长，加快步频，从而为起跳做好准备，如图 1-19 所示。

图 1-19　助跑

**2. 第一跳（单足跳）**

助跑最后一步时，摆动腿积极有力地蹬地，起跳腿应积极地快速踏上起跳板，起跳腿前迈时稍低一些。上体保持垂直或适当前倾，起跳脚着地点离身体重心在地面的投影点较近。起跳脚着地后，关节弯曲缓冲，随着身体前移，上体和骨盆应快速前移，摆动腿的大小腿折叠积极前摆，起跳腿及时进行快速的蹬伸动作，摆动腿和两臂于前上方做大幅度摆动。起跳角度为 62°，身体重心的腾起角度为 17°。起跳结束后，在保持一段"腾空步"后（约 1/3 的距离）摆动腿开始向下、向后摆动，同时起跳腿屈膝，大、小腿收紧，脚跟贴近臀部，积极前摆。接着摆动腿后摆，起跳腿向前高抬，小腿自然下垂，完成换步动作，如图 1-20 所示。单足跳的起跳应将助跑和腾空阶段有机地联系在一起，跳跃的抛物线轨迹应尽量低而平。

图 1-20　第一跳（单足跳）

**3. 第二跳（跨步跳）**

第二跳的起跳实际上是从第一跳腾空后开始的。在第一跳腾空的后 1/3 段，运动员的身体开始下降。着地时，髋、膝、踝部肌肉要保持紧张，使着地动作富有弹性，身体重心保持在较高的位置，身体要尽量保持正直，优秀运动员的着地角为 68°左右。

起跳腿着地后要及时屈膝、屈踝，进行适当的缓冲，以使身体快速前移。当身体重心接近支撑点上方时,摆动腿和两臂快速有力地向前上方摆动,身体向上伸展,起跳腿进行快速有力的蹬伸动作。在蹬离地面的瞬间,起跳腿的髋、膝、踝三关节应充分伸直。第二跳的起跳角比第一跳要小,优秀运动员的起跳角为60°,腾空高度也相对较低,一般腾起角度为14°,如图1-21所示。

图 1-21　第二跳(跨步跳)

### 4. 第三跳(跳跃)

经过前两跳后水平速度已有明显下降,因此在第三跳中要充分利用剩余的水平速度,尽可能提高垂直速度,以获得一个较高、较远的腾空轨迹,从而获得最大的远度。第三跳的着地角稍小于前两跳,约为66°,这有利于运动员获得较大的垂直速度。

起跳时要伸髋、伸背,上体保持正直。在起跳结束的瞬间,起跳腿的髋、膝、踝3关节充分蹬直,摆动腿和两臂高摆,以增加身体重心向上移动的距离。第三跳的起跳角和腾起角都稍大于前两跳,分别为63°和18°,起跳的角度与单足跳和跨步跳相比应该相对大一些,两臂前上摆动,摆动腿的膝部向前高抬至少成90°,如图1-22所示。

图 1-22　第三跳(跳跃)

## 四、铅球

铅球运动是单手持铅球放在肩上锁骨窝处,站在直径为 2.135 米的圆圈内靠近后沿处,经过滑步或旋转后,单手从肩上将铅球推出,使铅球落在规定的投掷区内。

**1. 握持铅球**

手指自然分开,把铅球放在食指、中指、无名指的指根上,大拇指和小指支撑在铅球的两侧,如图 1-23 所示。将铅球放在锁骨窝处,紧贴颈部,右臂屈肘,掌心向前,上臂与肩齐平或略低于肩,如图 1-24 所示。

图 1-23　握铅球　　　　　图 1-24　持铅球

**2. 滑步前的预备姿势**

滑步前的预备姿势有高姿势和低姿势两种。

(1) 高姿势:运动员持铅球,背对投掷方向站立,右脚尖靠近圈内沿,左腿自然弯曲,脚尖点地,上体正直放松,左臂自然上举,身体重心较高,落在右腿上。

(2) 低姿势:运动员持铅球,背对投掷方向站立,右脚尖靠近圈内沿,左臂自然下垂,双腿弯曲,身体重心较低,落在右腿上。

**3. 滑步**

(1) 支撑腿自然弯曲,摆动腿积极预摆,躯干与腿部保持 90°,腰背收紧。

(2) 单腿支撑时,身体保持平衡。

(3) 左腿积极发力后摆时,重心由右脚前脚掌移到后脚跟,同时右腿快速地蹬伸用力,身体扭紧。

（4）滑步中,蹬摆左腿,再蹬伸右腿,注意蹬伸的力量、速度和用力顺序,蹬摆的同时注意双肩正对投掷圈后部。

（5）右腿在蹬伸过程中积极落地,右脚先着地,左脚再落地,右脚落在投掷圈中间,如图1-25所示。

图1-25　滑步

### 4. 最后用力

（1）右腿快速地转蹬身体,右手保持好持球的姿势,充分打开胸部。

（2）左腿有力支撑,并顶起身体,身体成侧弓形,身体肌肉处于紧张发力状态。

（3）腿与躯干快速蹬伸,注意发力顺序,肩与头不要过早转动。

（4）出手时屈腕拨铅球,注意出手高度,如图1-26所示。

### 5. 维持平衡

（1）铅球出手后,交换双脚位置,如图1-27所示。

（2）降低重心,缓解向前的冲力。

图1-26　最后用力　　　　　图1-27　维持平衡

## 第四节　田径运动练习方法

### 一、走的练习方法

正式田径运动项目中有竞走,且在日常健身活动中有各式各样的健身走,如大步向前走、倒退走、越野行走等。短距离的快步走可以发展腿部动作的协调性、肌肉的柔韧性与平衡能力；坚持长距离的行走锻炼，可以增加人体的心肺功能肌肉的耐力，更重要的是可以激发运动者的参与动机，提升运动乐趣，形成终身体育意识和良好的健身习惯。

健身走的方法很多，不同的方法对身体有不同的好处。进行健身走锻炼时，不一定千篇一律地保持一个动作持续地走下去，换个方式走会对身体有更全面的作用。以下介绍几种常用的健身走方法。

**1. 大步向前走**

挺胸抬头，眼睛目视前方，两臂放松，前后摆动，与双脚迈步协调配合大腿稍高抬，小腿自然放松，膝关节与脚尖正对前进方向，脚跟先着地并过渡到全脚掌支撑末期前脚掌积极发力（图 1-28）。

图 1-28　大步向前走

**2. 倒退走**

目视前方，偶尔侧转头，挺胸立腰，两臂靠近体侧放松前后摆动，髋关节与大腿放松，膝关节积极弯曲抬腿，前脚掌先着地并过渡到全脚掌（图 1-29）。

图 1-29　倒退走

**3. 足尖走**

头部正直，目视前方，挺胸立腰，两臂前后摆动，膝关节与脚尖正对前进方向，脚跟离地，保持前脚掌着地（图 1-30）。

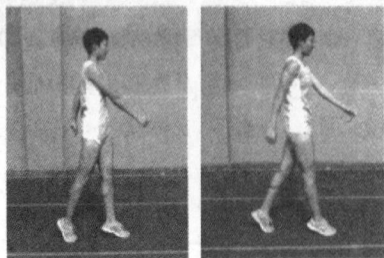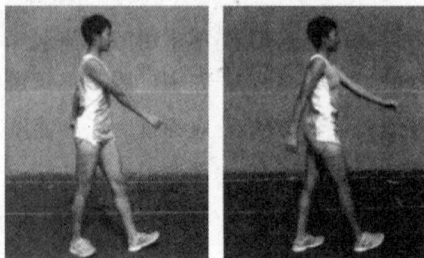

图 1-30　足尖走　　　　　图 1-31　足跟走

**4. 足跟走**

头部正直，目视前方，挺胸立腰，上体略向前倾，两臂自然前后摆动，膝关节与脚尖正对前进方向，前脚掌离地，保持脚跟着地（图 1-31）。

**5. 弓箭步走**

抬头挺胸,目视前方,双手叉腰,两腿前后呈弓步站立,膝关节与脚尖正对前进方向,上体直立,身体重心平稳,双腿交替走成弓步(图1-32)。

图 1-32　弓箭步走

**6. 侧身交叉步走**

以左侧对行进方向为例,右腿经左腿前向左侧迈进,左腿跟着左侧跨一步,右腿再经左腿后向左侧迈进,左腿再左侧跨一步,如此交替进行,双在体侧自然摆动(图1-33)。

图 1-33　侧身交叉步走

**7. 半(全)蹲走**

降低身体重心,成半蹲或全蹲姿势,上体直立或稍前倾,两臂自然弯曲或叉腰,尽量迈大步向前走(图1-34)。

图 1-34　半(全)蹲走

**8. 变速走**

采用大步向前走的技术,控制行走速度疾走与慢走交替进行。

## 二、跑的练习方法

跑步是人们最常采用的身体锻炼方式之一,技术要求简单,不需要特殊的场地、服装或器械。

**1. 快速跑**

快速跑即短跑。具体内容可参看本章第二节相关内容。

**2. 有氧跑**

有氧跑的练习方法与长跑类似，可参看本章第二节相关内容。

## 三、跳的练习方法

根据身体运动方向，可以将跳跃练习分为高跳练习和远跳练习。

### （一）高跳练习

**1. 直腿跳**

原地直立，双腿同时蹬地，以踝关节为轴，尽量直膝向上跳，连续不间断，两臂协调配合摆动（图1-35）。

图1-35　直腿跳

**2. 深蹲跳**

双脚自然开立，全蹲，双腿同时发力蹬地，向上跳起，两臂自然向上摆。落地时前脚掌过渡到全脚掌缓冲着地，还原成全蹲，连续做下一次（图1-36）。

图1-36　深蹲跳

**3. 团身收腹跳**

原地半蹲跳起，两腿并拢，屈膝团身大腿尽量触及胸部，两臂协调配合摆动。落地时前脚掌过渡到全脚掌缓冲着地，还原成半蹲，连续练习（图1-37）。

**4. 原地纵跳摸高**

原地半蹲，两臂迅速上摆，两腿用力蹬伸跳起，单手尽量摸空中固定物体，连续练习（图1-38）。

**5. 助跑摸高**

助跑3~5步，单脚或双脚起跳，摆动腿迅速上抬，双臂上摆，单手尽量摸空中固定物体,连续练习(图 1-39)。

图 1-37　团身收腹跳　　　　图 1-38　原地纵跳摸高

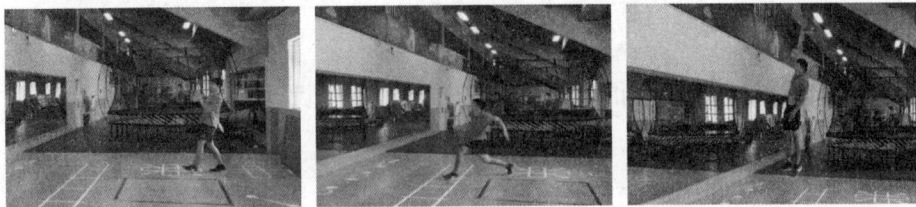

图 1-39　助跳摸高

**6. 原地连续换腿跳台阶**

台阶齐膝高或略低于膝,一腿踏在台阶上,另一腿支撑于地面,两腿蹬地向上跳起,连续交换腿。

**7. 跳深**

站在 60～100 厘米高的跳箱或高台上,两腿并拢跳下,着地后立刻跳起,越过前方栏架。

**8. 跳越栏架**

栏架高 70～100 厘米,栏间距 1 米,6～10 个栏架。双腿起跳,连续越过栏架。

## (二) 远跳练习

**1. 单足跳**

单腿连续向前大幅度远跳,或者较快频率小幅度远跳,两臂前后摆动配合(如图 1-40 所示)。

图 1-40　单足跳

### 2. 跨步跳

一腿用力蹬地，摆动腿积极前摆，在空中形成大跨步，并保持较长滞空时间，接着摆动腿迅速着地，为下一次跨步跳动作做准备（如图1-41所示）。

图1-41 跨步跳

### 3. 单足换腿跳

左腿单腿向前跳一次，接着右腿上步交换单腿向前跳一次，依次轮换进行。

### 4. 连续兔跳

全蹲，两手体后互握，身体正直，两腿用力蹬地向前跳进，连续练习。

### 5. 连续蛙跳

半蹲或深半蹲开始，两臂前摆，两腿蹬地向前跳出，接着尽量收腹举腿，手臂后摆，双脚前伸，足跟落地缓冲，然后过渡到下一次跳跃，连续练习。

### 6. 立定三级跳

原地分腿站立，两腿同时用力向前跳起，第一跳为单腿跳，第二跳为跨步跳，第三跳两腿迅速并拢收腹举腿前伸落地。

## 四、投的练习方法

### （一）单手投掷

#### 1. 原地侧面抛

侧对投掷方向，两脚左右开立，左（右）在前，身体左（右）侧对准投掷方向。右（左）手握器械向侧后方引伸，右（左）腿微曲；然后右（左）腿地、送、转体、挥臂，将器械经肩上向前上方掷出（如图1-42所示）。

图1-42 原地侧面抛

#### 2. 原地侧向推

两脚左右开立，左肩侧对投掷方向，右手持器械于颈部。上体向右转动，同时弯曲右腿，重心落于右腿上，上体与左腿基本成一条直线。然后左腿支撑，右腿蹬地转髋，带动躯干,以左肩为轴向投掷方向转动。当上体转向投掷方向时,快速完成推器械动作(如图1-43所示)。

图1-43 原地侧向推

### 3. 上步投

两脚左右开立,面向投掷方向,右手持球于颈部,左脚上前一步成支撑身体随之向右转体成原地侧向推球姿势,紧接右腿快速蹬地转,躯干转运完成推球动作(如图1-44所示)。

图1-44 上步投

### 4. 交叉步投掷

两脚左右站立,左肩侧向投掷方向,右手持器于肩上方,右腿从体前向左侧方向迈步落地,接着左脚向侧再跨步,如此连续3~5步,然后右腿蹬伸,左腿撑地,手臂用力将器械经头上前抛出(如图1-45所示)。

图1-45 交叉步投掷

## (二)双手投掷

### 1. 双手前抛球

预备时两脚左右开立,双腿略曲,面对投掷方向,双手握球于头上方,身体成反弓姿势；投掷时双腿快速蹬伸，上体迅速前移，带动手臂向前上方抛球。可以结合上步进行练习（如图1-46所示）。

图1-46 双手前抛球

### 2. 原地后抛球

两脚左右开立，背对投掷方向，双手握球于头上方，投掷时两腿弯曲，双手持球下摆于大腿内侧，然后两腿快速蹬伸，躯干后摆，双臂用力将球向后上方抛出（如图1-47所示）。

图1-47 原地后抛球

### 3. 原地转体侧摆抛

两脚左右开立，背对投掷方向，双手握球于体前。投掷时先持球向投掷方向异侧预摆，然后迅速向投掷方向转体，带动手臂将球于肩侧上方抛出（如图1-48所示）。

图1-48 原地转体侧摆抛

田径竞赛规则

# 第二章 篮球

篮球运动是集对抗性、集体性、观赏性、趣味性、健身性于一体的运动，以主动控制空间为目标，以主动控制球为焦点，以主动掌握时间与速度为保证，以各种专业技术为手段，深受人们的喜爱。

## 第一节　篮球运动概述

### 一、篮球运动的起源与发展

1891 年冬，美国的詹姆斯·奈史密斯博士发明了篮球运动。篮球运动受到大家的普遍欢迎，并且迅速在美国乃至全世界推广开来。1936 年篮球运动被列为奥运会正式比赛项目。1946 年全美篮球协会（Basketball Association of America，BAA）成立，1949 年 BAA 改名为美国国家篮球协会（National Basketball Association，NBA）。

### 二、篮球运动的特点

篮球运动是一项主要由手支配球，两队在同一场地内相互攻守对抗，以球攻进多少判定胜负的球类运动。篮球运动的多样性和大众化，以及其带来的竞争性和不确定性，是篮球运动深受人们喜爱的重要原因。篮球运动可以促进个体发展，促进团队合作，有助于培养参与者的集体意识和大局观。

### 三、篮球运动主要赛事

#### 1. 美国职业篮球联赛

美国国家篮球协会是美国男子职业篮球组织，拥有 30 支球队，分属两个分区：东部联盟和西部联盟。其赛事——美国职业篮球联赛（或称美国篮球联赛，简称美职篮）也被直接称为 NBA。NBA 正式赛季于每年 10 月中旬开始，分为常规赛、季后赛两大部分。

**2. 中国职业篮球联赛**

中国男子职业篮球联赛(Chinese Basketball Association,CBA)是我国最高等级的篮球比赛,于每年的 10 月或 11 月开始至次年的 4 月左右结束。

## 第二节　篮球基本技术

篮球技术是球员在比赛中为攻守目的所运用的各种专门动作的总称,是球员在比赛中运用的主要手段。篮球基本技术掌握的好坏,直接影响着球员在比赛中对篮球技术的灵活运用和对高难度技术的掌握。篮球技术主要分为进攻技术和防守技术两类(如图 2-1 所示)。

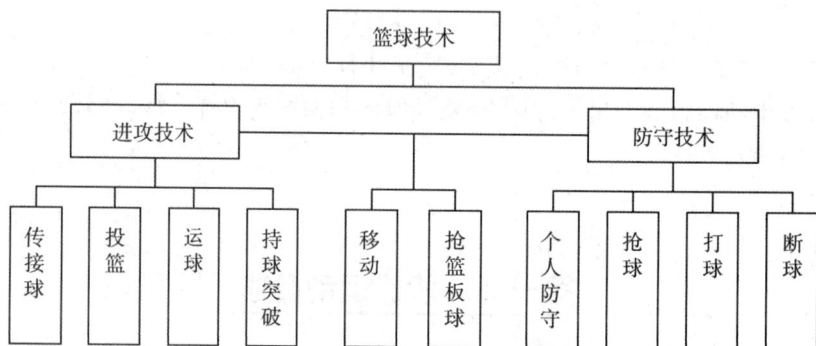

图 2-1　篮球技术分类

### 一、移动

**1. 起动**

起动是篮球球员变静止状态为运动状态的方法。它是从基本站立姿势开始,后腿或异侧脚的前脚掌短促蹬地,向跑动方向移动重心,手臂协调摆动,利用蹬地的支撑反作用力,向跑动的方向迈出。

**2. 跑**

跑是篮球球员改变位置与速度的方法,它是篮球运动攻守过程中争取时间优势的主要手段。篮球运动跑的方式分为变向跑、变速跑、侧身跑、后退跑等,运动员要在比赛中根据需要而随时改变跑的方式。

**3. 急停**

急停有两种用途:各种脚步动作和技术的衔接多用急停过渡,如变方向跑接球跳投;快跑中突然急停可甩开防守队员。急停分为跨步急停和跳步急停。

(1) 跨步急停

跨步急停也叫两步急停。跑动中最后一步要跨得大,重心下降,右脚以脚跟先着地,然后过渡到全脚掌抵住地面,迅速屈膝;接着再上第二步,脚着地时,脚尖稍向内扣,上体稍向侧转并微前倾,重心落在两脚之间,保持身体平衡(如图 2-2 所示)。

图 2-2 跨步急停

(2)跳步急停

跳步急停也叫一步急停。队员在中速和慢速移动中,单脚或双脚起跳,上体稍后仰,两脚同时落地,落地时屈肘,两臂屈肘外张,保持身体平衡(如图 2-3 所示)。

图 2-3 跳步急停

**4. 滑步**

滑步是防守移动的主要方法,根据移动方向可分为侧滑步、前滑步和后滑步。

两脚左右开立,略比肩宽,两膝较深弯曲,上体稍前倾,两臂侧伸,眼平视。向左滑步时,右脚前脚掌内侧蹬地,同时左脚向左跨出,在落地的同时,右脚迅速同时滑行,依次重复(如图 2-4 所示)。

图 2-4 滑步

**5. 转身**

转身是球员在一脚蹬地向前跨出或者向后撤步的同时,以另一脚作为中枢脚进行旋转而改变身体方向的方法。转身在比赛中运用广泛,并经常与其他技术动作组合使用,根据脚向前或者向后移动的方向转身分为前转身和后转身。

(1)前转身

前转身是移动脚向中枢脚前方跨步转出,从而改变身体方向的转身动作(如图 2-5 所示)。

图 2-5　前转身

（2）后转身

后转身是移动脚向中枢脚后方撤步转动，从而改变身体方向的转身动作（如图 2-6 所示）。

图 2-6　后转身

## 二、传接球

传接球技术是篮球比赛中进攻队员有目的地转移球的方法，是进攻队员在场上相互联系和组织进攻的纽带，是比赛中运用最多的基本技术之一。传接球的质量直接影响着整体战术配合质量，进而决定比赛胜负。

**1. 双手胸前传接球**

双手胸前传球时，后脚蹬地，身体重心前移的同时手臂伸向传球方向，拇指用力下压，手腕前屈，食指和中指用力将球传出。它常被用于快速传球推进，便于同投放、突破、运球等技术结合运用（如图 2-7 所示）。

图 2-7　双手胸前传球

双手胸前接球时，双手伸出迎接来球，拇指相对呈八字形，接球后，收臂缓冲来球。

**2. 单手肩上传接球**

以右手为例。传球前，左脚向前迈出半步，向右转体将球引至右肩侧上方，肘部外展，手腕后仰，左肩对着传球方向。传球时，上体向左转动并带动肩肘，前臂快速前摆，扣腕，通过食指、中指拨球将球传出。单手肩上传球多用于远距离传球（如图2-8所示）。

图 2-8 单手肩上传球

单手肩上接球时，伸臂放松迎球，五指自然张开，掌心相对来球，腕、指放松接到球后顺势引球缓冲。

### 3. 单手背后传球

以右手为例。左脚向侧前方跨步，上体前倾，侧对传球目标，双手持球后摆到身右侧时，左手迅速离开球体，右手引球继续沿髋关节横轴方向后摆至臀部的一刹那，右手向传球方向急促扣腕，食指、中指、无名指用力拨球将球传出（如图2-9所示）。

图 2-9 单手背后传球

### 4. 反弹传球

反弹传球是球员将球在距接球队员 2/3 处接触地面反弹给队友。这种传球方法双手、单手都可以进行，但是因球速较快，落地后方向容易改变。

## 三、投篮

投篮是进攻队员为将球投向球篮而采用的各种专门动作的总称，是篮球运动的关键性技术，也是篮球运动中唯一的得分手段。以下介绍几种常用的投篮方法。

### 1. 原地单手肩上投篮

以右手投篮为例。右手持球于右肩上，五指自然分开，握球的后半部，手腕稍向后翻，左手扶在球的左侧下方；两腿微屈，右脚在前，投篮时两脚蹬地，同时向前上方提肘伸臂，手腕前屈，最后用拇指、食指、中指力量将球投出（如图2-10所示）。这种投篮出手点高，便于结合其他技术动作，能在不同距离和位置上应用。

### 2. 行进间单手肩上投篮

行进间单手肩上投篮又称行进间单手高手投篮，是在比赛中切入篮下时常用的一种投篮方法。

图 2-10　原地单手肩上投篮

以右手投篮为例。右脚向前跨一大步时接球,接着上左脚蹬地起跳,右腿屈膝上抬,同时双手举球于右肩前上方。腾空后,上体稍后仰,当接近了高点时,向前上方抬肘伸臂,用手腕前屈和手指拨球的力量将球投出(如图 2-11 所示)。

图 2-11　行进间单手肩上投篮

### 3. 行进间单手低手投篮

行进间单手低手投篮是在快速跑超越或在空中探身超越对手后,篮下投篮的一种方法,具有伸展距离远和出球平稳的优点。

以右手投篮为例。在跑动中接球或运动突破上篮时,右脚向前跨出一大步的同时接球,左脚跨第二步时用力蹬地向前上方起跳,右腿屈膝自然上提。腾空到达最高点,右手五指自然张开,掌心向上,托球的下部,右臂向前上方伸展,接近球篮时,用手腕上挑和手指的拨动使球向前旋转进入球篮(如图 2-12 所示)。

图 2-12　行进间单手低手投篮

## 四、运球

运球动作由身体姿势、手臂动作、球的落点、手脚协调配合四个环节组成。运球是进攻技术中重要的基本技术,是组织全队进攻配合和突破防守的有力手段。

**1. 原地运球**

（1）高运球

高运球时，两腿微屈，上体稍前倾，眼平视，以肘关节为轴，前臂自然伸屈，球的落点在身体的侧前方，球的反弹高度在腰胸之间（如图 2-13 所示）。

图 2-13 高运球

（2）低运球

低运球时，抬头，目视前方，屈膝降重心，上体前倾，球的落点在身体侧面，手按拍球的后上方，球反弹的高度在膝腰之间（如图 2-14 所示）。

图 2-14 低运球

（3）体前变向运球

拍球的外侧改变方向，转体倒肩，脚步迅速跟上，然后换手运球（如图 2-15 所示）。

图 2-15 体前变向运球

（4）背后运球

以左手运球为例。左手运球从背后换右手时，左脚前跨，左手将球拉到左侧身后，迅速转腕按拍球的左后方，使球从背后反弹至右侧的前方，右脚同时向右前方跨出，换右手运球加速前进（如图 2-16 所示）。

图 2-16　背后运球

（5）运球后转身

以左手运球为例。左手运球后转身时，把球运到身体后侧，按拍球的左侧前上方，右脚向前跨一步，以右脚的前脚掌为轴，左脚用力蹬地后撤做后转身动作，同时左手向后拉球，然后换右手运球（如图 2-17 所示）。

图 2-17　运球后转身

**2. 行进间运球**

行进间运球是在原地运球熟练的基础上结合跑动进行的运球练习。

（1）运球急停急起

可用两步急停，两腿屈膝前后开立，跨出第一步时，身体稍后仰，同时按拍球的上方，降低球的反弹高度，使球在原地反弹，并降低身体的重心，用腿和异侧臂护球。急起时，拍球的后上方，身体重心移至前脚掌，同时后脚迅速蹬地跨出超越防守者，迅速向前推进。运球急停急起的特点是动作突然、起动快、线路多变、攻击力强、易摆脱防守。

（2）体前变向换手运球

当运球向前时，球员利用外侧脚蹬地，同时用力低运球，将球变换至另一侧手。体前变向换手运球可以使队员快速改变运球方向，通过运球制造与防守队员之间的空间。

（3）后转身变向运球

运球向前时，队员突然向另一侧后转身，背对防守队员，将身体保持在防守队员与球之间，再次正向前方，换另一只手来控球。后转身变向运球可以使队员在防守很紧的情况下摆脱防守队员。

（4）胯下变向运球

方法与体前变向换手运球相似，当运球向前时，队员利用运球手同侧脚蹬地，同时运球手异侧腿快速向前跨出，将球从胯下变换至另一侧手。前后交叉变换运球手运球。胯下变向运球快速、隐蔽，可迷惑防守队员。

（5）背后运球

进攻队贴近防守队员后，快速将球在背后换至另一只手运球。这种运球力常用于摆脱对方，但初学者掌握起来比较困难。

## 五、持球突破

持球突破是持球队员将脚步动作和运球技术相结合的快速超越对手的一种进攻性很强的进攻技术。在篮球比赛中，合理地运用突破技术，既能直接切入篮下得分，又能打乱对方的防守部署，创造更好的攻击机会。

### 1. 交叉步持球突破（异侧步突破）

以右脚做中枢脚为例。突破时，左脚向左前方跨出，假做向左突破。当对手重心向左偏移时，左脚前脚掌内侧迅速蹬地，并向右侧前方迈出一大步，上体右转，左肩下压，将球引至右侧，在右脚离地前，用右手推放球于左脚尖外侧。同时，右脚用力蹬地，迅速超越对手（如图 2-18 所示）。

图 2-18　交叉步持球突破

### 2. 顺步持球突破(同侧步突破)

以左脚做中枢脚为例。突破时,假做投篮。当对手重心前移时,左脚向内侧蹬地,右脚迅速向防守队员左侧跨出,上体稍右转,同时探肩,重心前移。在左脚离地前,用右手推放球于右脚外侧偏前方。同时,左脚用力蹬地,迅速超越对手(图2-19)。

图 2-19 顺步持球突破

### 3. 试探步突破

制造一种要突破一侧的假象,如果防守队员防守重心变换则此步法成功,如果不变可通过试探步了解防守的重点在哪里,然后进行进攻选择。

### 4. 瞄篮突破

做出瞄篮假动作,当防守队员向前防守时,做出交叉步突破或者顺步突破。

## 六、个人防守

个人防守分为防守无球队员和防守持球队员。

### 1. 防守无球队员

防守无球队员时,选位最重要,应时刻注意人、球、篮的位置,根据球的转移随时调整防守位置、随时断球,做到"近球上,远球松",人、球、区三者兼顾。

### 2. 防守持球队员

防守持球队员时,要随时调整好防守位置和防守距离。当对手接到球时,迅速到位防守,手脚紧密配合防守。防守善于突破的对手时,平步站立,张开双臂扩大防守面积;防守善于投球的对手时,两脚前后站立,一手上举,另一手侧举。

## 第三节 篮球基本战术

篮球战术是比赛当中队员间配合协调的组织形式,目的是更好地发挥本队所有队员的技术水平,并且制约对方队员,掌控比赛的主动权,争取比赛的胜利。

## 一、基本攻守战术

### 1. 组合进攻战术

组合进攻战术是形成球队进攻战术的基础，五人的战术体系来源于组合战术。

（1）突破分球

突破分球指本队队员向篮下突破后将球传给空位的同伴，控球队员运用躯体和脚步动作与娴熟的运球技术相结合，摆脱盯防自己的防守人，并实施有效攻击的一项实用性、攻击性、杀伤性很强的进攻技术。

（2）传切配合

传切配合指通过无球跑动获得进攻机会，向球方向切入时应注意向球方向做出一到两步的假动作，诱使防守队员失去位置。在篮球场上，不懂得跑位的队员很难获得空位接球的机会，这也就意味着没有攻击性。

（3）掩护配合

掩护配合指通过合理的身体动作阻挡防守队员的移动路线，使同伴摆脱防守获得空位接球的机会。注意在掩护动作中，脚应与肩膀同宽，被掩护者也需要配合，使防守者处在静止的情况下才能提高掩护的质量，利用同伴的掩护快速摆脱，获得空位机会。

（4）策应配合

策应配合指进攻队的前场和全场通过场上队员组织接应，并且有效地转移球的战术配合。

### 2. 组合防守战术

组合防守战术的目的是在个人防守的基础上，通过同伴的协同防守扩大防守面积，减小防守漏洞。

（1）交换防守

交换防守是为了破坏进攻队员的掩护配合，防守队员之间彼此及时交换自己所防守的对方队员的配合方法。

（2）关门防守

关门防守是两名防守队员靠拢协同防守突破的配合方法，其要求是防守队员应积极堵住进攻者的突破路线，临近突破一侧的防守队员要及时向同伴靠拢进行"关门"，不给突破者留有通过的空隙。关门配合也运用于区域联防。

（3）夹击防守

夹击防守是两名防守队员积极防守一名进攻队员的配合方法。夹击防守要求正确地掌握夹击的时机和区域，行动果断，在形成夹击时要用身体和腿部限制进攻队员的活动，用手臂封堵传球或接球，但是不要犯规。

（4）补防

补防是防守队员在同伴漏防时，立即放弃自己的盯防对象，去补防那名威胁最大的进攻者，而与漏人的防守队员及时换防的协同防守方法。

## 二、快攻与防守快攻

### 1. 快攻

快攻是由防守转入进攻时,进攻队员以最快的速度,力争在对方队员立足未稳之际,合理果断地进行攻击的一种进攻战术。

(1)快攻的种类

快攻可分为长传快攻、短传与运球结合快攻、运球突破快攻三种方法。

①长传快攻

长传快攻是队员在后场获球后,立即把球长传给迅速摆脱对方的前场快下队员的一种偷袭快攻形式。此时,无论是抢篮板球的队员或接应队员应由远及近地观察场上的情况,当发现同伴处于有利位置,及时将球传给同伴。此战术建立在准确的长传技术和快速奔跑、强行突破上篮或中、远距离跳投等技术的基础上。由于长传快攻只有战术的发动阶段和结束阶段,因而进攻时间短、速度快、配合简单,是一种成功率较高的快攻战术形式。

②短传与运球结合快攻

短传与运球结合快攻是防守队员获球后,立即以快速的短距离传球方式,直逼对方篮下进攻的一种快攻形式。这种快攻具有灵活、机动、多变的优点,参加配合的人数较多,容易造成以多打少的局面。它经常与运球突破结合运用。

③运球突破快攻

运球突破快攻是防守队员获球后,利用运球技术超越防守,自己投篮得分或传球给比自己投篮机会更好的同伴进行攻击的一种快攻形式。

(2)快攻的发动形式

快攻的发动形式有三种:抢断以后的快攻、防守篮板后的快攻、快攻衔接阶段的半快攻。

①抢断以后的快攻

如果抢到或断到球的队员处于前沿,则可直接进行攻击;如果处于全队的后阵,则通过传球或运球突破,转入快攻。

②防守篮板后的快攻

抢防守篮板球和掷端线界外球快攻相对比较复杂。一般需要一传和接应,也可以由抢篮板球的队员直接突破运球向前推进。当防守抢得篮板球时,全队要迅速分散,控球的队员要根据场上情况,迅速、及时、准确地进行第一传。一般来说,先是长传快攻,再与接应队员配合,接应队员应迅速摆脱防守,及时选择有利位置接应一传准备推进。

③快攻衔接阶段的半快攻

快攻衔接阶段的半快攻有两种,一是边线球发球或底线发球,在防守人没落稳的时候形成的半快攻;二是在发动快攻中没能直接攻入篮,但造成防守人员错位,有大打小、小打大的机会时的半快攻。

### 2. 防守快攻

防守快攻是防守战术的重要组成部分,其目的在于制约进攻速度,为本队积极防守争取时间。常用的防守快攻方法有提高进攻成功率、积极拼抢篮板球、有组织地堵截对方发动快攻的第一传、防守快下队员、提高以少防多的能力等。

### 三、整体攻守战术

**1. 比赛阵形**

为了适应攻守战术的需要，全队队员在场上的位置排列和职责分工称为比赛阵形。比赛阵形是本队攻守力量搭配和分工的形式。

根据队员的职责和排列的层次分为后卫、得分后卫、小前锋、大前锋、中锋。篮球比赛当中攻防的站位和阵形不太一样，下面简单介绍防守的阵形。防守的阵形分为"盯人"和"区域"两种，盯人根据进攻人的站位而落位，区域联防的形式常用的有"3-2""2-3""1-3-1""2-1-2"等。

选择进攻阵形要以本队队员的个人特长、技能、水平为基础，再与球队的特点相协调。阵形不能僵化，每个队员都应在明确基本位置和主要职责的前提下，进行创造性的调整。

**2. 整体进攻战术**

篮球比赛的胜负在很大程度上取决于战略与战术的合理性。战略是比赛中全局性的决策，战术指比赛中具体的攻守方法。

整体进攻可以有很多种，战术千变万化，但要根据球队人员的组成来确定进攻体系，设计整体进攻的战术。常见的进攻战术有牛角战术和8字战术。

（1）牛角战术

双中锋上提给1号位空位掩护，控球后卫可根据实际情况利用任意一边的中锋掩护，突破上篮。

（2）8字战术

外线3个人通过8字形运球制造突破空间，根据战术安排，任意一侧的中锋突然上提，掩护外线突破上篮。

**3. 整体防守战术**

（1）半场人盯人防守

人盯人防守分工明确，责任具体，盯防效果好，但体能消耗较大。目前比赛很少单一长时间采用此防守战术。

①由攻转守时，队员先迅速退回后半场，找到自己的防守人，与队友形成集体防守。

②以球为主，全力逼防持球队员，积极抢球、打球、断球阻止其投篮，不让其顺利传球，迫使其离开有利的攻击区。

③对无球队员进行堵位防守，要做到人和球兼顾，不让对方在攻击区内接球。

④与同伴利用防守的配合，破坏对方队员的进攻配合。

⑤根据不同对方的特点，加强防守的针对性与攻击性。

（2）区域联防

区域联防是将区域与人和球联系在一起而进行整体防守的战术，它具有鲜明的协同性的特点。进攻区域联防是针对对方队员防守而设计的攻击方法。

①攻转守回防。区域联防是由攻转守时，防守队员退回后场，每个队员分工负责一定区域，并与同伴协同防守，积极移动补位，用队形把每个防守的区域有机地联系起来，形成集体的联合防守战术。

②随球不断调位。以球为主，随球移动，对持球队员采取人盯人的防守，其他防守队员根据球的转移，不断地调整和选择正确的防守位置，加强对有球区域和篮下的防守。

（3）混合防守

混合防守是一种迷惑对方，根据对方的个人特点做出的整体组合防守。比赛时对方某一名队员能力突出，防守方必须派一名队员将他盯住，此时可以采取一盯四联的防守，来限制那名队员。

## 第四节　篮球运动练习方法

### 一、篮球素质练习

科学合理地进行篮球练习，准备活动是必需的，而柔韧性练习是练习中的重要组成部分。柔韧性强有助于更有效地完成某些特定动作，减少损伤，增进人体各运动器官的协调性，有利于速度、爆发力、灵活性等素质的发展。

**1. 手腕和肩部**

时间：10～15 s。

部位：腕部及肩部肌肉。

方法：两臂上举，双手交叉，手心向上尽量伸展。

**2. 大腿**

时间：10～15 s。

部位：大腿前、内侧肌肉。

方法：坐姿，左腿向前侧方伸直，弯曲身体后仰。

**3. 三头肌和上臂**

时间：10～15 s。

部位：三头肌及上臂背部肌肉。

方法：左上臂贴左耳，左手放在背部，右手向后下方拉左肘。

**4. 侧面伸展**

时间：10 s。

部位：身体侧面及背部肌肉群。

方法：双脚开立，稍比肩宽，双膝微屈，脚趾直指前方。左臂弯曲在头上，右手放在右侧大腿上。躯干向右侧弯曲，右手向下滑，直至身体左侧肌肉全部感到拉紧、伸展为止。

**5. 臂绕环**

时间：前后各转 10～15 圈。

部位：臂部及肩部肌肉

方法：直立，双脚分开与肩同宽，双膝微屈。双臂以肩为轴，做大绕环及前摆动，肘部做伸直动作，要缓慢，开始时右臂尽量伸高、伸直，左臂左肩尽量伸直向下，两臂两肩同时移动，右臂向前、向下、向上。

**6. 蝶式伸展**

时间：至少 10 s,然后重复。

部位：腹股沟及大腿内侧肌群。

方法：坐姿,两脚掌相对贴在一起,脚跟靠近髋部,双膝向外打开。背直,抬头,双手抓踝关节,从髋部身体向前屈,仿佛把胸拉向脚,但不要勉强去伸展,而应集中精力于放松腹股沟处肌肉。

**7. 腰肌和臀肌**

时间：持续 10 s,然后换至脊柱,扭弯伸展。

部位：腰肌、臀肌和胸肌。

方法：平躺在地板上,右腿伸直,屈左膝,双手握膝下大腿处,慢慢地向胸前拉。腰背及脊柱要始终接触地板,柔韧性差一些的运动员可右膝稍稍弯曲,但右脚一定要放在地板上以保证平躺。

**8. 髋部屈肌**

时间：两腿各至少 10 s。

部位：髋部屈肌(大腿前部、上部肌肉群)。

方法：从侧面伸展的站立姿势向右转,右腿在左腿前。为了使此动作效果更好,两腿开立要大一些,双手叉腰,上体挺直垂直于地面,前腿(右腿)弯曲,躯干下沉,不要振动。

## 二、基本技术练习

**1. 移动练习**

(1) 由基本站立姿势开始启动,做急停、转身、跳跃等练习。

(2) 二人一组,做大弧线或小弧线交叉跑练习。

(3) 二人一组,由基本站立姿势开始,一人主动做各种进攻脚步动作,另一人跟随他进行练习。

(4) 从端线急起,然后急停后转身,再急起,连续进行。

(5) 结合传球或运球、投篮等技术进行跨步、急停、转身、变向跑和侧身跑等脚步动作练习。

(6) 从篮下端线起动,围绕罚球圈侧身跑,然后变加速跑、急停、转身,连续进行。

(7) 攻转守滑步练习。从一侧跑动摸篮板,拍篮板 1~2 次,落地后变侧身跑快速到另一篮下摸篮板,拍篮板 1~2 次,返回变追防者。

(8) 综合移动练习。在篮球场上,听口令或看信号进行起动—慢跑—快跑—急停—跨步—转身—滑步—变向跑—侧身跑—跑中起跳拍打篮板的连续练习。

**2. 传接球练习**

(1) 各种传接球技术

两人一球,面对面站立。

①双手胸前、反弹,单手胸前、肩上传接球。

②为了提高控制球和接困难球的能力,传球时可有意地偏左偏右或者忽高忽低。

③练习单手肩上传球时,要由近到远逐渐加大距离。

（2）四角传球

在跑动中练习双手胸前传球（如图 2-20 所示）：①传球给向前跑的②，然后排在②的队尾。②传给向前跑的③，然后排在③的队尾。③接②的传球，传给向前跑的④，然后排在④的队尾。④向前跑，接③的传球，然后传给向前跑的①后面的队员，然后排在①的队尾。

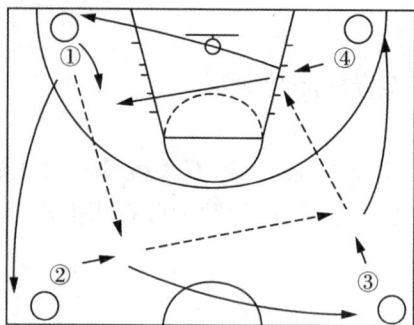

图 2-20　四角传球练习

（3）全场两人胸前传球、反弹传球上篮

两人相距 5～6 m，相互胸前传球至前场，反弹传球上篮。

（4）三人三线推进上篮

两边的队员距边线约 1 米，每次传球都要经过中间的人，三人胸前传球至前场，上篮。

**3. 运球练习**

（1）原地练习手控球的能力

①高频率地高、低运球：左右手都熟练掌握。

②练习各种运球技术，熟练后要做到运球时眼不看球。

（2）体前横运球

①身体降低重心，把球从身体右侧至体前向左侧运，再把球拨向身体右侧。左、右连续不断来回运。

②球在体侧，前、后（推、拉）运球。

（3）行进间运球练习

①体前左右手变方向运球绕过障碍物。

②转身运球至障碍物前，运球转身向前，到另一障碍物时，换手、换方向。

③行进中胯下运球直线前进，先做胯下一次运球，然后左右手连续胯下运球。迈左腿时，用右手向左胯下运球；迈右腿时，用左手向右胯下运球。

④把体前变向、运球转身、背后运球、胯下运球连接起来在全场重复练习。

⑤一对一全场攻防练习从端线外开始，如果防守球员抢到球，把球传给进攻球员，让他再继续运球进攻，依次进行。

**4. 投篮练习**

（1）原地投篮

①正面投篮。每人一球在罚球线后站成一单行，自投自抢，依次反复练习。

②进行不同位置、不同距离和各种角度的投篮。

（2）行进间上篮

①队员排成一路纵队站在边线处，按顺序轮流跑向篮下接教师的传球上篮。开始练习时，队员跑的速度先慢一点，教师传球先容易一些，反复练习各种上篮方法后，可提高练习难度。

②队员分别站在左右边线内，右边 4 号跑到篮下接 7 号传球上篮，4 号投篮后，跑到左边 10 号的后边，7 号传球后跑到 6 号的后边，准备跑到篮下接球上篮，8 号跑到 7 号的位置供球。依此类推，练习一段时间后，按同样的方法换由左边队员上篮（如图 2-21 所示）。

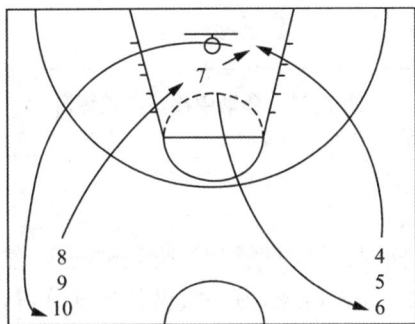

图 2-21　行进间上篮

③右边队员用右手运球上篮后，排到左边队尾，然后左边的队员用左手运球上篮后，排到右边队尾，照此循环练习。要逐渐加快速度或改变投篮手法。

④全场进行运球上篮练习。投篮后，自抢篮板球，把球传给另一组最后一人，并排在此人的后面，依次进行。

⑤运球后转身，再运球上篮。用右手运球至 3 分线附近时，以左脚为轴，做后转身，并将球拉至身体左侧前方，然后换成右手运球上篮。转身时，身体不要上下起伏太大，要保护好球。

（3）原地跳起投篮练习

①原地跳起投篮。右手投篮时可原地持球，右脚上半步跳投。练习一段时间后，可在原地向前拍一次球，迈左脚上步拿球，右脚跟上，同时屈膝，起跳投篮。

②传球、侧身跑、接球跳起投篮。该练习主要是练习接球时两步急停面对球篮跳投，因此要做好侧身跑、急停接球动作，为跳投做好准备。

**5. 突破练习**

（1）在无防守的情况下持球突破的练习

①原地持球做交叉步、同侧步练习，掌握动作。

②原地向左右或前方抛球，然后运用跳步急停或跨步急停接球，接着立即做突破练习。

（2）消极防守下练习

两人一组，一人做突破，一人做消极防守，并协助纠正突破动作。

（3）移动中接球突破练习

球员④以跨步急停或跳步急停动作在防守球员身前急停接球，接球后持球突破。④从右侧突破时，跨步急停接球则应是右脚先接球落地，否则走步违例（如图2-22所示）。

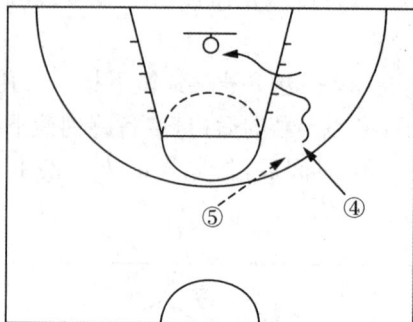

图2-22　移动中接球突破练习

### 6. 防守技术练习

（1）抢、打、断球练习

①原地抢球：2人一组，面对面同时握住球，听教师哨声，然后进行抢球练习。

②原地打运球：2人一组，一人运球，另一人做打运球练习，然后两人交换。

③原地断球：3人一组，两人相距3～4米传接球，一人做纵断或横断球练习，练习几次后交换。

④三人传接球，两人断球：5人一组，攻方3人站成三角形，相距4米左右，相互传球，防守球员2人站在三角形内练习断球，攻守交换轮流练习。

（2）防守对手的练习

①一防二：选择防守位置，3人一组，2人相距4米左右进行传接球，防守球员随球转移，练习选正确的防守位置。

②半场一攻一守：2人一组，进攻球员先将球传给教师，防守球员立即逼向进攻球员，进攻方摆脱接球，然后教师将球传给进攻球员，进行半场一攻一练习，然后互换。

③全场一攻一守：2人一组，进攻队员运球突破，防守队员利用各种防守脚步动作积极进行防守，投篮后互换。

篮球竞赛规则

# 第三章 足球

## 第一节 足球运动概述

### 一、足球的起源与发展

最早的足球形式起源于我国,古时的"蹴鞠"被认为是足球的早期形式之一。现代足球的规则和形式主要于 19 世纪在英国得到确立。1863 年,英格兰成立了世界上第一个足球协会,并制定了统一的比赛规则,这标志着现代足球的正式诞生。此后,足球迅速传播到世界各地,并发展成为一项国际性的运动。国际足球联合会成立于 1904 年,负责组织和管理国际足球比赛,包括每四年举办一次的世界杯,这是足球界最重要的赛事之一。

### 二、足球运动的特点

足球是一项以脚为主进行控球和射门的运动,具有以下特点:足球是一项团队运动,需要良好的团队协作和战术执行;足球规则相对简单,易于理解,但战术层面却极为复杂;足球场地要求不高,使得其在全球范围内普及;足球比赛节奏快,对抗性强,对运动员的身体素质和技术有较高要求;足球具有极高的观赏性和情感表达力,能够激发观众的热情和共鸣。

## 第二节 足球基本技术

足球运动的技术可以分为无球技术和有球技术,无球技术主要是没有结合球的各种战术移动,本节主要介绍有球技术。

### 一、踢球技术

踢球指队员有目的地用脚把球踢向预定目标。踢球技术是非常重要的足球技术,下面详细介绍常见的踢定位球技术以及其他性质球踢球要点。

踢球的方法很多,动作要领也有所不同,但是每一种踢法都是由助跑、支撑脚站位、踢球腿的摆动、脚触球和踢球后的随前动作5个环节组成的。在这5个环节中,脚触球是最重要的环节。

### 1. 常见的踢定位球技术

（1）脚内侧踢定位球

如图3-1所示,直线助跑,支撑脚站在球的侧面约一拳左右的位置,脚尖正对出球方向,支撑腿膝关节微屈。在支撑脚着地时,踢球腿大腿带动小腿由后向前摆动,大腿外展,在触球前将脚跟送出使得脚内侧所形成的平面与出球方向垂直,脚尖微微翘起。

图3-1 脚内侧踢定位球

（2）脚背内侧踢球

如图3-2所示,斜线助跑,支撑脚的脚尖指向出球方向,距球内侧后方约一脚距离或稍大,膝关节微屈。在支撑的同时,踢球腿完成后摆,并开始以髋关节为轴大腿带动小腿由后向前摆动,当大腿摆至与支撑腿接近同一平面时,小腿做爆发式摆动,脚尖绷紧,插到球后下方,用脚背内侧击球,身体向支撑脚一侧倾斜。

图3-2 脚背内侧踢球

（3）脚背正面踢定位球

如图3-3所示,直线助跑,最后一步稍大些,支撑脚以脚后跟过渡到脚掌着地支撑,脚尖正对出球方向,并与球的目标方向平行,膝关节微屈,踢球腿随跑动向后摆动,小腿向大腿方向折叠,支撑的同时踢球腿以髋关节为轴,大腿带动小腿由后向前摆动。当膝关节摆至接近球的正上方时,小腿做爆发式摆动,脚趾扣紧鞋底,脚尖绷紧,以脚背正面击球的后中部。

（4）脚背外侧踢定位球

如图3-4所示,助跑、支撑脚站位及踢球腿摆动均与脚背正面踢定位球技术的3个环节相同,用脚背外侧触球。此时要求膝关节和脚尖内转,脚背绷紧,脚趾紧屈并提膝。

图 3-3　脚背正面踢定位球

图 3-4　脚背外侧踢定位球

**2. 其他性质球踢球要点**

（1）空中球

在踢空中球时，无论用什么部位踢，都需要预测球的落点，选择支撑脚的站位，把握好站位的提前量。在击球环节中，与踢定位球相同，控制好脚型，根据出球要求，选择恰当的击球点。击球点越偏下，则球向上角度越大；反之，则向下角度越大。

（2）旋转球

在踢旋转球时，关键在于把握好击球点，即通过改变作用力与球中心的角度关系，使球发生所需的旋转。如击球点在球的纵轴线与水平线交叉点上，则球水平移动，不发生旋转；如击球点靠下，球向上飞出并发生回旋；如击球点偏离了球的纵轴线，但在水平线上，则球水平侧旋前进；如击球点在球纵轴线的一侧且同时在水平线下方，则会出现空中的侧旋球，即弧线球或香蕉球。

## 二、接球技术

接球指队员有目的地用身体的合理部位把运行中的球接下来，控制在恰当的范围内，以便较好地衔接下一个动作。下面具体介绍接球技术动作和常见的接球技术。

无论采用哪一种接球方法，接球技术动作都由 4 个环节组成：观察和移动、选择接球的部位和接球方法、改变来球的力量、随球移动。

**1. 常见的接球技术**

（1）脚内侧接球

这是用脚内侧部位来接球的一种技术。比赛中经常使用这种技术接地滚球、反弹球、空中球等。以接地滚球为例，脚内侧接球分为切挡式、缓冲式。

①脚内侧切挡式接地滚球：对于地滚球，比较常用的是切挡式接球。当来球力量不大

时,只需将脚提到球的 2/3 高度,并使脚内侧与地面形成锐角轻触球,如图 3-5 所示,可在触球时用下切动作使球的前进之力部分转变为旋转力,将球接在脚下。

图 3-5　脚内侧切挡式接地滚球

②脚内侧缓冲式接地滚球:在脚内侧与球接触的一刹那迅速后撤,把球接在脚下,如图 3-6 所示。

图 3-6　缓冲式接地滚球

(2) 脚背外侧接球

用脚背外侧接球时,摆腿方向与接球的方向相反,可以迷惑对方,使防守队员做出错误的判断,如果与假动作结合起来运用,效果更好。

①脚背外侧接地滚球:如图 3-7 所示,身体移到接球点附近,支撑腿膝关节微屈,接球腿提起屈膝,脚内翻使小腿与地面成一锐角,并对着接球后球运行的方向,脚离地面的高度约等于球的半径,然后大腿带动小腿,用脚背外侧向接球后球将运行的方向推送,同时身体随球移动。

图 3-7　脚背外侧接地滚球

②脚背外侧接反弹球:如图 3-8 所示,根据来球的落点及时移动到位,支撑脚站在来球落点的侧后方,除触球部位外,其他环节均与脚背外侧接地滚球相同。

图 3-8 脚背外侧接反弹球

(3) 脚背正面接球

这种方法多用于接有较大抛物线的来球。

①提膝式:如图 3-9 所示,根据来球的落点及时移动到位,脚背正面上迎下落的球,在球与脚面接触的一瞬间,接球脚与球同步下撤,此时大腿膝关节、踝关节、脚趾均保持适度的紧张,脚尖微翘将球接到需要的地方。

图 3-9 提膝式

②勾脚式:如图 3-10 所示,脚微抬起,脚背适度向上勾起,在球接触脚背的瞬间踝关节放松将球接到身体附近。

图 3-10 勾脚式

（4）脚底接球

由于脚底接球技术便于掌握，易于将球接到合适位置，故常被用来接各种地滚球和反弹球。

①脚底接地滚球：如图3-11所示，身体正对来球方向，移动前迎，支撑脚站在球的后方，脚尖正对来球方向，膝关节微屈。同时接球腿提起，膝关节微屈，脚背上勾，使脚底与地面所成夹角约小于45°（且脚跟离开地面），一般以前脚掌接触球的上部为宜。在触球瞬间接球脚的前脚掌下点将球停住，也可根据需要在接球的同时将球推向前方或拉向身后。

图3-11　脚底接地滚球

②脚底接反弹球：如图3-12所示，根据来球落点，及时前移迎球，支撑脚站在落点侧后方，脚尖正对来球方向，球落地瞬间，用前脚掌去触球的中上部，微屈膝，用脚掌将球接在体前。若需接在身后，则应在触球瞬间继续屈膝，将球回拉，并以支撑脚前脚掌为轴转体90°以上。

图3-12　脚底接反弹球

（5）胸部接球

由于胸部接球部位较高，加之胸部面积大、肌肉较饱满，因此是接高球的一种好方法。胸部接球包括挺胸式接球、收胸式接球两种接球技术。

①挺胸式接球：如图3-13所示，面对来球站立（两脚左右或前后开立），两膝微屈，重心置于支撑面内，上体稍后仰，下颌微收，两臂自然张开，维持身体平衡。接触球瞬间，两脚蹬地，膝关节伸直用胸部轻托球的下部使球微微弹起于胸前上方。对于较高的平直球也可采用这种方法将球接于胸前，但触球瞬间膝关节由直变屈，脚由提踵状态变为全脚掌落地，整个身体保持接球时的姿势，下撤将球接在胸前。

图 3-13 挺胸式接球

②收胸式接球：多用于接齐胸高的平直球。如图 3-14 所示，面对来球，两脚左右或前后开立，两臂自然张开，挺胸迎球，触球瞬间收胸、收腹、臀部后移，将球接在体前。若需将球接在体侧，则触球瞬间转体将球接在转体后相应的一侧。

图 3-14 收胸式接球

（6）其他部位接球

除了上述接球技术，接球队员还可用大腿、腹部、头部等部位接球。

## 三、运球技术

从狭义上讲，运球技术仅指运球的方法，即用身体的合法部分触球，使球能随运球者一起运动；从广义上讲，运球技术不仅包括让球随人运动，还包括越过对方的防守。

**1. 运球技术动作**

运球技术动作通常由运球方法的选择与准备、跑动中间断触球、为下一动作的连接做好准备三个环节组成。

**2. 常见的运球技术**

常见的运球技术有脚内侧运球、脚背正面运球、脚背外侧运球。

（1）脚内侧运球

运球前进时支撑脚的跑动始终领先于球，位于球的侧方或侧前方，肩部指向运球方向，支撑腿膝关节微屈，重心放在支撑腿上，另一条腿提起屈膝，用脚内侧推球前进，然后运球脚着地，如图 3-15 所示。由于肩部指向运球方向，身体侧转，虽然移动速度较慢，但身体前倾有利于将对方与球隔开，因而这种技术多用在运球寻找配合传球时，或有对方阻拦需用身体做护时。

图 3-15 脚内侧运球

（2）脚背正面运球

运球时身体呈正常跑动姿势，上体稍前倾，步幅不宜过大，运球腿提起，膝关节稍屈，髋关节前送，提踵，脚尖下指。在着地前用脚背正面部位触球后中部将球推送前进，如图 3-16 所示。由于脚背正面运球时身体呈正常跑动姿势，故可以发挥出较快的速度，因而这种技术多用在运球前方一定距离内无对方阻拦时。

图 3-16 脚背正面运球

（3）脚背外侧运球

运球时身体呈正常跑动姿势，上体稍前倾，步幅不宜过大，运球脚提起，膝关节稍屈，髋关节前送，提踵，脚尖向内旋转，使脚背外侧正对运球方向，在运球脚落地前用脚背外侧推拨球的后中部，如图 3-17 所示。脚背外侧运球时，身体姿势与正常跑动时基本相同，因

图 3-17 脚背外侧运球

而可以发挥出较快的速度,这种技术与脚背正面运球的使用场景相同。另外,利用脚腕的动作可以很快改变脚背外侧面所正对的方向,故在运球脚一侧改变行进方向时也多采用这种运球技术。这种技术能用身体将对方与球隔开,故掩护球时经常使用。

## 四、抢截球技术

抢截球指队员在规则允许的范围内使用身体的合理部位将对方的控球权夺过来或破坏掉。

**1. 抢截球技术动作**

抢截球技术动作由选位、抓住时机实施抢截动作、实施抢截动作后与下一动作紧密衔接三个环节组成。

**2. 常见的抢截球技术**

(1)正面跨步堵抢

如图 3-18 所示,抢球者两脚前后开立,迎着运球者而站,两膝微屈,身体重心下降并置于两脚间,当运球者与抢球者间的距离缩小到一定程度(即抢球者上前跨一大步可能触及球)时,运球者脚触球后,在球即将落地或刚刚落地时,抢球者后脚用力蹬地并跨步向前,以脚内侧去堵截球,当已堵住球时,另一只脚应迅速上步。若抢球脚堵住球,而对方也堵住球时,则抢球者应将另一只脚迅速前移作支撑脚,抢球脚在不脱离球的情况下迅速向上提拉,使球从对方脚面滚过,身体重心也迅速跟上并将球控制好。

图 3-18　正面跨步堵抢

(2)合理冲撞抢球

如图 3-19 所示,当抢球者并肩与运球者跑动追球时,抢球者重心稍下降,靠近对方一侧的手臂紧贴身体,在对方同侧脚离地的瞬间,用肘关节以上部位适当冲撞对方同样部位,使对方身体失去平衡,趁机将球控制住。

图 3-19　合理冲撞抢球

（3）铲球

如图3-20所示，抢球移动接近控球者，膝关节微屈，重心下降，当控球者触球脚触球后尚未落地时，抢球者双脚沿地面向球滑铲，随即尽快起身。

图3-20　铲球

## 五、头顶球技术

头顶球指队员有目的地用前额将球击向预定目标的动作。头顶球是处理高空球的重要手段。

**1. 头顶球技术动作**

头顶球技术动作由移动选位、身体的摆动、头触球、触球后的身体平衡四个环节组成。

**2. 常见的头顶球技术**

（1）前额正面头顶球：这是用额肌覆盖着的额骨正面部分去击球的一种动作，与球接触的部位是眉骨至发根之间的部位。以原地头顶球为例，身体正对来球方向，眼睛注视运动中的球，两脚左右开立（或前后开立），膝关节微屈，重心置于两脚间的支撑面上（或后脚上），两臂自然张开，当球运行到将垂直于地面下落时，两腿用力蹬地，迅速向前摆体，微收下颌，在触球瞬间颈部做爆发式振摆，用前额正面击球中部，上体随球前摆，如图3-21所示。注意顶球前，身体要形成背弓。

图3-21　前额正面头顶球

（2）前额侧面头顶球：根据来球的运行速度、运行轨迹，及时移动到位，眼睛注视来球，前膝微屈，两臂自然张开，当球运行至体前上方时，用力蹬地起跳，上体随之向出球方向扭摆，同时用力向击球方向甩头，以前额侧击球的后中部，如图3-22所示。跑动或跳起用前额侧面顶球时应注意维持身体平衡，同时注意身体的摆动，其他与原地头顶球相同。

图 3-22 前额侧面头顶球

## 六、守门员技术

守门员是一队之中举足轻重的角色。守门员稳妥而可靠的行动,可以提高全队的士气和战斗力;其及时而合理地发动进攻,可以大大增强进攻的威胁性和有效性。

**1. 守门员防守技术**

守门员防守技术包括移步、接球、扑球、托球、拳击球等技术。其中,接球和扑球是两项主要的防守技术,下面重点介绍这两项防守技术。

(1)接球

接球包括接地面球、接平直球、接高空球 3 种。

①接地面球

地面球的接球方式常见的有直腿式和跪撑式两种。直腿式指面对来球,弯腰时两膝伸直,两腿距离以球不能通过为原则。两手张开前迎,将球收入怀中。跪撑式多见于向两侧移步接球时,接左侧球时,左腿屈,右腿近于跪,反之亦然。其他要求近于直腿式,如图 3-23 所示。

图 3-23 接地面球

②接平直球

接平直球主要指接胸部高度以下的平直半高球。接球时要面对来球,两手掌心向上,手指张开,两手小指相靠,上体前屈,当手触球时微撤缓冲,将球抱于胸前,如图 3-24

所示。

图 3-24　接平直球

③接高空球

接高空球主要指接胸部以上高度的球,有单脚或双脚跳起接球两种形式。接球时注意两臂上伸引球,两手大拇指之相互靠近,当手触球时手指和手腕适当用力并转腕,将球收抱于胸前,如图 3-25 所示。接高空球成功的关键在于及时到达接球点。

图 3-25　接高空球

（2）扑球

扑球是守门员在移动接球来不及的情况下所采用的救球形式,可以分为原地扑球、鱼跃扑球、扑单刀球 3 种。

**2. 守门员进攻技术**

发球是守门员组织和发动进攻的主要技术,包括手掷球和脚踢球两种技术。

（1）手掷球

手掷球被广泛用于守门员发动进攻中,它的最大特点是成功率高。优秀的守门员手掷球距离可达 40～50 米。

①单手肩上掷球:动作过程如图 3-26 所示。单手肩上掷球要求充分利用后腿蹬地、转体挥臂、甩腕和甩臂的力量,注意所有动作环节应串联一体、协调一致。

②单手低平掷球:动作过程如图 3-27 所示。单手低平掷球与肩上掷球的主要区别在于手臂位置的不同,另外,掷球时身体重心应降低。

**图 3-26　单手肩上掷球**

**图 3-27　单手低平掷球**

（2）脚踢球

这种发球常在发动进攻反击、本方争抢空中球能力较强、本方中后场进攻能力较弱以及风沙天气等特定的条件或战术形式下使用。

①踢凌空球：动作过程如图 3-28 所示。踢凌空球是在球未落地时，守门员用脚背正面将球击出，多用于踢远距离球，或在雨天、风沙天气、场地泥泞时使用。

**图 3-28　踢凌空球**

②踢反弹球：动作过程如图 3-29 所示。踢反弹球是在体前低抛球，球落地反弹起来的刹那守门员将球踢出。它比踢凌空球准确度高，并且易于队友接球。

图 3-29　踢反弹球

## 第三节　足球基本战术

足球战术是比赛中为了取得胜利,根据主客观的实际情况所采取的个人和整体的配合手段。根据实施战术人数的多少,足球战术可以划分为个人战术、小组战术、整体战术。本方获得控球权即为进攻,反之则为防守,因此,足球运动的战术又可以划分为进攻战术与防守战术。

### 一、个人战术

个人战术可细分为个人进攻战术与个人防守战术。

**1. 个人进攻战术**

(1) 接控球:接控球是现代足球比赛中经常运用的一项极富攻击性的战术。它是争夺控球权、确保比赛优势、突破对方防线和获得射门机会的重要手段。

(2) 传球:传球是组织进攻、变化战术、深度突破、创造射门机会的重要手段,是比赛中运用较多的一项战术。

(3) 运球和过人:运球和过人不仅是维持控球权的重要手段,而且是破坏密集防守,创造得分机会的锐利武器。

(4) 射门:射门是比赛胜负的关键因素,常见的射门方式有直接射、运射、接趟射、过人射和直接任意球射门5种。

(5) 接应:接应主要是利用已有的空间,为持球队员传球给自己所做的跑动。接应同时具有进攻、防守和精神方面的作用。在接应跑时,应把握好距离、角度、呼应等。

(6) 跑位:跑位是创造空间的有效手段,可以调动对方的防守位置,扩大传球角度与范围。跑位是创造和利用空间的过程,需要高度的整体配合意识;同时,跑位需要宽广的视野和突然性的起动,在跑位时必须有随时接球的准备。

**2. 个人防守战术**

(1) 防守姿势与位置:当运动员采用防守姿势时,因为没有控制球,所以不用担心球的控制问题,把注意力集中在身体动作上。运动员应当使重心尽量降低,以便突然出击。

身体重心要在脚掌、脚趾上,使自己能够快速移动。

(2) 断球:断球是抢截球技术在实战中的一种运用,是通过观察与判断对方传球,在对方传球路线上把控球权转换为己方的过程。

(3) 抢球:抢球是抢截球技术在实战中的一种运用,是通过战术行为,把对方脚下球抢下来的过程。抢球分为正面抢、侧面抢、背身抢 3 种方式。

(4) 紧逼:紧逼是防守队员几乎能接触到进攻队员,并且能够运用一个动作就可以直接阻碍进攻队员处理球的防守方法。

(5) 封堵:当持球者有空当可以传球或做出传球动作时,防守者不可能把球断下,这时可采用封堵的战术以阻止对方传球。

(6) 保护:保护指位于抢球队员身后的队员,通过合理站位,为抢球队员直接提供增援。保护技巧包括距离、角度、呼应 3 大要素。

(7) 补位:补位指原位置队员由于各种原因没有出现在自己的战术位置,或被对方运球过人后,其他临近队员快速到此区域进行防守的战术。

## 二、小组战术

### 1. 小组进攻战术

(1) 二人进攻配合

比赛中经常采用的二人进攻配合方法有二人传切配合、二人踢墙式配合、二人交叉掩护配合、二人回传反切配合。

①二人传切配合:二人传切配合是两名进攻队员通过一传、一切配合越过一名或几名防守队员的配合方法,可分为斜传直插、直传斜插两种形式。在进行配合时,两名进攻队员要保持适当的距离。控球队员可采取运球或其他动作,诱使防守者上前阻截,插入的队员必须突然、快速起动,但应避免越位。

②二人踢墙式配合:二人踢墙式配合是两名进攻队员通过两次传球越过一名或几名防守队员的配合方法。持球队员带球逼近防守队员,把防守队员吸引过来,传出地滚球,力量适度,方向准确,传球后立即快速插入,准备接球。做墙队员要突然摆脱防守者,并侧对进攻方向,一次触球,力量适当,把球传至同伴跑动路线上。

③二人交叉掩护配合:二人交叉掩护配合是两名进攻队员通过运球与身体的掩护越过一名或几名防守队员的配合方法。持球队员用远离防守者的脚带球,将身体置于球与对方之间保护球。当与同伴交接球时可做运球假动作而不触球,完成配合后要继续跑位进攻。对接球队员靠近运球同伴以接应之势迷惑对方,选择有利时机突然起动,接带球越过对方。

④二人回传反切配合:二人回传反切配合是通过 3 次传球组成的配合方法。持球队员距接应球队员 8~10 米,两人纵向站位;接应队员向持球队员靠近,并吸引紧盯的防守队员,持球者快速传地滚球给回撤的接应队员;接应队员直接回传,然后快速转身下插;原持球者通过地滚球或过顶球向前纵向传出,使接应队员接球后向前进攻。

(2) 三人进攻配合

三人进攻配合是在局部区域由 3 名进攻队员攻击两名防守队员的战术配合方法。它与二人进攻配合相比,具有进攻面广、传球点多、战术变化大的特点,对防守的威胁也较大。三人进攻配合多采取制造"第二空当"和"连续二过一"的方法。

①第二空当:第二空当指当一名进攻队员跑向一个有利的空当(第一空当)并牵制一名防守队员时,使原区域出现了空当(第二空当),第二个进攻队员迅速插向第二空当,利用传接配合,突破防守。

②连续二过一:连续二过一至少由两组二过一配合组成。打配合时,控球者在传球前应注意观察,无球队员注意力集中,并选择合适的出球方向与力量。

**2. 小组防守战术**

(1)夹击配合。夹击配合是两名防守者以持球者为目标,围绕持球者前后进行的抢截球战术。夹击配合时,应具有主动控制对方活动的能力,迫使持球者按照防守人的意图行动;防守者之间应配合默契,选择合适的区域,在边路最佳。

(2)围抢配合。围抢配合是两名以上的防守队员在边线或球门线附近对一名持球进攻队员实施抢截球的战术。围抢时应注意必须是在局部地区防守人数占优的情况下进行围抢,围抢局面一旦形成,围抢队员的行动要协调一致,抢截要凶猛。在围抢的同时,外围防守队员必须紧盯前去接应的进攻者。

(3)协防配合。协防配合是第一防守者对持球者实施抢截球或紧逼,第二防守者在其身后进行保护的战术。协防配合中第一防守者不能贸然出击,防止被突破;第一防守者被击败后,应进行追防或补位;第二防守者根据情况可直接跟进,形成两人围抢。

(4)封堵退守。封堵退守指通过在进攻队员的进攻途中设置障碍而延续其进攻,使同伴有时间回防守位,以巩固局部或整体防线。在封堵时,可以向对方施加语言及行动上的压力,迫使其犯错误。在实施战术行动时,第一防守者一般是孤军作战,延缓对方的进攻是核心任务。

# 三、整体战术

**1. 比赛阵形**

为了适应攻守战术的需要,全队队员在场上的位置排列和职责分工称为比赛阵形。比赛阵形是本队攻守力量搭配和分工的形式。比赛阵形根据队员的职责和排列的层次分为后卫线、中场线和前锋线。阵形的名称按从后卫向前锋的人数排列,守门员不计算在内。目前,世界上普遍采用的阵形有"4-3-3""4-4-2""4-1-2-3""3-5-2"等。除"4-4-2"阵形以防守为主、反击为辅外,其他阵形均以进攻为主,尤以"3-5-2"阵形最为突出。

选择阵形要以本队队员的特长、技能、技术水平与球队的特点为依据。此外,阵形绝不是僵化的规定,每个队员都应在明确基本位置和主要职责的前提下,进行创造性的活动。

**2. 整体进攻战术**

(1)边路进攻。利用球场两侧地区发起的进攻为边路进攻。边路进攻是全队进攻战术的主要形式之一,其主要特点是有利于发挥进攻速度,打破对方防线制造缺口。

(2)中路进攻。中路进攻是利用球场中间区域组织的进攻,这种进攻虽能直接射门,但难度最大,因中路防守最为严密,突前的攻击手必须是反应极其敏锐、意识强、技术高、敢于冒险、速度快和善于跑位策应的队员。

（3）快速反击。比赛中当攻方进攻时，后卫线往往压至中场附近，防守人数也由于插上进攻和助攻而相对减少，此时如能抓住对方防区空隙较大和回防较慢的机会，乘其失球发动快速反击，往往能取得良好的效果。

（4）转移进攻。转移进攻指中路进攻或边路进攻受阻后，过渡到边路或中路，或另一侧边路的进攻方法。转移进攻是充分利用场地的空间和足球比赛进攻没有时间和传球次数限制的规则，及时转移进攻点，迫使对方防线横线扯动，出现空当，从而成功突破防线。

**3. 整体防守战术**

（1）区域防守。区域防守指每一防守队员都有一定的防守区域，进攻者一旦进入该区域，防守队员即对其严密盯防，限制其在该区域的一切进攻行动。虽然区域盯人防守规定了每名防守者的防守区域，但防守队员之间必须有协防的意识。另外，应该注意区域与区域之间结合部的防守。

（2）人盯人防守。人盯人防守是每个防守者各自都有明确的防守对象，对方跑到哪里都要紧跟盯防到哪里。人盯人防守又分为全场人盯人、半场人盯人和后场人盯人防守。人盯人防守分工明确，责任具体，盯防效果好。但体能消耗大，防守队形、防线容易被拉乱，一旦突破，不易补防。因此，比赛中很少有球队单纯采用这种防守形式。

（3）混合盯人防守。混合盯人防守是根据对方的情况，在某些区域实行人盯人防守，在某些区域实行区域盯人防守，充分发挥这两种形式的优点，提高整体防守的综合效益。采取混合盯人防守时必须注意重点盯住对方进攻的组织者和主要得分手，最大限度地限制他们的进攻行动，削弱对方的攻击能力；要明确在哪些区域实行盯人防守，在哪些区域实行混合防守。

## 第四节　足球运动练习方法

### 一、颠球练习

颠球大致可分为拉挑球、脚背正面颠球、脚内侧颠球、脚外侧颠球、大腿颠球、头颠球、肩颠球和胸部颠球等。

**1. 拉挑球**

支撑脚踏在球的后侧方约 30 厘米左或右处，膝关节微屈，身体重心移到支撑脚上。拉挑球脚的脚前掌踏在球的上方并向后轻拉，在球开始向后滚动时，脚尖稍向上翘，将球挑起（如图 3-30 所示）。

**2. 脚背正面颠球**

支撑腿的膝关节微屈，身体重心移到支撑脚上，当球落至低于膝关节以下时，颠球脚的膝、踝关节适当放松，并柔和地向前稍上方甩动小腿，脚尖稍翘起，用脚背轻击球的底部，将球向上颠起（如图 3-31 所示）。

图 3-30　拉挑球

图 3-31　脚背正面颠球

### 3. 脚内侧颠球

支撑腿膝关节微屈，身体重心移至支撑脚上。当球下落到膝关节高度时，颠球脚屈膝盘腿（脚内侧向上摆脚内翻），脚内侧呈水平状态，轻击球的底部，将球向上颠起（如图 3-32 所示）。

图 3-32　脚内侧颠球

### 4. 大腿颠球

支撑腿膝关节微屈，身体重心移至支撑脚上。当球落至接近髋关节高度时，颠球的大腿屈膝上摆，当大腿摆到呈水平状态时，击球的底部，将球向上颠起（如图 3-33 所示）。

图 3-33 大腿颠球

## 二、传球练习

传球技术是组织进攻、变化战术、渗透突破、创造射门的重要手段,也是比赛中应用最多的一项技术。传球的基本因素如下:

①准确:是传球的目标。

②力量:传球力量要适当,以利于同伴好接球、好拿球。

③时机:传球时,球到人到、人到球到,抓住战机。

④晃骗:通过晃骗使对手失去重心,暴露空当,创造传球的机会。

⑤角度:传球队员的视野角度,以及传球队员与接球队员间可能传球的角度。

传球时要把握住落点和分量,要做到快传球、传快球、传好球。

①快传球:传球要及时,尽可能进行直线传球。

②传快球:传出的球,球速平稳,有利于组织进攻、渗透进攻,以及中长传快速转移。

③传好球:要符合与同伴配合的要求,并且有威胁性和攻击性,有利于同伴接控、盘带、过人以及射门。

传球训练应根据足球比赛中进攻、进球的规律和特点进行计划和安排。

**1. 原地传球练习**

方法:两人一个球,面对面传球,如图 3-34 所示。

**2. 跑动传球练习**

(1)两人练习,如图 3-35 所示。

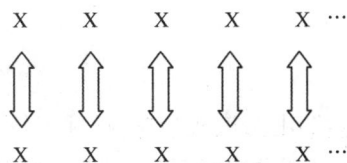

图 3-34 原地传球练习

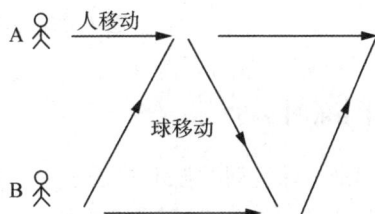

图 3-35 两人跑动传球练习

（2）三人练习，如图 3-36 所示。

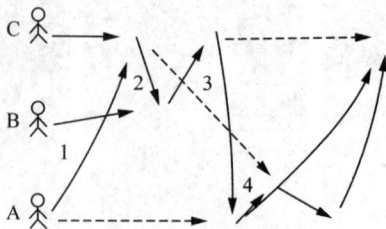

图 3-36　三人跑动传球练习

## 三、控球练习

控球技术是现代足球比赛中综合运用的一项富有攻击性的技术。它是争夺控球权、确保比赛优势、选择进攻时机、突破对方防线和获得射门机会的重要手段。控球技术动作可归纳为准、柔、顺、压、切（削）五个字。

①准。对来球的落点判断要准，步法步点要踏准，动作方法和球接触脚的部位要准。

②柔。动作要协调、自然、放松。用接球脚或身体的部位去适应球，而不是用脚或其他部位被动地去接触球。

③顺。控球要顺球势，前迎后撤，上迎下撤。

④压。接落地反弹球时，接球脚离地面不超过 10 厘米，与地面角度为 45°。当脚触球的瞬间要向下压；在接平胸来球时，胸部微收，触球时胸要下压。

⑤切（削）。用脚的外侧或内侧由上向下切击来球的外沿，达到停挡球或改变球运行路线的目的。

控球练习如图 3-37 所示。

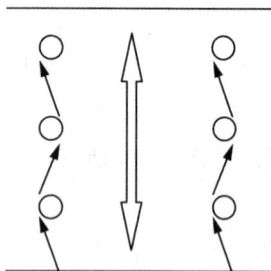

图 3-37　运球过障碍练习

## 四、射门练习

足球射门是足球运动的技术术语之一，主要是指用踢球、头顶球、铲球等技术将球射向对方球门。在足球运动中，射门是进攻的最终目的，也是得分的手段，还是比赛胜负的关键。运球射门练习如图 3-38 所示。

①射门时，脚面要绷直，用正脚面去接触球的中间部位。

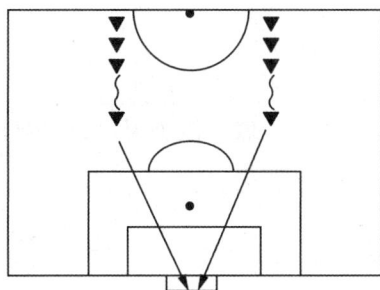

图 3-38　运球射门练习

②射门向后摆腿时,主要靠小腿迅速摆动。

③立足脚要站稳,脚尖对准射门方向。

④射门时,身体重心要前倾,避免后仰,以防把球踢高。

## 五、防守技术练习

防守技术的三大要素为接近、角度、距离。

(1) 接近

接近是指防守队员跑向持球队员的一段距离。如果断截传球有十分把握,则必须果断而快速;如果对手背身接球时,则应全速逼上对手,限制其转身;如果对手已经拿好球或已经控制好球,则开始接近的速度要尽可能快,但最后几步要稍加控制,放慢一点。

(2) 角度

角度是指以球和守方球门中点连接线的直线为基准的迎上顶抢的方向(角度)。如果能够很有把握地截断传给所盯进攻队员的来球,则应准确无误地选择好切入传球路线的断球点;如果在对手接控球的一瞬间,能够迎上去紧逼持球球员,逼上的角度应正对持球球员,并尽可能阻止对手转身,尽快贴近持球球员;如果随便跑入线上,持球球员将有可能获得时间射门,同样有可能给对手造成射门、传球或运球的机会;如果能兼顾上面提及的两个因素,以一定的弧线跑入线上,将有利于防守与抢球。

(3) 距离

防守队员与持球进攻队员之间的距离取决于是阻止射门、传球还是运球。如果是封堵射门和传球,距离应比防堵运球更贴近对手。从兼顾各种情况而言,最好与对手保持 1.5 米左右的距离。防守站位及协防练习如图 3-39 所示。

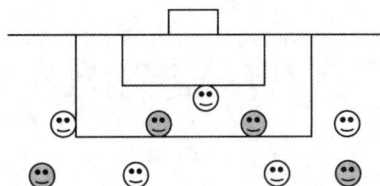

图 3-39　防守站位及协防练习

## 六、其他综合练习

### 1. 一对四传抢

外围四个人传控球、中间一个人抢球。该练习可以提高队员的控球、传球、防守等综合能力。一对四传抢练习如图 3-40 所示。

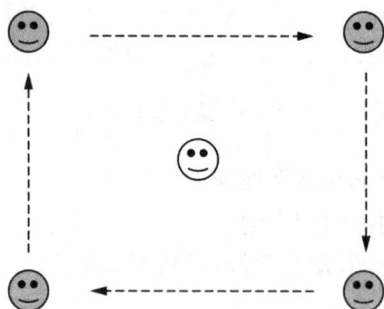

图 3-40　一对四传抢练习

### 2. 半场攻防练习

将队员分为防守方和进攻方,参与人数与正式比赛一样。此练习与实战结合紧密,不仅能够锻炼队员的个人控球、射门、传球技术,更重要的是还能够锻炼队员整体协同防守和整体配合进攻的能力。

足球竞赛规则

# 第四章 排球

排球运动需要队员综合运用跑、跳、滚翻、击球等技术动作进行密切的团队配合,对腿部肌肉、腰腹部肌肉、上肢肌肉都有非常充分的锻炼。由于对抗强度大,排球运动除了锻炼大腿、腰部等核心肌肉群外,还能消耗身体多余的脂肪,让身材更加健美。

## 第一节　排球运动概述

### 一、排球运动的起源与发展

排球运动于 1895 年由美国人威廉·乔治·摩根发明。20 世纪 80 年代至今,国际排球运动出现了竞技排球运动多元化、娱乐排球再度兴起的发展趋势。

排球运动是两队运动员在由球网分开的场地上进行比赛的运动。比赛由一名队员在发球区内用一只手将球直接击过球网开始,每方最多击球 3 次使球过网,击球时不得持球,一名队员不能连续击球 2 次,比赛需不间断地进行直至球落地、出界或其中一方犯规。接发球队胜 1 球时得 1 分,同时获得发球权,所有队员需按顺时针方向轮转一个位置,由轮转到后排右侧(1 号位)的运动员发球。排球运动具有增强身体机能、培养良好的心理品质、促进社会适应能力三方面的作用。

### 二、排球运动的主要形式

#### 1. 沙滩排球

沙滩排球简称"沙排",诞生于 20 世纪 20 年代,是目前唯一在沙地上进行的奥运会正式项目。沙滩排球的基本规则、场地大小、排球大小、得失分和交换发球权等方面与室内排球运动基本一样。比赛场区的长、宽分别为 16 米和 8 米。沙滩排球一般采用三局两胜制,每局(决胜局除外)先得 21 分并至少超过对方 2 分的队胜 1 局。如果双方打成 1∶1 平局,则第三局为决胜局,先得 15 分并至少超过对方 2 分的队伍获胜。

**2. 坐式排球**

坐式排球是专为双下肢残疾的人设计的坐在地面上进行的排球活动。比赛场地长、宽分别为 10 米和 6 米,进攻线距中线 2 米,男子网高 1.15 米,女子网高 1.05 米,网宽 0.8 米。比赛采用 6 人排球规则,只是增加了比赛中击球时击球员臀部不得离地这一规定。

**3. 气排球**

气排球是集运动、休闲、娱乐为一体的群众性体育项目。气排球的打法和记分方法与竞技排球基本相同。气排球由软塑料制成。比赛用球质量约为 120 克,比普通排球轻 100～150 克,圆周为 74～76 厘米,比普通排球圆周长 15～18 厘米。

**4. 软式排球**

软式排球诞生于 20 世纪 80 年代末,具有质量轻、体积大、材料柔软、不伤手指等特点。1995 年,软式排球进入我国,考虑到软式排球的特点,中国排球协会在青少年中大力开展和推广软式排球活动。2000 年末,教育部正式将软式排球列入中小学体育教学大纲,软式排球运动在我国得到迅速发展。

# 第二节　排球基本技术

本节重点讲解准备姿势和移动、发球、垫球、传球、扣球、拦网等排球运动的基本技术。

## 一、准备姿势

准备姿势是完成发球、垫球、传球、扣球和拦网等各项有球技术的前提和基础,并对各项有球技术的运动起串联和纽带作用。良好的准备姿势可以应付比赛各种情况,可以迅速起动、快速移动、接进来球,占据良好的击球位置,以便完成各种击球动作。

准备姿势根据身体重心的高低可分为稍蹲准备姿势、半蹲准备姿势和低蹲准备姿势三种,如图 4-1 所示。

(a) 稍蹲准备姿势　　　(b) 半蹲准备姿势　　　(c) 低蹲准备姿势

**图 4-1　准备姿势**

(1) 稍蹲准备姿势。上体前倾,两臂置于腹前;脚跟稍提起,膝关节保持一定弯曲,便于及时向各个方向蹬地起动;预先拉长伸膝肌群和增大移动时的后蹬力量,也便于及时起跳、下蹲和倒地。

（2）半蹲准备姿势。身体重心比稍蹲准备姿势略低，上体前倾，有利于向前或向侧前移动；两臂置于胸腹之间，有利于移动时的摆臂和随时伸臂做各种击球动作。

（3）低蹲准备姿势。身体重心比半蹲准备姿势更低、更靠前，两脚左右、前后的距离更宽一些，膝部弯曲的程度更大一些。身体重心要更靠前，肩部垂直线过膝，膝部垂直线超过脚尖，两手臂置于胸腹之间。

## 二、移动

移动是从起动到制动的过程。移动的目的主要是及时接近球，保持好人与球的位置关系，以便击球。迅速移动可占据场上有利位置，争取时间和空间。移动由起动、移动步法和制动3个环节组成。

**1. 起动**

起动的力学原理是破坏平衡。人体向前抬腿使身体失去平衡，开始进入起动状态。

**2. 移动步法**

排球运动有多种移动步法，应根据赛场上的实际情况合理使用步法。

（1）并步与滑步。以向右运动为例，左脚内侧蹬地的同时，右脚向外跨出一步，在右脚落地时，左脚迅速并上，形成击球前的准备姿势。连续地并步即滑步，如图4-2所示。

（2）交叉步。以向右移动为例，上体稍向右转，右脚支撑，左脚从右脚前方向右跨一步，重心过渡到左脚，然后右脚向右方迅速跨步，身体转回，形成击球前准备姿势，如图4-3所示。

（3）跨步。向移动方向跨出一大步，深屈膝，上体前倾，跨步可向前、后、侧前各方向，可以过渡到倒地动作，如图4-4所示。

图4-2 并步与滑步　　　　图4-3 交叉步　　　　图4-4 跨步

**3. 制动**

在快速移动之后，为了保持稳定的击球姿势和克服身体惯性的冲力，必须运用制动技术。

（1）一步制动法。一步制动时，在移动的最后跨出一大步，同时降低重心，膝和脚尖适当内转，全脚掌横向蹬地，使身体重心的投影落在两脚所构成的支撑面内。

（2）两步制动法。两步制动时，以倒数第二步做第一次制动，接着跨出最后一步做第三次制动，同时身体后仰，双脚用力蹬地，使身体处于做下个动作的有利姿势。

## 三、发球

发球是队员在发球区内自己抛球后，用一只手将球直接击入对方场区的击球方法。发球是排球的基本技术之一，也是排球比赛一项重要的进攻性技术（均以右手为例）。

**1. 正面下手发球**

身体正对球网,手臂由后下方向前摆动,在腹前将球击入对方场区的发球方法称为正面下手发球。以右手为例,如图4-5所示,面对球网,两脚前后开立,左脚在前,双膝微屈。上身前倾,左手持球于腹前,将球轻轻抛起在体前右侧,离手高约20厘米。在抛球的同时右臂伸直以肩为轴向后摆动,击球时右腿蹬地,身体重心随着击球向前摆动而移至前脚上。

**2. 正面上手发球**

如图4-6所示,队员面对球网,两脚前后自然开立,左脚在前,左手托球于身前,用抬臂和手掌的平托上送,将球平稳地垂直抛于右肩前上方,高度适中。左手抛球的同时,右臂抬起,屈肘后引,肘与肩平行,上体稍向右转。击球时,利用蹬地、转体和收腹带动手臂挥动,在右肩前上方伸直手臂至最高点,以全掌击球的后中部。

图4-5　正面下手发球　　　　　图4-6　正面上手发球

**3. 正面上手发飘球**

如图4-7所示,准备姿势同正面上手发球,但抛球比正面上手发球稍低,并稍靠前。击球前,手臂自后向前做直线挥动。击球时,五指并拢,手腕稍后仰,用掌根平面击球的中下部,作用力通过球体重心。击球结束,手臂挥动有突停动作。

**4. 勾手发飘球**

勾手发飘球采用侧面对网站位,两脚自然开立,左手持球于胸前将球平稳地抛在左肩前上方约一臂的高

图4-7　正面上手发飘球

度。在抛球的同时,两腿弯曲,上体顺势向右倾斜,并稍向右转动,右臂随之向下、向右后方摆动,身体重心移向右腿。击球时,右脚蹬地,上体向左转动发力,带动手臂挥动,挥动时手臂伸直,在右肩的左上方,用掌根击球的后中下部。

**5. 跳发飘球**

面对球网,站在距端线2~4米处,利用单手或双手将球抛在前上方,随着抛球离手向前助跑起跳。击球前,手臂自后向前做直线挥动。击球时,五指并垅,手腕稍后仰,用掌根平面击球的中下部,作用力通过球体重心。击球瞬间手指、手腕紧张,手型固定,不加推压动作,手臂有突停动作。

**6. 跳发球**

面对球网,站在距端线2~4米处,利用单手或双手将球抛在前上方,随着抛球离手向前助跑起跳。起跳时,两臂要协调摆动,摆幅要大。击球时利用收腹和转体动作带动手臂挥动。在身体升至最高点时以全手掌击球的中下部,击球时,手腕要有推压的动作。

## 四、垫球

通过手臂或身体其他部位的迎击动作,使来球从垫击面上反弹出去的击球动作称为垫球。垫球的基本手型如图 4-8 所示。下面介绍 5 种常用的垫球技术。

### 1. 正面双手垫球

如图 4-9 所示,半蹲准备姿势迎球,球下落时摆好垫球手型,球在胸口一臂时,手腕下压,插到球下,两臂外翻形成击球平面,用腕上 10 厘米左右桡骨内侧平面击球下方,全身协调发力,蹬地、提肩、抬臂。

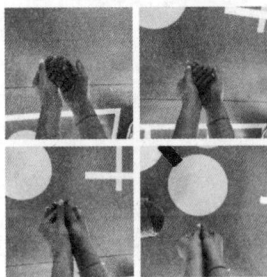

图 4-8　垫球基本手型

图 4-9　正面双手垫球

### 2. 体侧垫球

以右侧垫球为例,如图 4-10 所示,半蹲准备姿势迎球,左脚前掌内侧蹬地,右脚向右跨出,左膝保持弯曲,身体重心移至右脚。两臂夹紧向右伸出,击球面对准来球方向,利用转腰收腹的力量在体侧击球的后下方。

### 3. 背垫球

背对出球方向的垫球称为背垫球。背垫球大多用于接应同伴垫飞的球或将球处理过网,其特点是垫击点较高。背垫球时,首先判断来球的轨迹、方向和离网的距离,迅速移到球的下落处,背对出球方向,两臂夹紧伸直,插到球下,如图 4-11 所示。

图 4-10　体侧垫球

图 4-11　背垫球

### 4. 跨步垫球

判断来球的轨迹,及时向前或向侧方跨出一大步,屈膝制动,重心落在跨出腿上,上体前倾,臀部下降,两臂插入球下方,点击球的中下部,如图 4-12 所示。

**5. 单手垫球**

单手垫球可采用各种步法接近球,当来球速度快、弧度低、距离远时可用单手垫球。当球在体前或体侧时,一只脚迅速向前或向侧跨出一大步。重心向前移动,以跨出脚的同侧臂向前伸出,插入球下,用虎口(或掌根,或手背,或前臂)击球的后下部或底部,如图 4-13 所示。

图 4-12 跨步垫球

图 4-13 单手垫球

## 五、传球

**1. 正面传球**

面对出球方向的传球动作称为正面传球。采用稍蹲准备姿势,抬头看球,双手自然抬起,屈肘放松置于脸前。当球接近额时,蹬地、伸膝、抬臂迎球,在额上方一球处击球。触球时,两手自然张开成半球形,手腕稍后仰,如图 4-14 所示。

**2. 背传**

向后上方的传球动作称为背传。在比赛中采用背传可以变化传球方向和路线,迷惑对方,组成多变的进攻配合。准备姿势比正面传球稍直立,身体重心在两脚之间。判断来球,移动到球下,双手抬起。手触球,手腕适当后仰,掌心向上,在额上方击球下部。传球时,蹬地、上体后仰、挺胸、展腹、抬臂,用手指的弹力将球向后上方送出,如图 4-15 所示。

图 4-14 正面传球

图 4-15 背传

## 六、扣球

扣球是指队员在空中跳起用一只手或手臂将本方场区上空高于球网上沿的球击入对方场区的一种击球方法。扣球技术动作包括准备姿势、助跑、起跳、空中击球和落地缓冲五个步骤(以右手为例)。

**1. 准备姿势**

稍蹲姿势,两臂自然下垂,站在离网 3 米左右处,身体转向来球方向,观察来球,做好向各个方向助跑起跳的准备。

**2. 助跑**

助跑的节奏应先慢后快,如球一传出手后,就可开始缓慢轻松地移动,然后根据二传的情况逐步加快步伐以寻找起跳时机和地点。有时也可以加快助跑的节奏,以争取时间和空间。

助跑的时机取决于二传传球的高度、速度以及扣球队员的个人动作特点。二传传球低时,助跑起动要早些,球高则要晚些;动作慢的队员可早些起动,动作快的队员则可晚些起动。

助跑的路线应根据传球的落点来决定。以 4 号位扣球为例,扣集中球时,应采用斜线助跑;扣一般球时,采用直线助跑;扣拉开球时,则采用外绕助跑。

**3. 起跳**

左脚并步踏地制动,同时两臂自后向前上方积极摆动,顺势起跳。

**4. 空中击球**

起跳后,上体稍向右转,右臂向后上方抬起,挺胸展腹,身体呈反弓形。挥臂时,以迅速转体、收腹动作发力,依次带动肩、肘、腕各部位关节向前上方成鞭打动作挥动。击球时,五指微张,以掌心为主,全掌包满球,在手臂伸直的最高点的前上方击球的后中部,同时主动用力屈腕屈指向前推压,使扣出的球呈上旋。

## 七、拦网

拦网是排球运动的基本技术之一,是队员靠近球网,将手伸向高于球网处理阻挡对方来球的行动。下面介绍 3 种常用的拦网技术。

**1. 单人拦网**

单人拦网技术本身并不准,难的是对拦网时机的判断。队员面对球网,距网 30～40 厘米,双膝微屈,两臂在胸前自然屈肘,原地起跳时,重心降低,双膝弯曲,用力蹬地,使身体垂直起跳。跳起后两手从额前平行球网向网上沿前上方伸出,两臂平行,两臂尽力伸过网向对方上空,两手接近球,自然张开,手触球时要突然紧张,主动盖帽捂球,如图 4-16 所示。

**2. 双人拦网**

由前排两个队员互相靠近同时起跳组成的拦网称为双人拦网。双人拦网时应以一人为主拦队员,另一人为配合队员,但主拦队员不是固定的。主拦队员必须抢先移到对正扣球点的位置,做好起跳准备,配合队员则迅速移动靠近主拦队员准备同时起跳。两队员之间的距离要合适,两人的手臂应该在体前划小弧向上摆伸。手臂在空中既不能重叠,又不能间隔太宽,如图 4-17 所示。

**3. 三人拦网**

三人拦网在对方扣球进攻力强,路线变化多,而且很少轻扣和吊球时使用。三人拦网的动作方法与双人拦网相似。其关键在于迅速移动,取位恰当,配合密切。无论对方从哪个位置扣球,一般都以 3 号位队员为主拦队员,2 号位、4 号位队员为配合队员。此时,另两个配合队员应及时移动去靠近主拦队员,同时起跳,如图 4-18 所示。

图 4-16 单人拦网 　　图 4-17 双人拦网 　　图 4-18 三人拦网

## 第三节　排球基本战术

排球运动战术指在比赛中根据排球运动的规则要求、排球运动的规律、双方的具体情况和临场的变化,合理地运用技术所采取的有组织、有目的和有意识的配合行动。本节将介绍排球运动的基本战术,包括阵容配备与位置交换、进攻战术、防守战术。

### 一、阵容配备与位置交换

#### 1. 阵容配备

阵容配备就是合理地安排场上队员技术力量的组织形式。阵容配备的主要形式有"四二"配备、"五一"配备等。

(1)"四二"配备:"四二"配备指场上队员有 4 个进攻队员和 2 个二传队员。4 个进攻队员又分为 2 个主攻、2 个副攻,同角色的两名队员站在对角位置,如图 4-19 所示。

(2)"五一"配备:"五一"配备指场上队员有 5 个进攻队员和 1 个二传队员。5 个进攻队员又分为 2 个主攻、2 个副攻、1 个接应二传,同角色的两名队员站在对角位置,如图 4-20 所示。

图 4-19 "四二"配备 　　　　　　　图 4-20 "五二"配备

**2. 位置交换**

为了方便每个人发挥特长,根据规则场上队员在发球后可任意交换位置,在比赛中采用专位进攻和防守的方式进行比赛。换位的规律如下:

(1)前排部分:主攻队员换到4号位,拦网好、移动快、弹跳强的副攻队员换到3号位,二传队员换到2号位。

(2)后排部分:把防守灵活的队员换到5号位或6号位,二传队员换到1号位,以便防守反击时插上传球、组织进攻;把后排进攻能力强的队员放在1号位或6号位。

## 二、进攻战术

**1. "中一二"进攻**

"中一二"进攻是由前排中间的3号位队员作为二传队员,其他5名队员将来球垫传给二传队员,再由二传队员将球传给4号位、2号位队员进攻的战术形式。技术水平较低的队伍,一般采用"四二"配备,每个轮次都有一名二传队员在前排。当二传队员轮到2号位或4号位时,可以在对方发球后换到3号位。

**2. "边一二"进攻**

"边一二"进攻是由前排2号位队员担任二传,其他5名队员将来球垫传给二传队员,再由二传队员将球传给4号位、3号位队员进攻的战术。其特点是二传队员在边上,对一传队员的要求稍高,但战术变化多,战术可繁可简,适合不同水平的队伍。若采用"四二"配备,当二传队员轮到4号位或3号位时,可以在对方发球后换到2号位。

**3. "插上"进攻**

在对方发球后,由后排一个队员插上到前排担任二传,把球传给前排4号位、3号位、2号位队员进攻,这种进攻战术称为"插上"进攻。不管是采用"四二"配备,还是采用"五一"配备,对方发球后,后排二传队员分别从1号位、6号位、5号位插上,在前排组织进攻。

## 三、防守战术

**1. 接发球防守阵型**

接发球防守阵型按人数可分为5人、4人、3人接发球防守阵型。

(1)5人接发球防守阵型:初学者在比赛中多采用"一三二"接发球防守阵型,也称W防守阵型,便于打"中、边二传"进攻。二传队员站前排,5名队员按"W"字分站3米线后,如图4-21所示。每人防守相应的区域,接合部秉承右手侧队员多接和后排队员多接的原则,将球垫向前排二传处组织进攻。

(2)4人接发球防守阵型:4人接发球防守阵型的优点是便于二传插上,不接发球的前排队员可以充分做好进攻的准备。但是接发球时每人负责一条线,对接发球队员的前后移动和判断能力要求较高。由于接发球只有4名队员,因此大都采用"盆"形站位。"盆"形站位又可分为"浅盆"形和"一"字形两种,如图4-22所示。"浅盆"形站位主要用于接对方目标落点靠后或速度平快的发球,"一"字形站位主要用于接对方的跳发球、大力球及平冲球。

图 4-21　5 人接发球防守阵型

图 4-22　4 人接发球防守阵型

（3）3 人接发球防守阵型：3 人接发球防守阵型一般是前排两名队员和一名插上队员不接发球，或前排 3 名队员都不接发球而由后排队员担负全场一传任务。其优点在于快攻队员不接一传，有利于组织快变战术；前排队员交换位置非常方便，有利于组成快速多变的战术；可让一传差的队员避开接发球，减少一传的失误。但 3 人接发球防守阵型中每人负责的区域相对较大，对判断、移动及控制球的能力要求较高。3 人接发球防守阵型主要采用"前一后二"站位和"后三"站位，如图 4-23 所示。"前一后二"站位由 1 名前排队员和 2 名后排队员担负全场的接发球任务，"后三"站位由后排 3 名队员担负全场的接发球任务。

图 4-23　3 人接发球防守阵型

**2. 接扣球防守阵型**

（1）单人拦网防守阵型：当对方技术水平一般，进攻能力较弱时，或当对方战术多变，本方移动不到位，无法组织集体拦网时，可采用单人拦网防守战术。由前排一人拦网，后排形成马蹄形防守阵型。前排 2 号位队员拦网，后排队员站位如图 4-24（1）所示；前排 3 号位队员拦网，后排队员站位如图 4-24（2）所示。对方 4 号位队员扣球，本方 2 号位队员单人拦网，3 号位队员后撤防吊球，4 号位队员后撤防小斜线扣球或吊球，后排 3 名队员每人防守一定区域。对方 2 号位队员内扣球，防守方法相同，图示反向。对方 3 号位队员扣球，本方 4 号位、2 号位队员后撤防守，6 号位队员向前防吊球，每位队员负责各自的防守区域。

（1）2 号位队员拦网　　　　（2）3 号位队员拦网

图 4-24　单人拦网防守阵型

（2）双人拦网防守阵型：当对方进攻威力较大，路线变化较多，单人拦网不足以阻拦对方进攻时,应采用双人拦网防守阵形。双人拦网防守阵形分为"边跟进""心跟进""内撤""双卡"等防守阵形。"心跟进"防守阵型也称为 6 号位跟进防守,在对方经常运用打吊结合,而本方拦网能力较强的情况下,可采用此防守阵型。前排 2 号位、3 号位队员拦网,后排队员站位如图 4-25 所示。以对方 4 号位队员进攻为例,本方 2 号位、3 号位队员组成双人拦网,6 号位队员"心跟进"防吊球及接应落入中场的球,1 号位、5 号位队员负责防守后场区,4 号位队员后撤防小斜线及吊球。

(3)3 人拦网防守阵型:在对方扣球运动员攻击性强、线路变化多、吊球少时适合采用 3 人拦网防守阵型。3 人拦网虽然加强了第一道防线的力量,但后场空隙较大,同时给拦网后的组织反攻增加了难度,因此,在比赛中要灵活运用。3 人拦网防守阵形可分为 6 号位压底和 6 号位跟进两种,如图 4-26 所示。

图 4-25　双人拦网防守阵形　　　　图 4-26　3 人拦网防守阵形

## 第四节　排球运动练习方法

本节将介绍排球运动的练习方法,包括发球、垫球、传球、扣球和拦网。

### 一、发球练习

**1. 抛球**

每人一球,首先做不离手的抛球练习,同时做引臂和摆臂击球练习(不实击)。队员可按教练员的口令集体做,以控制节奏;离手抛球练习可以找一固定参照物自抛,要求将球平稳地向上抛出,且抛出的球不旋转,高度固定。

**2. 击固定球**

一人持球于击球点高度,另一人击球。体会击球点位置和挥臂动作。

**3. 对墙发球**

距墙 6 米左右发球,逐渐将与墙的距离拉大至 9 米左右。

**4. 场上发接球**

分两组,如人多可分多组,一组发球,另一种接发球。注意体会抛球、挥臂、击球等动作要领,提高发球的稳定性。

## 二、垫球练习

### 1. 垫固定球

练习时,两人一组,一人持球于腹前,另一人用垫球动作击球,体会击球动作。

### 2. 单人垫球

自抛自垫或连续向上垫球;待熟练后,可对墙进行垫球练习,离墙距离应由近及远。

### 3. 垫抛球

练习时,两人一组,一人抛球,一人垫球。难度随熟练程度逐步增加,如抛球于腹前、体侧等。

### 4. 对垫

两人一组连续对垫练习,距离由近而远。

### 5. 多人垫球

3人或3人以上,采用对面站立、圆形站立等方法,进行垫球练习。

### 6. 发垫球

两人相距4~6米,可隔网练习,一人发球一人垫球。

## 三、传球练习

### 1. 传固定球

两人一组,一人按传球手形持球于额前,向额前上方做推送动作;另一人用单手压住球,给球一定的力量。体会传球手形和身体其他相关部位的协调用力。

### 2. 自传

双手由胸前垂直向上抛球,球高约1米左右,准备自传。当球下落到手中时,手指、手腕保持一定的弹性,使球轻轻地反弹起来,从而连续向上自传。

### 3. 对墙传球

人与墙相距3米左右,对准墙上的目标连续传球。

### 4. 两人对传

两人一组,一人抛球,另一人做好传球的手形,于前额上方接住来球,而后传出;待熟练后,两人连续对传。

### 5. 背传

三人一组,纵队站列,距离适中,两边的人给中间的人传球,中间的人利用背传将球送至后方同伴,连续练习后换人到中间练习。

### 6. 多人传球

多人围成圈,按顺时针或逆时针方向传球。多人传球主要练习控球能力和调整位置的能力。

## 四、扣球练习

### 1. 徒手摆臂练习

(1) 徒手模仿挥臂击球练习,体会鞭打动作。

（2）原地起跳摆臂练习,熟练起跳的摆臂动作练习。

（3）一步起跳摆臂练习,两步起跳摆臂练习。

（4）快速挥臂,打一定高度上的物体。

**2. 对墙、对地扣球练习**

（1）连续对墙扣反弹球。

（2）两人一组,对地扣反弹球。

**3. 矮网扣球练习**

（1）矮网原地自抛扣球练习。

（2）矮网,一人抛球,一人助跑扣球练习。

**4. 打垫练习**

两人或多人综合运用传垫球、扣球技术完成连续击球;同伴传、垫起高球,练习者进行扣球练习。

## 五、拦网练习

（1）在网前做原地起跳拦网。

（2）两人在网边移动,在2号、3号、4号位起跳拦网。

（3）一人主动,一人被动在网前移动起跳徒手拦网。

（4）原地或对墙做徒手伸臂动作。要求手型正确,手指自然张开。

（5）矮网一扣一拦。要求扣球准确,拦网不起跳。

（6）教练员在高台扣固定路线球,队员移动起跳拦网。

（7）对方4号位扣球,本方2号位拦网;对方2号位扣球,本方4号位拦网。

排球竞赛规则

# 第五章 羽毛球

羽毛球运动是一项受众广泛、老少皆宜的运动项目,集竞技性与趣味性于一身。通过学习羽毛球运动的基本技术和战术,运动员可以有效提高运动水平,释放压力,促进身心健康。

## 第一节　羽毛球运动概述

本节将介绍羽毛球运动的起源与发展、特点与作用及主要赛事。

### 一、羽毛球运动的起源与发展

羽毛球运动的起源可以追溯到 14 至 15 世纪的日本,最初将樱桃核插上羽毛作为球,使用木制球拍进行游戏。18 世纪时,印度出现了类似的游戏,称为"普那",使用硬纸板和羽毛制作球。现代羽毛球运动则起源于 19 世纪的英国,1873 年在英国伯明顿镇的鲍费特公爵庄园内,因雨天而将活动移至室内,由此产生了现代羽毛球的玩法,并以该庄园的名字命名为"Badminton"。随后,羽毛球运动迅速普及,制定了相关规则,并在 1893 年成立了世界上第一个羽毛球协会。此后,羽毛球运动传播到世界各地,成为国际性的运动项目,并在 1992 年成为奥运会正式比赛项目。

羽毛球运动是一项速度快、技巧性强的隔网对抗性项目,它要求运动员具备良好的协调性、灵活性和爆发力。比赛中,运动员需要运用各种击球技巧和步法,以高速、精准的回球应对对手的攻势,这不仅能锻炼参与者的上肢、下肢和腰部肌肉群,提高心肺功能和身体协调性,还能培养快速反应和决策能力。此外,羽毛球作为一项社交性极强的运动,还能增进人际交往和团队合作精神,对身心健康均有积极作用。

### 二、羽毛球运动的特点与作用

羽毛球运动是全身、全方位、简便的运动项目,经常参加羽毛球运动可以提高人体的耐力反应能力、神经系统的灵敏性和协调性。

### 三、羽毛球运动主要赛事

目前世界上主要的羽毛球赛事有世界羽毛球锦标赛、世界杯羽毛球赛、奥运会羽毛球比赛国际系列大奖赛、全球华人羽毛球锦标赛等。这些赛事构成了羽毛球运动的顶级竞技舞台,吸引着全世界羽毛球爱好者的目光。

## 第二节　羽毛球基本技术

羽毛球是兼顾室内、室外的运动,依据参与的人数,可以分为单打和双打。羽毛球运动对选手的体格要求并不很高,但比较讲究耐力。羽毛球拍一般由拍头、拍杆、拍柄及拍框与拍杆的接头构成。一支球拍的长度不超过68厘米,其中球拍柄与球拍杆长度不超过41厘米,拍框长度为28厘米,宽为23厘米。随着科学技术的发展,羽毛球拍向着重量越来越轻、拍框越来越硬、拍杆弹性越来越好的方向发展。

羽毛球技术主要包括握拍、挥拍、发球和击球。

### 一、握拍

#### (一)正手握拍法

正手握拍法也称基础握拍法,几乎适合于各种打法,尤其适合初学者使用。在此以手握拍为例。

要领:右手虎口对准拍柄窄面内侧斜棱边上;掌心与拍柄间留有空隙;拇指和食指的内侧轻靠在拍柄两侧的宽面上,食指与拇指相对;握拍时手放松,且手腕与前臂保持一定夹角(130°～140°);食指与中指稍分,中指、无名指和小指自然弯曲握住拍(如图5-1所示)。

(1)正手竖面　　　　(2)正手正面　　　　(3)正手反面

**图5-1　正手握拍法**

## （二）反手握拍法

反手握拍法也称拇指握拍法，可用于反手扑球、反手防守和反手平抽球。

要领：在正手握拍的基础上，拇指上提，食指回扣，用拇指顶压拍柄，拍柄稍外旋；拇指顶压拍柄时，根据个人及实战要求，可用正面压，或内侧贴压，或压在斜面上，或压在宽面上（如图5-2所示）。

（1）反手正面　　　　　　　　（2）反手反面　　　　　　　　（3）反手竖面

**图5-2　反手握拍法**

## （三）钳式握拍法

顾名思义，钳式握拍手法就如握钳子一样，可分为正手和反手两种。正手主要应用于正手放网和正手搓球；反手主要应用于反手放网、搓球和放球。

要领：食指、中指、无名指和小拇指并拢于球拍柄下侧，拇指位于另一侧，拍头略下沉（正手如图5-3所示）。

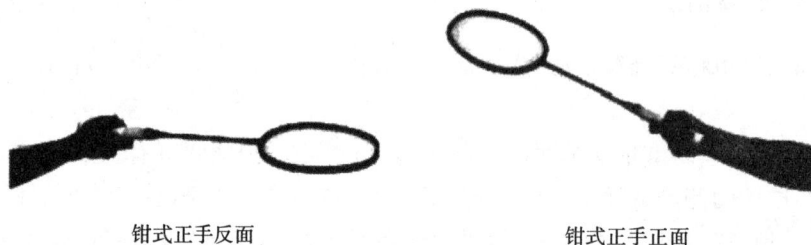

钳式正手反面　　　　　　　　　　　　钳式正手正面

**图5-3　钳式正手握拍法**

食指、中指、无名指和小拇指并拢于球拍柄上侧，拇指位于拍柄下侧接面处，拍头略下沉（反手如图5-4所示）。

钳式反手正面　　　　　　　　　　　　钳式反手反面

**图5-4　钳式反手握拍法**

# 二、挥拍

正确的挥拍动作是速度加力量的完美结合，既可以节省体力，又能够充分发挥身体的潜能。羽毛球挥拍对速度要求极高,挥拍的速度越快,产生的力量就越大。

### (一) 内旋挥拍击球

内旋挥拍击球,就是手腕外伸后展带动球拍把手掌举起,然后顺时针旋转击球。内旋挥拍击球可分为内旋击头顶球和正手内旋挑球,适用于正手范围击球,其中内旋击球极具杀伤力。

### (二) 外旋挥拍击球

外旋挥拍击球指前臂向外转动带动球拍做逆时针旋转击球,适合应用于反手范围击球。

### (三) 过顶挥拍

过顶挥拍也叫摆臂挥拍,用于接发高球。这种挥拍动作主要靠肩臂部力量,因此预先要加强肩部肌肉力量练习。

## 三、发球

发球是组织进攻的开始,发球质量的高低关系着比赛的主动与被动、赢球得分或失去发球权。按照发球方式,发球分为正手发球和反手发球;按照球在空中飞行的弧线,又可分为发网前球、发平高球和发高远球。其中,发高远球一般采用正手,其余发球方法正反手均可用。但无论采用何种发球方式发球,都要在把握发球时机的同时,注意发球动作的隐蔽性、突变性、落点的多样性等。

### (一) 发球部位与姿势

#### 1. 正手发球

站位:单打时,一般站在发球区内离前发球线 1 米左右的中线附近。双打时可站前一些。

姿势:左脚在前(脚尖对网),右脚在后(脚尖斜向侧方),两脚距离与肩同宽,上身自然伸直,身体重心放在右脚上,呈左肩斜对球网之势。右手握拍向右后侧举起,肘部稍屈。左手用拇指、食指、中指夹持羽毛球的中间部位,举在身前。两眼注视对方准备接球的动向,如图 5-5(1)所示。

#### 2. 反手发球

站位:站在发球区内较靠近前发球线的位置上。

姿势:右脚在前,左脚在后,上身自然伸直,重心放在右脚上,右脚尖面对球网。左手以拇指、食指和中指捏住羽毛球置于腹前腰下。右手反手握拍,肘部略抬起使拍框下垂于左腰侧,两眼注视对方准备接球的动向,如图 5-5(2)所示。

### (二) 基本发球方法

#### 1. 正手发高远球

这是一种带有攻击性的发球,弧度较大,球速较快,直落对方底线。

(1) 正手发球姿势　　　　　　　　　　　(2) 反手发球姿势

图 5-5　发球站位与姿势

### 2. 正手发网前球

正手发网前球是正手握拍,以正拍面击球,使球轻轻擦网而过,落在对方前发球线附近的一种发球方法。其特点是飞行弧度低,距离短,可以有效地扼制对方直接进行有力的进攻,是一种常见的发球方法。

### 3. 反手发网前球

反手握拍,以反拍面击出与正手发网前短球飞行弧度一样的球为反手发网前球,其作用与正手发网前球相同。

## 四、击球

对于一个优秀的羽毛球运动员来说,掌握全面、正确、实用的击球技术是至关重要的。击球技术体现在击出球的速度变化控制、球的飞行弧度变化控制、球的落点变化控制等。击球技术可以分为三大类:按击球点分类,按击球球员在场上的位置分类,按球的飞行弧线分类。

### (一) 按击球点分类

(1) 正拍:用持拍手掌心一边的拍面击球,如图 5-6(1)所示。

(2) 反拍:用持拍手手背一边的拍面击球,如图 5-6(2)所示。

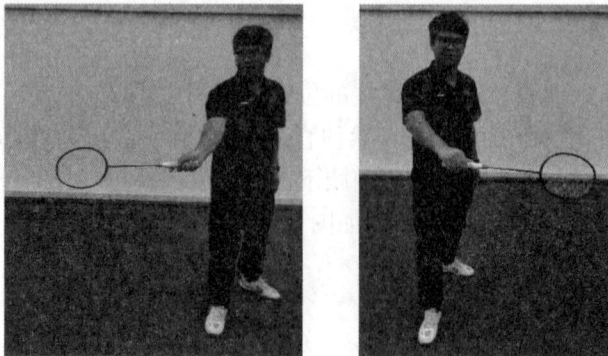

(1) 正拍球　　　　　　　　　　　(2) 反拍球

(3) 头顶球        (4) 上手球        (5) 下手球

**图 5-6　按击球点分类的击球**

(3) 头顶球：用正拍拍面击打反手区肩部上方来球，如图 5-6(3) 所示。

(4) 上手球：击球时击球点在击球者肩部以上，如图 5-6(4) 所示。

(5) 下手球：击球时击球点在击球者肩部以下，如图 5-6(5) 所示。

## (二) 按击球者在场上的位置分类

(1) 前场球：前发球线附近至球网的区域为前场。

(2) 后场球：从底端端线至场内 1 米左右的区域为后场。

(3) 中场球：前、后区域之间的部分为中场。

(4) 左右场区球：以发球区中线为界，分为左、右两个场区。

## (三) 按球的飞行弧线分类

(1) 高远球：从场地一边的后场，以高远弧度击打到对方后场。

(2) 平高球：从场地一边的后场，以较低的弧度击打到对方后场。

(3) 平射：从场地一边的后场，以较平的弧度击打到对方后场。

(4) 平抽、挡球：击球点在击球者身体两侧或近身，把球以近乎与地面平行的弧度击打到对方场区，挥拍动作幅度较大的称为抽球，挥拍动作幅度较小的称为挡球。

(5) 扣杀球：击球者从场地的中、后场使球快速向下，近乎直线飞落至对方场区。

(6) 吊球：击球者从场地的后场以较轻的力量把球以向下的弧度击落到对方近网区域。

(7) 挑后场球：又叫挑高球，在中、前场把低于球网的球向上以较高的弧度击挑到对方的后场区域。

(8) 放网球：把球从本方网前挑落至对方近网区域。

(9) 扑球：在近网高处把球以高压直线向下击打到对方场区。

(10) 勾对角球：在网前把球以对角路线击打到对方另一侧网前。

(11) 搓球：用拍面切击球托，使球旋转并翻滚过网，落入对方场区。

## 第三节　羽毛球基本战术

本节将讲解羽毛球运动的基本战术，主要讲解单打基本战术、双打基本战术和混合双打基本战术。

### 一、单打基本战术

单打基本战术包括拉吊突击进攻战术、发球抢攻战术、守中反攻战术、杀上网战术和压底线战术。

#### 1. 拉吊突击进攻战术

这种战术是利用快速的平高球、吊球、杀球和网前搓、推、勾球，准确地将球击到对方场区的后场底线两角和前场网前两角这4个点上。运用这种战术，击球的落点角度要大，速度要快，充分调动对方，使其最大限度地移动，抓住机会进行快速突击，以取得较好的战术效果。

如果对方的灵活性较差，跑动、转动较慢，那么吊拉时可多采用小对角线路球，加大对方接球的难度，迫使其身体重心不稳而失误。如果对方步法好、身体较灵活且移动速度快，则其出球后回中心位置很快，此时可选择重复路线的球，或使用假动作以破坏其步法起动节奏，增加回球难度，使其起动、移动不舒畅，以减弱其前后场快速移动的优势。如果对方步法移动慢，则可采用快速拉前、后场大对角路线的战术，即通过不断快速拉开调动对方。

#### 2. 发球抢攻战术

发球抢攻战术是根据对方的站位、反击能力、回击球的路线和当时的思想状态等因素，有目的、有意识地采用多变的发球。这种战术用于对付经验不足或防守能力较弱的对手比较有效。此外，当比赛进入关键时刻，或比赛进入相持阶段时，也可打破常规，通过突然改变发球方式形成发球抢攻之势。

#### 3. 守中反攻战术

这是一种后发制人的战术。先将各种来球回击至对方后场，以诱使对方发起进攻，在对方只顾进攻而疏于防守时，己方即可采取突击反攻，或当对方疲于进攻、体力耗尽、速度减慢时，己方再发起进攻。这种战术的特点是通过高球、推球和适当的吊球、搓球、勾球等球路变化，与对方展开持久的抗衡，诱使对方产生急躁情绪，造成失误，或当对方陷于被动、进攻质量稍差时，己方即抓住有利时机进行反攻，利用对方接发球的规律特点发球，利用发球动作迷惑对方。

#### 4. 杀上网战术

杀上网战术是先在后场以杀球配合吊球把球下压，落点要选择在场地两边，使对方被动回球，若对方以网前球还击，己方迅速上网以搓球、勾球或快速平推的方式进行扣杀。

#### 5. 压底线战术

压底线战术指反复用快速的高球、平高球、推球将球击至对方底线附近，特别是对方反手后场区域，造成对方失误，或者导致注意力集中在后场，此时再以快吊或突击点杀进攻其前场空当。用此战术对付初学羽毛球的选手较有效，因为初学者一般技术不熟练，特别是反手后场的还击能力差,进攻后场往往容易奏效。

## 二、双打基本战术

### 1. 双打的站位

双打的站位有两种,一是前后站位,二是平行站位。平行站位又可分为平行分边站位和分边压网站位。

### 2. 攻中路战术

当对方在防守状态下左右分边站位时,己方进攻要尽可能把球攻到对方两人之间的中场空当区域,造成对方抢击球发生碰撞,或相互让球出现漏接失误,这是攻中路战术。攻半场战术是攻中路战术的另一种形式,当对方处于进攻状态下两人前后站位时,可将球回击到中场两人前后之间的靠近边线位置上,这样也能造成对方抢接或漏接。

### 3. 攻人战术

如果对方两人中有一人技术水平稍差,可集中力量盯住弱者进攻,不让其有调整的机会,这叫攻人战术。攻人战术也可采用先集中力量对付技术水平较高者,消耗其体力,削弱其战斗力,然后伺机进攻技术水平较差者,或采用突击其空档的战术。

### 4. 后杀前封战术

当己方处于主动状态,进行强攻时,一名选手在后场大力杀球进攻,另一名选手在网前,努力封堵对方回击的球的战术叫后杀前封战术。一般情况下,当后场选手杀大对角线、中路、小斜线或采用攻人战术时,前场封网选手都应将判断来球的重点放在封住对方的直线球。

### 5. 守中反攻战术

这是对付后场进攻能力差或是消耗对方体力而采用的一种后发制人战术。通过拉后场底线两角诱使对方在左右移动中进攻,己方通过防守,伺机进行反攻,这叫守中反攻战术。运用这种战术的前提条件是己方具备一定的防守能力。

## 三、混合双打基本战术

混合双打是由一名男选手和一名女选手搭配组成的双打,基本技术、基本战术同双打相似。但在具体运用战术的方式上与双打有所不同,突出表现在两点:一是站位与双打不同,混合双打中女选手主要站前场,负责封住网前小球,男选手负责中后场的大范围区域,形成男选手在后、女选手在前的基本进攻队形,如图5-7所示;二是混合双打中女选手往往是被攻击的目标,女选手可采用回击对角线路球来限制和摆脱对方强有力的进攻。

图5-7 混合双打的站位

## 第四节 羽毛球运动练习方法

### 一、挥拍练习

**1. 内旋挥拍**(如图 5-8 所示)

(1)通过上肢和髋关节的转动带动肘关节向前,肘关节正对球网。

(2)重心后仰的同时,前臂转动,直至手心朝脸的位置。

(3)手臂拉伸,快速向前内旋至手背朝脸。手腕在击球过程中随手背弯曲,且球拍与前臂大约呈直角。

图 5-8 内旋挥拍

**2. 外旋挥拍**(如图 5-9 所示)

(1)抬高肘关节,拍头指向地面,前臂先内旋。

(2)不做停顿,前臂反向外旋击球,肘部伸直。

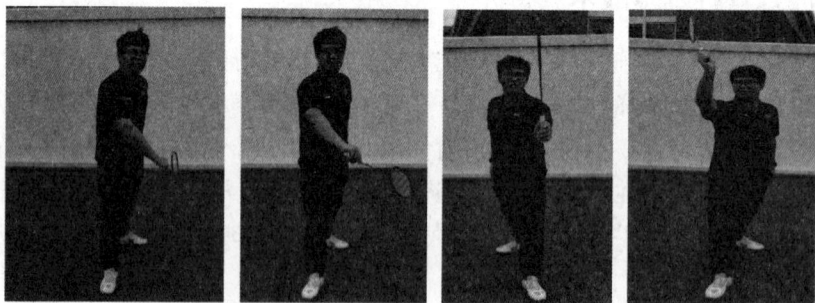

图 5-9 外旋挥拍

**3. 过顶击球挥拍**(如图 5-10 所示)

(1)站好位置,看准来球做好击球准备。

(2)在击球过程中,球拍挥向相反方向,由左侧肩部引拍位置返回向右肩,髋部和肘关节向前。

(3)肘关节带动前臂快速有力地内旋将球击出。

（4）击球后，几乎伸直的肘关节继续带动前臂内旋，拍子继续挥完并慢慢停止于身体左侧。

图 5-10　过顶击球挥拍

## 二、发球练习

### 1. 正手发高远球

左手将球平稳抛落，右手向右下方做小回环挥引球拍，向左转体，重心移向左脚，如图 5-11(1)、(2)所示；在球下落至击球点时，右手手腕由伸展至收，并带动手指发力握紧球拍，在身体右侧与髋同高位置击中球，如图 5-11(3)所示；前臂继续随前，肘部弯曲并随惯性自然向左肩方向挥摆，如图 5-11(4)、(5)所示。

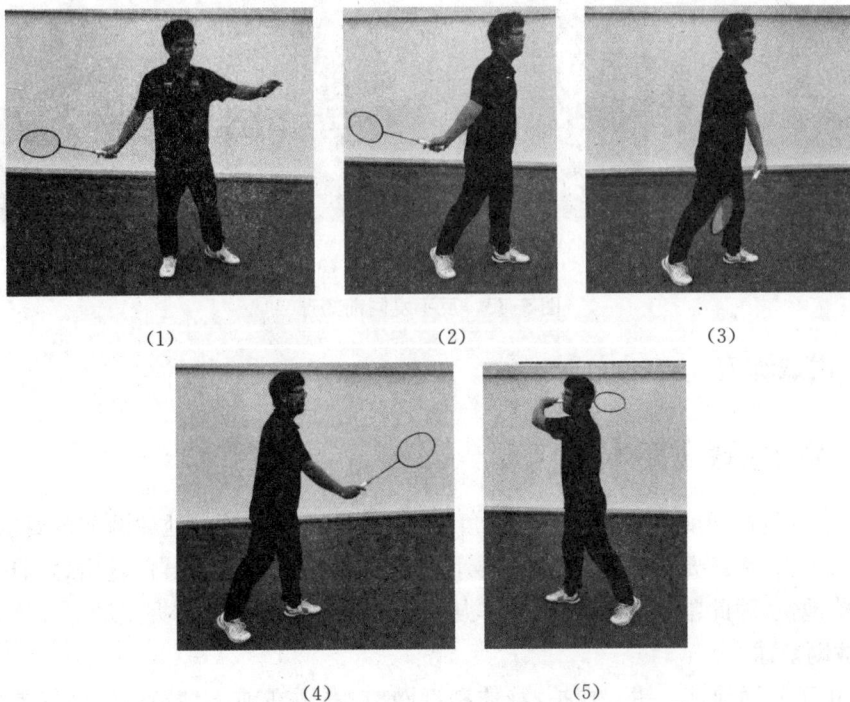

(1)　　　　　　　　　(2)　　　　　　　　　(3)

(4)　　　　　　　　(5)

图 5-11　正手发高远球

### 2. 正手发网前短球

转肩、出脚，重心在后脚，拍头与肩同高，手臂弯曲，拇指和食指捏住球托，如图 5-

12(1)所示；前臂内旋，重心移到前脚，松髋转腰，如图 5-12(2)所示；将球向右前方击出，击球瞬间拍面仰角要小，力量轻而巧，将球挑过网，如图 5-12(3)所示。

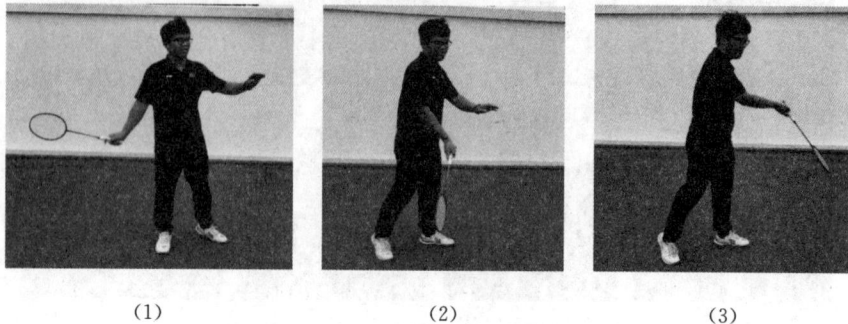

(1)　　　　　　　　　(2)　　　　　　　　　(3)

图 5-12　正手发网前短球

### 3. 反手发网前短球

右脚在前，身体重心在前脚，右手持拍伸向左侧，肘部高抬，前臂提起，反手握拍且拍杆向下，如图 5-13(1)所示；左手持球于拍面前、腰线以下的位置，球托斜向拍面，如图 5-13(2)所示；球拍后引，前臂前挥，击球瞬间握紧球拍，拇指用力顶推，如图 5-13(3)所示；球击出后，球拍有随球动作，如图 5-13(4)所示。

(1)　　　　　　(2)　　　　　　(3)　　　　　　(4)

图 5-13　反手发网前短球

## 三、击球练习

### (一) 前场击球

前场击球包括网前搓球、推球、勾对角球、扑球和挑高球等。处理网前球要求击球者握拍要活，手指、手腕要灵巧，击球动作要小，以便控制好球的落点。前场击球因球的飞行距离短、落地快，因此常使对手猝不及防，从而在攻防转换中可以掌握主动。

### 1. 放网前球

(1) 正手放网前球。钳式握拍，身体稍近网前，右腿在前，上肢直立，做好击球准备，如图 5-14(1)所示；右脚向前跨步，右臂逐渐抬起与肩同高，身体右倾，转动前臂，使拍面与地面平行，掌心向上，拍头指向球网，拍头下沉，手腕高于拍头，如图 5-14(2)所示；迅速抬平拍头，轻轻将球击出，如图 5-14(3)所示。

(1)　　　　　　　(2)　　　　　　　(3)

**图 5-14　正手放网前球**

　　(2) 反手放网前球。钳式握拍,身体凑近网前,上肢直立,如图 5-15(1)所示;向前跑动,右臂抬高于肩,身体左倾至反手姿势,使拍头与地面近乎平行,掌心向下,拍头指向球网,如图 5-15(2)所示;球在下降过程中,拍头下沉,手腕高于拍头,迅速抬平,轻轻将球击出,如图 5-15(3)、(4)所示。

(1)　　　　　　(2)　　　　　　(3)　　　　　　(4)

**图 5-15　反手放网前球**

### 2. 勾对角球

　　(1) 正手勾对角球。钳式握拍,身体凑近右网前,上肢直立,如图 5-16(1)所示;击球时,前臂快速内旋,挥拍击球托的右侧下部,使球横穿落入对方网前,如图 5-16(2)所示;击球瞬间手臂尽量伸直,拍头倾斜时击球,击球托的右侧下部,击球点越高越好,如图 5-16(3)所示。

(1)　　　　　　　　(2)　　　　　　　　(3)

**图 5-16　正手勾对角球**

（2）反手勾对角球。反手钳式握拍,身体凑近右网前,上肢直立,如图 5-17（1）所示;当球飞过网时,球拍随小臂前伸平举,如图 5-17（2）所示;前移脚步,球拍随手臂下沉,如图 5-17（3）所示;外旋前臂击打球托的左侧后部,使球沿对角线飞越过网,如图 5-17（4）所示。

（1）　　　　　（2）　　　　　（3）　　　　　（4）

图 5-17　反手勾对角球

### 3. 搓球

搓球是在网前用球拍切击球托,使球旋转翻滚过网的击球方法。其实,搓球是在放网前球技术的基础上发展起来的有较强进攻性的放网技术,它包括正手搓球和反手搓球。

（1）正手搓球。侧身,对右边网球,正手握拍,如图 5-18（1）所示;球拍随前臂伸向右前上方斜举,如图 5-18（2）所示;当球拍举至最高点时,右前臂向外旋转将球拍切击球托或刺向来球,使球旋转翻滚过网,如图 5-18（3）所示。

（1）　　　　　（2）　　　　　（3）

图 5-18　正手搓球

（2）反手搓球。反手搓球主要靠前臂的前伸外旋和手腕由内收到外展的合力。在移动过程中提高手腕,拍头略微下沉,如图 5-19（1）、（2）所示;手腕高于拍头,右臂前伸向球刺去,使球侧旋或下旋滚动过网,如图 5-19（3）所示。

### 4. 推球

推球是把对方击来的网前球用推击的方法向对方底线击出。推球弧度较平、速度较快,但落点不好控制。推球包括正手推球和反手推球。

（1）正手推球。凑近网前,右脚在前,球拍向右前方举,如图 5-20（1）所示;击球前,前臂迅速外旋,肘关节随手背弯曲,拍面正对来球,如图 5-20（2）所示;推球时手指控制拍面角度,使拍子急速由右方经前上至左挥动推球,拍子摆幅度要小,发力要短促快速,如图 5-

20(3)所示。

(1)    (2)    (3)

图 5-19 反手搓球

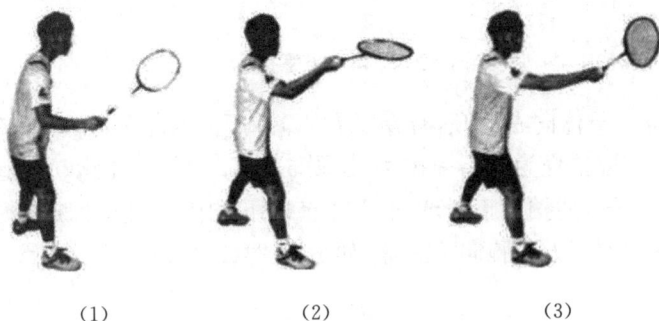

(1)    (2)    (3)

图 5-20 正手推球

（2）反手推球。站在网前，反手握拍，前臂向前上方伸举，如图 5-21(1)、(2)所示；肘关节微屈，手腕外展，反拍面迎球；击球时，前臂前伸并带外旋，手腕由外展到伸直闪腕，如图 5-21(3)所示，拇指顶压，向前方挥拍推击球托侧后部，使球以较平弧线飞行，如图 5-21(4)所示。

(1)   (2)   (3)   (4)

图 5-21 反手推球

### 5. 扑球

扑球是当来球在网顶上方时，用正手或反手以最快的速度上网扑压来球的技术动作。扑球动作速度快，飞行线路短，往往使对手措手不及，是一种颇具威胁的进攻技术。扑球分为正手扑球和反手扑球，其线路有随身、直线及对角线三种。

（1）正手扑球。凑向网前，右脚在前，上体直立，如图 5-22(1)所示；击球过程中，手腕用力使手背向下压,拍头正对击球者,并迅速伸展肘关节,手臂快速内旋,手腕向下发力将球向下扣向对方场地,如图5-22(2)所示;扑球后,球拍随手臂回收,同时注意动作缓冲,控制重心,以免身体触网,如图5-22(3)所示。

(1)      (2)      (3)

**图 5-22　正手扑球**

(2) 反手扑球。身体向右前倾,有爆发力地上网,上体直立,如图5-23(1)所示;反手握拍举向左前上方,握拍变为拇指握拍法,如图5-23(2)所示;在跑动跃起过程中,拍头高举过头,向左转动拍子,使拍面正对球网,肘关节向下,拍头向上,手腕向拇指方向用力,向前臂方向弯曲,并快速用力展腕向下扣球,如图5-23(3)所示。

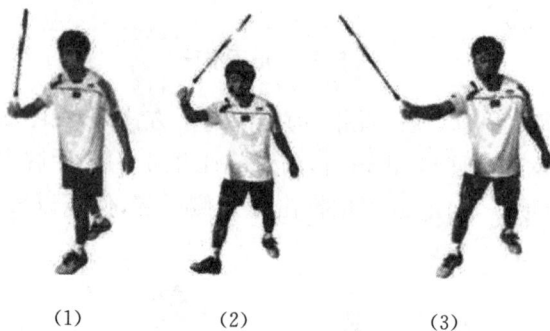

(1)      (2)      (3)

**图 5-23　反手扑球**

**6. 挑球**

挑球是把对方击来的网前球挑高击回对方后场。这是一种处于较为被动的情况下而采取的击球方法,为重新调整战术赢得时间。挑球也分为正手网前挑球和反手网前挑球两种。

(1) 正手网前挑球。身体凑向网前,右脚在前,做好准备,拍头朝向球网,如图5-24(1)所示;在跑动过程中,右脚向前跨步,握拍手臂轻轻外旋,向后方转动,使拍头指向边线,保持上体重心平稳,如图5-24(2)所示;右脚落地后,用食指和手腕的力量向前挥拍,前臂继续外旋,手腕随手臂弯曲,击球时以肘关节为轴,前臂快速有力内旋,在膝盖右前方将球向前上方击出,如图5-24(3)、(4)所示。

图 5-24 正手网前挑球

如果球拍向右前上方挥动,挑出的是直线高球;如果球拍向左前方挥动,则挑出的是对角高球。

(2) 反手网前挑球。反手握拍举在胸前,击球前右臂往左后抬肘引拍,如图 5-25 (1)所示;拍头向上,指向身体左侧,右肘弯曲,如图 5-25(2)所示;右脚向网前跨出,重心在前,以肘关节为轴快速上举,前臂内旋,手腕由屈至伸快速经体前由下向上挥拍击球,如图 5-25(3)、(4)所示。

如果球拍左下方向左前上方挥动击球,挑出的是直线高球;如果球拍由左下方向右前上方挥动击球,挑出的是对角高球。

图 5-25 反手网前挑球

## (二) 中场击球

中场击球主要有两种:中场接杀球和中场平抽快挡球。中场接杀球有接杀放网前球、接杀网前勾对角球、接杀挑后场高球和接杀平抽球等几种技术;而中场平抽快挡球主要运用于双打比赛中。接杀球属于防守技术,但只要反应快、技术娴熟,对回球的落点和线路控制得当,往往可以创造出由守转攻的战术条件。此处重点介绍常用于单打技术的接杀球和接杀平抽球,其中又分为正手和反手两种技术。

### 1. 正手接杀球

正手握拍,用正拍面在身体右侧将对方杀球回击到对方网前。屈膝平行站立,两脚稍宽于肩,眼睛注视来球,做好击球准备,如图 5-26(1)所示;右脚向侧前方跨出一步,放松握拍,用正拍面对准来球,如图 5-26(2)所示;前臂内旋,上肢倾向一侧,前臂上举,拍子轻轻触球,如图5-26(3)所示;击球后,随拍动作向网前方向挥动,回收于体前,如图5-26(4)所示。

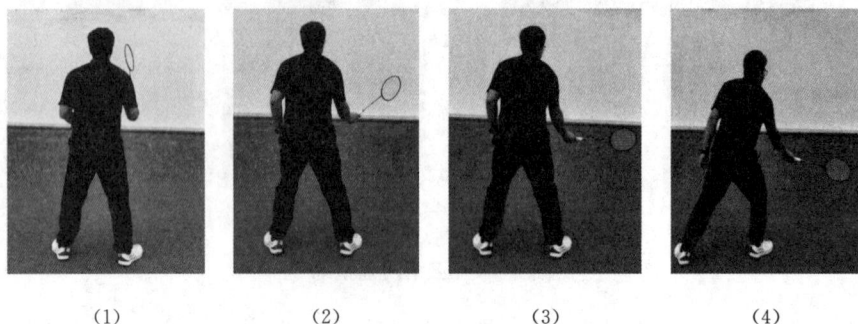

|     (1)     |     (2)     |     (3)     |     (4)     |

**图5-26　正手接杀球**

### 2. 反手接杀球

反手握拍,用反拍面在身体左侧将对方杀球回击到对方网前。屈膝并稍宽于肩站立,眼睛注视来球,如图5-27(1)所示;左脚向左侧前方跨出一步,重心移向左脚,右臂向左侧伸出,放松握拍,反拍面对准来球,如图5-27(2)所示;击球时,右脚在前,前臂外旋,上肢倾向一侧,前臂上抬,拍子轻轻触球;击球后,持拍手臂随惯性向前上方挥动,身体顺势转向面对球网,如图5-27(3)所示。

|     (1)     |     (2)     |     (3)     |

**图5-27　反手接杀球**

### 3. 正手平抽球

正手握拍,把在身体左右两侧、肩下腰上的来球以平抽的方式回击到对方半场。两脚平行站立并稍宽于肩,右脚向前迈出一步,身体稍向右倾,球拍上举,击球手与头持平,拍头向上,肘关节向下,如图5-28(1)所示;肘关节外摆,前臂外旋,引拍至体后,如图5-28(2)所示;击球时,迅速内旋前臂,肘关节展开并举到与肩平的位置高速平抽来球,如图5-28(3)所示。

### 4. 反手平抽球

反手握拍,把在身体左右两侧、肩下腰上的来球以平抽的方式回击到对方半场。右脚前交叉在身体侧前,重心位于左脚,右手反手握拍在身体左侧前方,当球过网时,肘部上举,前臂内旋,引拍至身体左侧,如图5-29(1)所示;击球时,左脚蹬地,髋关节右转,带动前臂外旋至反手位击球,击球后,球拍随挥至身体右侧前方,如图5-29(2)所示。

(1)          (2)

图 5-28　正手平抽球

(1)          (2)

图 5-29　反手平抽球

## (三) 后场击球

后场击球又称高手击球,即击球点高于头部的击球,一般用来在后场主动进攻或控制、调动对方,所以也称为后场主动进攻技术。后场击球可分为正反手高远球、正手杀球、吊球和平高球四种。在羽毛球比赛中,后场击球技术是非常重要的技术。

### 1. 正手高远球

正手握拍,用正拍面击出的击球点在身体右侧上方的高远球,称为正手高远球,又分为原地正手高远球和起跳正手高远球两种,初学者可从原地正手击高远球开始逐渐过渡到起跳正手高远球。

判断来球的方向和落点,然后向右后方转体侧身后退,使球处在自己头部前上方的位置,左肩对向球网,左脚在前,重心在右脚,左臂屈肘,左手自然高举,右手握拍将球拍举在右肩上方,手腕和拍面稍内旋,眼睛注视来球,如图 5-30(1)所示。击球时,肘关节上提,将球拍后引至头部,后脚蹬地,转体收腹,以肩为轴,大臂带动小臂快速向前上方甩腕,在手臂伸直的最高点击球,如图 5-30(2)、(3)所示。击球后,球拍随惯性向前下方挥动并收拍至体前。与此同时,右脚向前迈出,身体重心由后脚移向前脚,如图 5-30(4)、(5)所示。

(1)           (2)           (3)

(4)           (5)

图 5-30　正手高远球

### 2. 反手高远球

当对方将球击到本方左后场内,反手将球击回对方底线的高远球称为反手高远球。其目的是在被动的情况下,通过反手高远球过渡,在节省体力的同时帮助自己重新调整站位。

判断来球的方向和落点,然后迅速将身体转向左后方,如图 5-31(1)所示;移动步伐,右脚交叉跨到左侧底线,背对球网,身体重心在右脚上,使球处在右肩上方,如图 5-31(2)所示。击球时,大臂带动小臂,在肘关节上抬至与肩同高时再用小臂带动腕部,通过手腕的闪动,自下而上甩臂将球击向对方后场,如图 5-31(3)所示。

最后用力时,要注意拇指的侧压与甩腕的配合以及两腿蹬地、转体等全身的协调用力。

(1)           (2)           (3)

图 5-31　反手击高远球

### 3. 正手吊球

击球准备和前期动作与正手高远球相同,但击球点比正手高远球稍前,拍面正面向内倾斜,手指手腕用力做快速切削下压动作。如果劈吊直线,则拍面对正前方向下方切削;如果劈吊斜线,则球拍切削球托的右侧并向左下方发力。

左臂在前并朝向来球方向,然后向右后方松髋转体,重心在右脚[图 5-32(1)]。球拍举向右肩上方,手腕、拍面稍内旋,眼睛注视来球,如图 5-32(2)所示。击球时,上臂后引,肘关节上提,将球拍后引,自然伸腕(拳心朝上),后脚蹬地,转体收腹,以肩为轴,大臂带动小臂快速向前上方甩腕,在手臂伸直的最高点击球,如图 5-32(3)所示。击球后,随拍动作收拍至体前,身体重心由前后移向前脚,如图 5-32(4)所示。

| (1) | (2) | (3) | (4) |

图 5-32 正手吊球

### 4. 反手吊球

击球前的动作与反手高远球相同,所不同之处在于击球时拍面的控制和力量的运用。吊直线时,用球拍反面切削球托的中后部,向对方右网前发力;吊斜线时,用球拍的反面切削球托的左侧,向对方左网前发力。

肘关节上举,前臂内旋,拍头向左髋下沉,手腕随手臂弯曲,如图 5-33(1)、(2)所示。肘关节不做停顿并有力快速展开,前臂外旋,在肘部上举与肩同高时,转为小臂带动腕部,通过手腕的闪动,自下而上甩臂将球击出,如图 5-33(3)、(4)所示。

| (1) | (2) | (3) | (4) |

图 5-33 反手吊球

### 5. 正手杀球

杀球是把对方来球在尽量高的击球点斜压下去。这种击球方法力量大、弧线直、落地快、威胁大,是进攻的重要技术。左手自然上举,抬头注视来球,右手持拍于体侧。屈膝下降重心,准备起跳,如图 5-34(1)所示。起跳时右臂后引,上体舒展,如图 5-34(2)所示。空中收腹,腰腹带动大臂,大臂带动小臂,小臂带动手腕,用力挥拍击球,杀球后前臂随惯性前收,如图 5-34 (3)、(4)所示。

| (1) | (2) | (3) | (4) |

图 5-34　正手杀球

羽毛球竞赛规则

# 第六章 网球

## 第一节 网球运动概述

### 一、网球运动的起源与发展

网球运动起源于法国北部。1896 年第 1 届奥运会上,网球男子单打与双打被列为正式比赛项目。

进入 21 世纪后,我国女子网球在世界上取得了不俗的成绩,李婷与孙甜甜在 2004 年雅典奥运会上夺得女子网球双打冠军,李娜在 2011 年夺得法国网球公开赛女子单打冠军,并在 2014 年夺得澳大利亚网球公开赛女子单打冠军,刷新了我国乃至亚洲的网坛历史。2024 年,巴黎奥运会网球女单决赛,郑钦文夺冠,她也创造历史,成为中国首位奥运网球单打冠军。这些成绩在我国激起了网球热潮,推动了我国网球的发展,为网球在我国的发展开创了一片新天地。

### 二、网球运动的特点与作用

网球运动具有普及性、休闲娱乐性、全面发展性、独特的文化性等特点。经常参与网球运动可以增强体质,促进健康,还能培养顽强的意志和作风,增进友谊,愉悦身心,陶冶情操。

### 三、网球运动主要赛事

目前世界上主要的网球运动赛事包括澳大利亚网球公开赛、法国网球公开赛、温布尔登网球锦标赛、美国网球公开赛。

## 第二节　网球基本技术

### 一、握拍法

网球握拍法分东方式、西方式、大陆式和双手反手握拍等多种方式（如图 6-1 所示）。

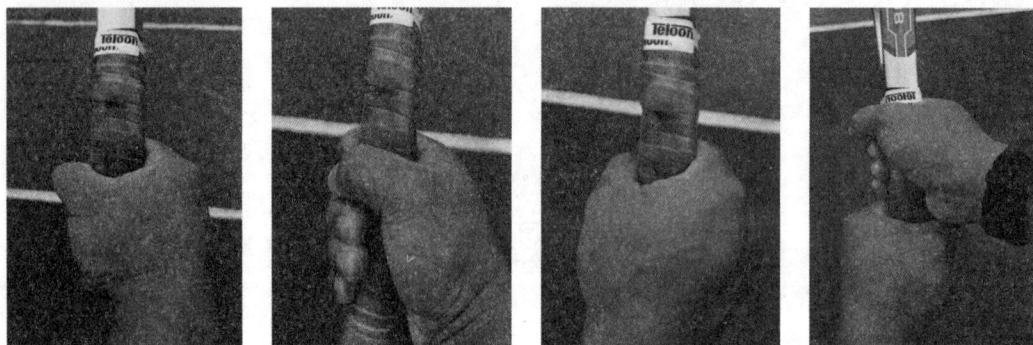

东方式握拍　　　　西方式握拍　　　　大陆式握拍　　　　双手反手握拍

**图 6-1　网球握拍法**

### 二、步法

网球步法包括跑步、交叉步、并步、侧步、滑步、后退步和小碎步等，其中分腿垫步和击球步法是必须加以熟练掌握的。

#### （一）分腿垫步

分腿垫步是起到衔接、变速的串联步法，能及时地调整身体状态，使运动员能快速地向任何方向移动。它可运用于底线击球、接发球、随击球上网、发球上网等技术中（如图 6-2 所示）。

**图 6-2　分腿垫步（以右手持拍为例，左手持拍反之）**

## （二）击球步法

击球步法是打落地球时挥拍击球瞬间的脚步动作，分为开放式步法、关闭式步法和半关闭式步法。典型的击球步法为关闭式，即左脚向侧前方跨出，越过右脚使身体完全侧对球网。这种击球步法无论是平衡还是力量发挥都有不合理之处，现在已被逐渐淘汰。目前较为流行的步法是开放式步法和半关闭式步法。

### 1. 开放式步法

击球时双脚平行于底线的姿势，称为开放式步法（如图6-3所示）。

### 2. 半关闭式步法

击球时左脚向侧前方跨出的姿势，称为半关闭式步法（如图6-4所示）。

图6-3　开放式步法　　图6-4　半关闭式步法

## 三、准备姿势

双脚比肩稍宽，左右开立，膝关节微屈，上体稍前倾，重心落在前脚掌上，左手扶拍颈，将球拍置于胸腹之间，眼睛注视对方。图6-5为准备姿势规范动作。

## 四、抽球技术

### （一）正手平击抽球技术

平击抽球的特点是击出的球几乎不转或很少旋转，飞行路线平直，攻击力大，但飞行弧度小，较易落网或出界。从动作结构来看，与上旋球相比，仅仅是挥拍击球的弧线较平坦而已，球拍几乎沿地面平行向前挥动再随挥至肩上。从准备姿势起，当判断、看清球飞向自己右侧时，立即迅速转体进行引拍，使左肩侧对网，以快速的步法移动，调整好人与球的位置。在左脚向前侧方上步的同时，拍头以流畅的弧线下降至稍低于击球点的高度后，连贯地向前上方挥拍击球。挥拍击球过程中，保持眼睛盯球和身体轴心的平衡。击球点在身体侧前方。用全身协调的力量击球，随着拍子前挥，身体也随之转向球网。挥拍击球后，必须顺势挥拍至左肩前上方，完成随挥动作，中间不能有任何停顿（如图6-6所示）。

图6-5　准备姿势

图 6-6　正手平击抽球技术

## （二）单手反手平击抽球技术

学习反手击球的初学者常常会面临是用单手还是用双手握拍击球的选择。两种击球法各有特点，很难说孰优孰劣。

单手击球挥拍幅度大，相对控制的范围也大。同时，单手击球容易击出各种不同性能的球且有利于上网截击。双手击球的特点是击球有力，拍面稳定，容易击出强有力的上旋球。初学者只有了解单、双手击球法的优缺点，再根据自身的情况和实践体会，才能确定适合自己的击球方法。

当球飞向左侧时，在左手引导下，迅即向左转体、转肩，完成向后引拍，右肩前探朝向球网。以快速的步法调整好人与球的距离，屈膝，眼睛越过右肩盯住来球，拍头循弧线下降至合适的高度，连贯地向前上方挥拍击球。随着挥拍动作重心移至前脚，击球点在跨出脚的侧前方。击球后，球拍朝着击球方向做大幅度的随挥动作。左肩和臂自然拖后，形成与右肩前转的抗衡动作，维持身体平衡。继续随挥拍，直至右肩前上方（如图 6-7 所示）。

图 6-7　单手反手平击抽球技术

## （三）双手反手抽球技术

双手反手抽球技术以其击球稳定、力量大的特点，被越来越多的选手所采用。从准备姿势起，当球飞向左侧时，迅速向左转动上体的同时向后引拍。以快速的步法移动到位，两手臂自然伸展，完成引拍。越过肩盯住来球，拍头循弧线自然下降至合适高度，连贯地挥拍击球。击球点在与跨出脚平行的位置上，朝着击球方向大幅挥拍击球，重心随之前移。继续顺势挥拍完成随挥动作，两臂弯曲，结束在右肩上方（如图 6-8 所示）。

图 6-8　双手反手抽球技术

## 五、发球技术

发球是网球运动中唯一由自己掌握，不受对方水平高低影响的重要技术，也是评价运动员水平高低的主要标志之一。发球有平击发球和旋转发球两类，旋转发球又分为切削发球、侧上旋发球和上旋发球三种方式。

切削发球带有侧旋，落地后球旋向对手的右外侧，能将对手拉出场外；侧上旋发球的特点是飞行弧度大，落地弹跳高且弹向对手左侧。

发球由握拍、持球、准备姿势、抛球和挥拍击球等环节组成。但由于练习者个体身高、力量、年龄的不同，每个人均可以找到适合自身特点的发球动作。只要掌握好发球的主要环节，就能练好发球。

### （一）握拍

发球一般宜采用大陆式握拍法，但初学者开始学习平击发球时，可采用东方式握拍法,当手腕力量增强,发球动作熟练后,再转换成大陆式握拍法。

### (二) 持球

最好开始时手里就拿两个球,如果第一发球失误即可再发,不会因为找第二个球而破坏发球的节奏。用拇指、中指和食指持一只球,用无名指、小指和大鱼际持另一只球,用力要轻,不费劲就能把球从手中拿走;也可以持一只球发球,将另一只球放在裤兜里或是夹在球夹上。

### (三) 准备姿势

在端线后自然、放松地站立,两脚分开与肩同宽,前脚与端线约成45度角,重心落在后脚上,肩侧对球网,前脚与端线保持10厘米左右的距离,右手持拍置于腰部高度,左手持球自然靠近拍面。

### (四) 抛球

发好球的关键是抛球,即要把球抛到你可以最有效地击出去的那一点上。抛球其实不是一个抛掷动作,而是一个"释放"球的动作,抛球臂在直臂向上抬起的同时,逐渐地抬平手腕,利用手臂向上的惯性使球平缓地离开手指,将球抛向目标处。平击发球的抛球点应在前额偏右侧上方,球落下时,在端线内50～80厘米处。切削发球的抛球点在平击发球抛球点的右侧,球落下时,在端线内30厘米左右处。侧上发球的抛球点在平击发球抛球点的左侧,球落下时,在靠近端线处。上旋发球的抛球点在头顶的后上方,抛球的高度应以你能用球拍击到球的右侧为宜。

### (五) 发球

从准备姿势起,双手动作同时进行,一手直臂抛球,持拍手则将球拍经下弧线直接有力地向上挥举。将球抛至合适的位置后,抛球手仍保持向上伸直的姿势,抬头看球。转肩抬肘,使拍头垂于背后呈"搔背"状态,身体成背弓状。以肘关节起动发力,伸直肘关节挥拍击球,以一倾斜的拍面击球的右上部,使球产生侧上旋。击球的瞬间,附加向侧上的扣腕动作以增加球速,左手自然回落抱于腹前,避免身体过分打开而失去平衡。挥拍轨迹是先朝向右侧网柱方向扣腕击球,触球后拍头由右向左前下方挥拍。继续随挥,将拍子挥向身体左侧身后,右脚顺势上步,维持身体平衡。继续随挥拍子挥向身体左侧(如图6-9所示)。

## 六、接发球技术

接发球是网球运动中较难掌握的技术。面对越来越快的发球球速,接球员必须在第一时间对发来的各种不同球速、落点和旋转的球做出快速的判断和反应,并选择适当的击球技术,才能完成接发球。

图 6-9 侧上发球

## (一) 握拍

宜采用既不是正手也不是反手而是处于中间状态的握拍法。单手击球选手一手持拍,一手扶拍颈。双手击球选手用双手握住球拍,但不可握得太紧。当判断清楚发球路线后,立即调整握拍。

## (二) 接发球站位

一般应站在对方发球最大角度的分角线上,这种站位不论对手是发内角球还是发外角球,均能应付自如;或根据对手发球特点加以调整,如对手习惯切削球,在右半区接发球时站位就应向外移动一些。接对方第一发球时,可站在端线外 1 米左右的位置;接第二发球时,则可向前移动,站在端线上或端线内。

## (三) 准备姿势

准备姿势有两种:两脚前后错开的踏进型和两脚开立与端线平行的平衡型,两种方式均采取膝关节弯曲的低姿势进行接发球。采用何种姿势,可根据自身喜好加以选择。

**1. 平行站立准备姿势**

两脚左右开立,比肩略宽,屈膝,身体前倾,重心落在前脚掌,持拍手置于腹前,抬头注视对手发球情况(如图 6-10 所示)。

**2. 前后错开准备姿势**

两脚前后错开,屈膝,身体前倾,持拍手置于腹前,抬头注视对手发球情况(如图 6-11 所示)。

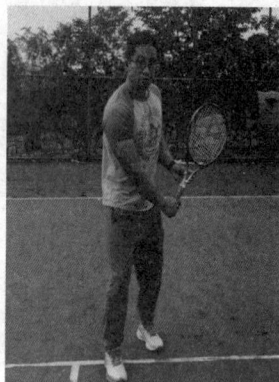

图 6-10　平行站立准备姿势　　图 6-11　前后错开准备姿势

## (四) 接发球

### 1. 正手接发球

从准备姿势起,迅速转肩转体,后引球拍,引拍幅度要小。拍头循弧线下降至合适高度后夹紧腋部迎向前挥拍球。击球后,身体朝击球方向转动,拍子继续前挥完成随挥动作,如图 6-12 所示。

图 6-12　正手接发球

**2. 双反手接发球**

从准备姿势起,迅速转肩转体带动拍子完成引拍。夹紧腋部,利用身体和肩回转的力量挥拍击球。继续随挥拍子,一气呵成地将拍子随挥至背后,身体又转回面向球网,如图6-13所示。

图6-13 双反手接发球

## 七、网球的基本打法

网球比赛中基本打法的确定应立足于自己的进攻、相持和防守,同时抵消对方的攻击,寻找并利用对方的弱点战胜对方。网球打法有三种类型,练习者可根据自己的技术、体力及心理属性来确定适合的打法类型。

### (一)底线型

练习者基本上保持在底线抽球,较少上网,或利用球的落点、速度和旋转变化打出机会时偶尔上网。

优秀底线型选手均能掌握扎实的正、反手抽球技术。抽球具有相当强大的攻击力,利用快速有力的抽球,打出落点深、角度刁的球,能够用较强的上旋球一拍接一拍地进行大角度地抽击,迫使对方处于被动局面。当出现中场浅球时,以快速迎前的动作进行致命一击,这种类型虽很少上网,但一有机会也能抓住时机上前攻击。

### (二)上网型

积极创造一切机会和条件上网,发球后积极争取上网,上网后利用控制速度和角度的截击球造成对方还击困难。这种打法积极主动,富有攻击性,但也有一定的冒险性。优秀上网型选手都掌握发球上网和随球上网的战术,发球技术凶狠,力量大,有威胁性。另外,截击球和高压球的攻击力也很强。

运用发球上网战术要求发球有力,落点变化多,上网速度快,中场截击攻击力强,能为近网攻击创造有利条件。网前截击,迎前动作快,击球角度大,落点变化多。随球上网要求能创造有利时机,上网快,判断准,网前截击威力大。高压球要求判断准,反应和移动快,下拍坚决果断,落点好,保护后场的能力强。

### (三) 综合型

底线和上网两种打法综合使用,结合对方情况采用不同打法,随机应变。优秀综合型选手技术全面,无论是发球、接发球,还是截击和高压球,都应具有很高水平,并能够根据对手特点,在不同的临场情况下采用相应战术。有时底线对抽,有时伺机上网截击,有时发力猛抽,有时稳抽稳拉,有时轻放小球,有时又挑出上旋高球,充分发挥多样化技术,并结合敏捷的步法,机智灵活地争取主动。

## 第三节 网球基本战术

### 一、单打战术

#### 1. 变换发球位置

一个聪明的球员要知道通过改变发球的位置来取得优势。这种战术迫使对方必须从不同角度来判断不同旋转的球,回球的难度较大。

#### 2. 发球上网战术

发球上网是利用发球的力量进行主动进攻,先发制人,然后上网抢攻的战术。它是上网型选手在比赛中的主要得分手段。

#### 3. 接发球破网战术

对付发球后直接冲到网前的球员,打出大角度的空当球是相当有效的破网方法。

#### 4. 攻击对方反手

众所周知,绝大部分球员的反手是比较弱的,只要加大力量攻击对方反手,迫使对方逐步离开场区的位置,就可掌握主动权。

#### 5. 不上网战术

发球或接发球后,如果自己不上网,则应该把对方控制在端线后面,使对方难以找到得分的机会。

### 二、双打战术

双打的比赛体系和规则与混合双打是一样的,下面叙述的战术不仅适用于双打,还适用于混合双打。

**1. 站位**

双打的站位有很多,常见的有正常站位、Ⅰ式站位、双底线站位等,可根据自身技术特点和实际情况自由选择站位。

①正常站位:一名球员在底线,一名球员在网前。

②Ⅰ式站位:一名球员在底线,一名球员站在网前中线位置。

③双底线站位:两名球员同时站在底线位置。

**2. 发球上网战术(双打)**

运用发球上网抢网战术时,首先网前同伴可以在背后做手势,告诉发球员应发什么落点、抢与不抢等战术细节,采取此战术可以干扰对方接发球,为发球上网得分及抢网得分创造条件;其次发球员要注意发球质量、成功率和落点的变化。

**3. 发球抢网战术**

发球抢网战术常常采用Ⅰ式站位,发球方的一名同伴以低姿势在贴近网前中线位置积极准备截击。这样能给接发球方造成很大的回球压力,同时也能迷惑对方,逼迫接发球方回出更高质量的球,加大回球失误率。运用这一战术时,要求同伴具有稳定并且精准的发球技术,发球前提前告知发球落点,帮助网前的同伴提前预判对方回球路线,以确保战术的有效实施。

**4. 发球底线战术**

发球底线战术常用于发球方的同伴网前技术相对较弱的情况,采用此战术可以避免接发球方对发球方网前造成压迫,但是对发球方的底线技术要求较高。

## 第四节 网球运动练习方法

### 一、基本步法与专项步法练习

#### (一)基本步法练习

脚步移动的训练需要依靠运动员的多项能力,其中包括保持身体不会发生摇摆的平衡感,肌肉与关节顺畅联动,快速移动到击球位置的移动能力等。

脚步移动是运动员的一种自然反应。因此,脚步没有定式,应根据不同状况做出最自然的反应;能够迅速做出反应的准备姿势是脚步移动的基础;保持躯干稳定的身体平衡性同样不可或缺;加速、减速、折返等速度调节能力十分重要;跨步的速度将决定瞬间加速的能力。

**1. 起动接球**

两人一组,面对面相距3~4米站立。一人直立两臂侧平举,双手各握一个网球(手心朝下),对面同伴做好起动的准备姿势(持拍击球的准备姿势)。练习时,持球球员随意放开其中一个网球,同伴根据判断立即起动,在下落的网球第二次落地前接住。练习者可以画线作为标志,根据反应效果调整两人之间的距离。

注意力集中,重心降低,快速起动,接球时站稳。

**2. 小碎步练习**

双脚保持不停地倒换小碎步,想象自己的脚下有一火堆,脚一触地就要马上抬起,可持续 30 秒至 1 分钟。适当放松全身肌肉,保持较低的身体重心,重心平稳。

**3. 跑动摸球练习**

同伴在发球线与中线交叉的"T"位置,手拿 2～3 个球。练习者站在底线中点位置,送球者按照正手、反手,再正手和反手的顺序将球从地面上滚送到单打边线与底线交叉部,练习者每次必须用手接到地滚球后将球滚送回同伴,并回到中心位准备。

可根据练习者体能状况设定送球组数,也可不按规定顺序进行送球。

送出的球要贴紧地面并有一定的速度。练习者可运用交叉步或滑步移动,触球时要通过弯曲膝关节来降低身体重心,用持拍手触球。

### (二)专项步法练习

**1. 正手击球步法练习**

练习者肩向右转动,同时以右脚为轴向右转动,身体重心移至右脚,然后使左脚自然向前跨出,置于右脚前方,如此完成正手击球的步法。可反复练习。

脚步移动配合重心转移进行。当左脚置于右脚前时,要求扶拍手离开拍颈部并指向前方,右臂置于身体右侧的位置。

**2. 反手击球步法练习**

以左脚为轴,向左转动并将右脚迈至左脚前,此动作即完成了反手击球步法。当右脚迈出后,身体重心应落在弯曲的右腿上。可反复练习。

**3. 移动击球步法练习**

正手击球时,向右转体(反手击球向左转),可同时采用自然跑、滑步、交叉步等移动步法跑至击球位置,最后一步完成正手击球(或反手击球)步法。

采用合理移动步法跑至击球位置,并与最后一步击球步法有机结合,做到先大步后小步,先快速后慢速接近球。

## 二、基本技术练习

### (一)正手抽球技术练习

**1. 原地抛球**

一人原地垂直将球抛在已经侧身准备击球的运动者的击球点上,运动者体会挥拍击球动作。此项练习方法也可单人进行自抛自打练习。

**2. 逐渐拉开距离定点和不定点抛球**

两人之间的距离慢慢拉开,开始时一人可以将球抛在合适的击球位置,随着熟练程度的增加,可以试着小范围对练习者进行前后左右的调动。

**3. 用球拍送球**

一人用球拍送球,距离由近及远,另一人从预备姿势开始,体会侧身引拍与击球的衔接。

**4. 小场地对打**

以发球区为球的落点进行双打练习,尽量在不发力的情况下将动作做完整,提高控球能力。

**5. 底线对打**

在小场地对打较为熟练之后,慢慢退到底线进行对打练习。

## (二) 单、双手反手抽球技术练习

**1. "V"字形抛球练习**

在学员前方 2～4 米的位置,朝学员的身体两侧抛球,注意抛球的角度、落点、高度和频率。练习时可以正手或反手连续抛 5～10 个,交替进行。随着技术成熟,可逐渐减少到正反手各抛一个。这个练习方法对学员学习正反手换拍有良好的作用。

**2. 前方抛球练习**

在学员的前方用手抛球,距离可以 3～4 米、6～7 米、8～10 米,以双打或单打边线为方向或稍向球场内侧方向抛球,落点根据抛球距离在学员前方 1～2 米处,高度与学员的肩部差不多,抛球的频率不可过快。

除此之外,还可以按照正手抽球技术练习方法的 1～2 步骤进行练习。

## (三) 单手反手削球练习

**1. 持拍挥拍练习**

观看教练的削球示范,按照削球的正确动作要求,做徒手模仿挥拍练习。

**2. 对镜子进行挥拍练习**

面对镜子进行削球动作练习,通过镜子检查自己引拍的高度、削球点的位置以及随挥动作完成的位置。反复地进行挥拍练习,巩固和熟练削球技术。

**3. 两人一组定点练习或者自抛自练**

站在底线位置,一名同学抛球,另一名同学进行削球练习。练习者根据球的高度调整自己的击球位置,体会有球时的身体动作和感觉。抛球同学可以调整抛球高度,一方练习完后换另一方。

**4. 对墙练习**

与墙保持一段距离,大约 10 米,进行削球练习。

**5. 两人固定位置削球练习**

一学员站在网前喂球,一学员站在底线练习削球。该练习锻炼练习者对来球的判断与找好击球点与击球时机,所以练习时脚步要小碎步调整,不能原地不动。

**6. 两人不固定位置练习**

一学员站在网前用球拍喂多球,另一学员站在底线中间进行削多球练习。

## (四) 正、反手基本截击球练习

**1. 对镜练习**

结合步法练习正手和反手截击动作,注意动作的规范性。

**2. 对墙练习**

与墙相距 2 米左右,直接与墙进行正手和反手截击练习。随着熟练程度的提高,逐渐与墙拉开距离,进行正反手截击练习。

**3. 两人截击练习**

两人在网前相距 3 米左右,进行直线的连续正手截击练习,然后再进行反手直线截击练习,距离可适当拉开。

**4. 发球线后送多球练习**

让练习者分别进行定点的正手截击和定点反手截击练习,要求分别打到指定的目标区域内。

**5. 多回合直线截击球练习**

教练在底线击球,练习者网前截击直线球,教练将球回击到网前,练习者则再将球截击过网。

**6. 在前中后场分别送不同方向的球练习**

教练在右中后场分别送不同方向的球,练习者跑上前把球截击到左侧固定区域;教练在左中后场分别喂送不同方向的球,练习者把球截击到右侧固定区域。

**7. 在同侧底线送多球练习**

练习者在右侧截击直线球后,快速移动触摸左侧标志物,随即再回到右侧截击斜线。

**8. 两人站在底线或两人站在网前,连续交替截击练习**

碰到直线球的练习者以斜线球回击,碰到斜线球的练习者以直线球回击,然后让打直线球的练习者与打斜线球的练习者交换练习。

网球竞赛规则

# 第七章 乒乓球

乒乓球运动以其节奏快、变化多、场地不受限等特点吸引了大量爱好者,丰富了人们的生活和精神世界,增强了人们的意志品质和体质健康。

## 第一节　乒乓球运动概述

### 一、乒乓球运动的起源与发展

乒乓球运动起源于 19 世纪末期的英国,由网球运动派生出来,并被命名为"桌上网球"。乒乓球运动随后传到美国、中国、韩国等国家。1926 年 12 月,国际乒乓球联合会(简称国际乒联)正式成立,并且在伦敦举行了第一届世界乒乓球锦标赛。1988 年,乒乓球项目被正式列入奥运会比赛项目。

在国际乒联公布的 21 世纪乒乓球梦之队阵容中,男、女队共计 10 个席位,中国乒乓球占据 7 个。2020 年东京奥运会上,中国乒乓球队获得 4 枚金牌、3 枚银牌。2021 年世界乒乓球锦标赛上,中国乒乓球队获得 5 个单项中的 4 项冠军,2022 年世界乒乓球团体锦标赛上,中国乒乓球队获得男团和女团冠军。中国乒乓球事业不断前进,已经成为中国体育一张耀眼的名片。

### 二、乒乓球运动的特点与作用

乒乓球运动器材设备简单,室内室外都可以进行,运动量可大可小,不同年龄、性别和身体条件的人都可以参加,是大众乐于接受的运动项目。

乒乓球运动速度快、变化多、趣味性强,这项运动要求练习者在短时间内对瞬息万变的击球有较强的应变能力,它能提高人体神经系统的协调性和灵敏性。大学生参加乒乓球运动有以下好处:一是提高身体素质;二是改善神经系统的灵活性;三是提高心理素质;四是提高社会适应能力;五是丰富大学生活,享受运动的乐趣。

## 三、乒乓球运动主要赛事

目前世界上主要的乒乓球运动赛事有世界乒乓球锦标赛、世界杯乒乓球赛、奥运会乒乓球比赛、国际乒联职业巡回赛。

# 第二节　乒乓球运动基本技术

本节将介绍握拍、基本站位和准备姿势、基本步法、发球、接发球、攻球、推拨球、搓球、弧圈球等乒乓球运动的基本技术。

## 一、握拍

目前世界上流行的握拍方法有两种:直握拍法和横握拍法。

### 1. 直拍握法

直拍握法正手攻球快速有力,攻斜线、直线球时拍形变化不大,对方不易判断,便于从速度、球路和力量上取得主动;手腕动作灵活,发球可做较多变化。但是,反手攻球时,因受身体阻碍,技术较难掌握,不易起重板;攻削交替时,手法变化大,影响击球速度和准确性;防守时照顾面积较小。

直拍的基本握法:如图 7-1 所示,用拇指和食指握住球拍拍柄与拍面的接合部位。拍柄右侧贴在食指的第三关节内侧。食指的第二关节压住球拍的右肩,第一关节自然向内弯曲,拇指的第一关节压住球拍的左肩,其他三指自然弯曲斜形重叠,中指第一关节贴于球拍的 1/3 上端。

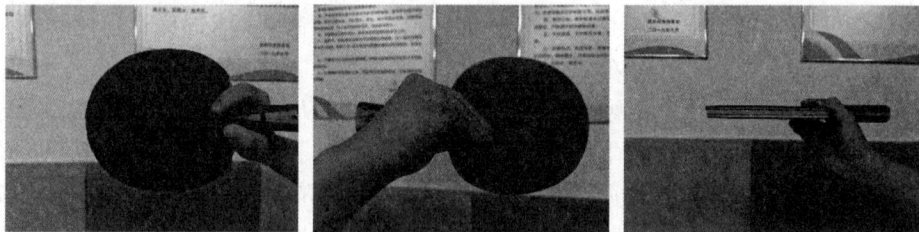

**图 7-1　直拍的基本握法**

### 2. 横拍握法

横拍握法照顾面比直拍大,攻球和削球时握拍的手法变化不大;反手攻球时便于发力;削球时用力方便,易于发挥手臂的力量和掌握旋转变化;攻斜、直线球时调节拍形的幅度大、动作明显,易被对方识破;台内正手攻球技术较难掌握。

横拍的基本握法:如图 7-2 所示,虎口轻微贴拍,以中指、无名指、小指自然地握住拍柄,拇指在球拍正面轻贴在中指旁边,食指自然伸直贴于球拍的背面。

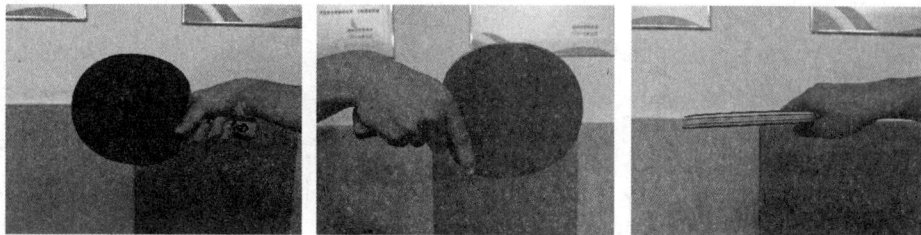

图 7-2　横拍的基本握法

## 二、基本站位和准备姿势

### 1. 基本站位

乒乓球运动员的基本站位应根据不同类型的打法、个人的习惯打法来确定。不同类型打法的运动员基本站位如下(以右手持拍为例):左推右攻打法的运动员,基本站位在近台中间偏左;两面攻打法的运动员,基本站位在近台中间;弧圈球打法的运动员,基本站位在台中偏左;横板攻削结合打法的运动员,基本站位在台中附近;削球打法的运动员,基本站位在中远台附近。

### 2. 准备姿势

如图 7-3 所示,两脚开立略比肩宽,左脚比右脚稍向前,重心置于两脚之间,两膝微曲,上体含胸略前倾,重心压在前脚掌,下颌稍向内收,两眼注视来球,以右手持拍为例,持拍手自然弯曲,置于身体右侧前方,手腕适当放松,非持拍手自然弯曲,置于腹部前方位置。

图 7-3　准备姿势

## 三、基本步法

乒乓球运动的步法指击球者在移动过程中依靠下肢完成的各种动作,主要包括单步、并步、交叉步、跨步、跳步 5 种步法。

### 1. 单步

单步指以一只脚为轴,另一只脚可以向前、后、左、右不同方向移动,身体重心随后转移到移动脚上。它的特点是移动速度快,重心平稳,移动范围小。

**2. 并步**

并步指一只脚先向另一只脚并半步,另一只脚在并步脚落地后随即向来球方向移动一步。

**3. 交叉步**

交叉步指以靠近来球方向的脚先蹬地发力,异侧脚蹬地往来球方向迈一大步,在另一只脚前面跨过,异侧脚落地后,另一只脚快速移到外侧支撑。交叉步移动的范围大,一般适用于正手,主要用来处理离身体较远的球。

**4. 跨步**

跨步指以靠近来球方向的脚往来球方向跨一大步,另一只脚顺势跟上。跨步移动的范围大,速度快。

**5. 跳步**

跳步是两脚同时蹬地向来球方向跳动的一种步伐。跳步移动的范围非常大。跳步在移动时,常伴随短暂的腾空时间,这对于重心的稳定有一定影响。

## 四、发球技术

发球技术是在比赛中完全按照自己的思路发挥,不用受对方限制的技术。发球技术的好坏将直接影响到得分和失分,发球是力争主动、先发制人的第一个环节。

**1. 平击发球**

平击发球的特点是速度慢,力量轻,几乎不带旋转,容易掌握,是初学者需掌握的入门技术。平击发球可分为正手平击发球和反手平击发球两种。

(1) 正手平击发球

正手平击发球方法如图 7-4 所示。

站位:身体离球台约 40 厘米,两脚开立,略宽于肩。

引拍:将球抛起后,持拍手向后上方引拍,球拍拍面略前倾。

击球:当球下降至稍高于网时,球拍向前下方挥动,击球的中上部。

还原:击球后迅速还原。

图 7-4　正手平击发球

(2) 反手平击发球

反手平击发球的发球方法如图 7-5 所示。

站位:近台中间靠左,右脚在前,左脚在后。

图 7-5　反手平击发球

### 2. 正手发转与不转球

在比赛中,转与不转结合使用,以变化迷惑对方,破坏对方接发球战术,造成对方判断失误,自己可以间机抢攻或直接得分。正手发转与不转球的发球方法,如图 7-6 所示。

站位:近台中间靠左,左脚在前,右脚在后。

引拍:左手将球抛起,拍面后仰,同时握拍手略向外展,向身体右后方引拍。

击球:以腰带手,右臂从身体右后上方向左前下方挥动,触球瞬间手腕放松,摩擦球的中下部。击球瞬间,用球拍的拍面远端摩擦球的中下部为下旋球,用球拍的中后部触球并减少摩擦球的力量,几乎将球向前推出时,发的球为不转球。

还原:击球后迅速还原。

图 7-6　正手发转与不转球

### 3. 反手发转与不转球

反手发转与不转球和正手一样,都能起到迷惑对方、占据主动的作用。反手发转与不转球的发球方法如图 7-7 所示。

图 7-7　反手发转与不转球

站位：近台中间靠左，右脚在前，左脚在后。

引拍：左手将球抛起，拍面后仰，右臂内旋，使拍面略后仰，向身体左后上方引拍。

击球：以腰带手，右臂从身体左后上方向右前下方挥动，并略外旋，手腕内收发力，触球瞬间手腕放松，摩擦球的中下部。击球瞬间，用球拍的拍面远端摩擦球的中下部为下旋球，用球拍的中后部摩擦球的中下部为不转球。

还原：击球后迅速还原。

**4. 正手发侧上、侧下旋球**

这种发球以旋转变化为主，飞行弧线向对方左侧偏拐。它的动作幅度小，出手快，两种发球动作相似，隐蔽性强。正手发侧上、侧下旋球的发球方法如图 7-8 所示。

站位：近台中间靠左，左脚在前，右脚在后。

引拍：左手将球抛起，拍面后仰，同时握拍手腕略向外展，向身体右后上方引拍。

击球：当球下降至稍高于网时，转动身体，手臂由右后上方向左前下方挥动，球拍触球时，手臂和手腕用力。击球瞬间，拍面略微立起，手腕快速内收，球拍从球的正中向左上方摩擦，拍面后仰，球拍从球的中下部向左下方摩擦。

还原：击球后迅速还原。

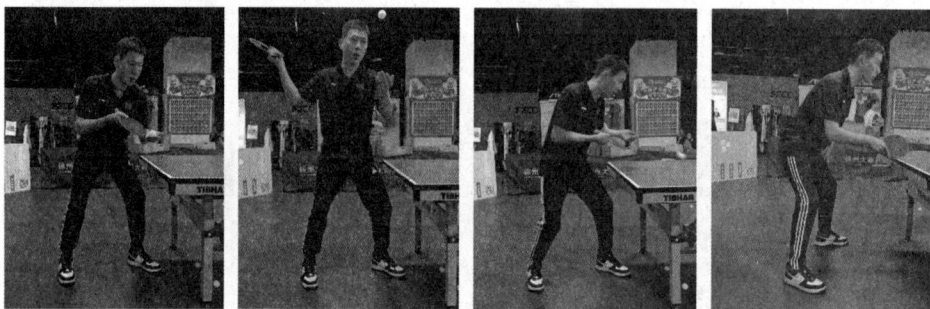

图 7-8　正手发侧上、侧下旋球

**5. 反手发侧上、侧下旋球**

这种发球和正手发侧上、侧下旋球差不多，飞行弧线向对方右侧偏拐。反手发侧上、侧下旋球的发球方法如图 7-9 所示。

图 7-9　反手发侧上、侧下旋球

站位：近台中间靠左，右脚在前，身体向左转。

引拍：左手将球抛起，拍面后仰，同时握拍手腕略向外展，向身体左后上方引拍。

击球：当球下降至稍高于网时，转动身体，手臂由左后上方向右前下方挥动，球拍触球时，手臂和手腕用力。击球瞬间，拍面略微立起，球拍从球的中部向右上方摩擦，手腕有一个上钩动作，拍面后仰，球拍从球的中下部向右侧下部摩擦。

还原：击球后迅速还原。

## 五、接发球技术

在比赛中，对比其他的技术，接发球的技术难度最大，因为接球方对发球方在技术上没有任何限制方法。比赛中如果接发球技术不好，那么自己的技术和战术就无法发挥。因此，不断提高接发球能力，合理地把自己掌握的技术运用到接发球中，是迅速提高比赛实战能力的关键。

**1. 接正手短、长上旋球**

（1）接正手短上旋球

接正手位的短上旋球，一般用正手台内攻来回接，接球时拍面应前倾，如图7-10所示。

站位：近台中间，右脚在前，左脚在后。

引拍：往持拍手的同侧后方引拍，引拍动作小。

击球：击球的中上部，在高点期击球，往左前上方用力挥拍。

还原：击球后迅速还原。

图7-10 接正手短上旋球

（2）接正手长上旋球

接正手位的长上旋球，一般用正手拉来回接，接球时拍面应前倾，如图7-11所示。

图7-11 接正手长上旋球

站位：球台中间，左脚在前，右脚在后。

引拍：往持拍手的同侧后方引拍，引拍动作大。

击球：击球的中上部，在上升期击球，往左前上方用力挥拍。

还原：击球后迅速还原。

**2. 接反手短、长下旋球**

（1）接反手短下旋球

用搓球回接反手短下旋球，注意拍面后仰，以增加向前上方的发力，如图7-12所示。

站位：近台靠左，左脚在前，右脚在后。

引拍：往腹部位置引拍，引拍动作比较小。

击球：击球的中下部，在上升期或下降期击球，往前下方挥拍。

还原：击球后迅速还原。

图7-12　接反手短下旋球

（2）接反手长下旋球

用拉球回接长下旋球，注意增加向上提拉的力量，如图7-13所示。

站位：台中靠左，左脚在前，右脚在后。

引拍：往左侧后下方引拍，引拍动作比较大。

击球：击球的中上部，在高点期或下降期击球，往右前下方挥拍。

还原：击球后迅速还原。

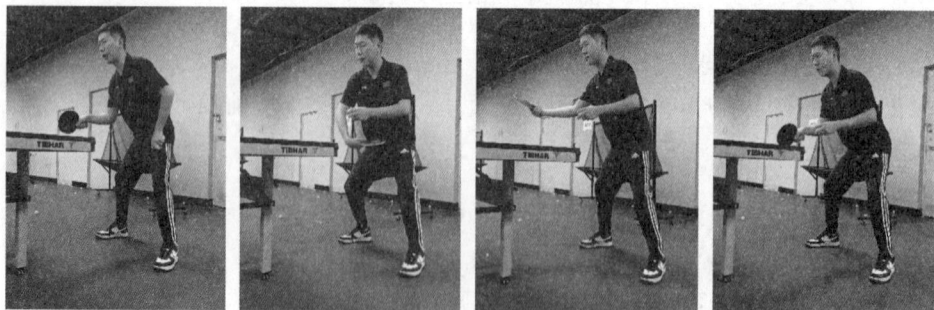

图7-13　接反手长下旋球

**3. 接侧上、侧下旋球**

侧上分为左侧上和右侧上，侧下分为左侧下和右侧下。

接侧上旋球,一般用攻或拉回接比较合适;接侧下旋球,一般用搓、拉回接比较合适。以接左侧上旋球和左侧下旋球为例,用反手攻回接左侧上旋球时,拍面应前倾,拍面所朝方向要向左偏斜,用正手搓回接左侧下旋球时,拍面应后仰,拍面所朝方向要向左偏斜,以抵消来球的侧旋。

## 六、攻球技术

攻球技术是乒乓球运动中非常重要的基本技术,是乒乓球运动员在比赛中争取主动得分的有效手段之一,它具有速度快、力量大、照顾面大等特点。乒乓球运动中的攻球技术包括正手攻球技术、正手拉球技术、反手攻球技术和反手拉球技术。

### 1. 正手攻球技术

正手攻球技术站位近、动作小、出手快,借球的反弹力还击球,与落点变化相结合,可左右调动对方,从而使自己占据主动优势。正手攻球技术如图7-14所示。

站位:近台中间,两脚开立与肩同宽,左脚在前,右脚在后,重心靠前。

引拍:在腰和髋的带动下引拍至身体的右下方,重心稍压于右脚,球拍不得低于球台,右肩放松略下沉,拍面前倾。

击球:在球的高点期,往左前上方挥拍,击球的中上部,身体重心由右脚转至左脚。

还原:击球后迅速还原。

图7-14　正手攻球技术

### 2. 正手拉球技术

正手拉球技术因为伴随身体的转动,充分引拍,可以发挥出较大的力量和较快的旋转优势,所以是非常具有威力的进攻技术。正手拉球技术如图7-15所示。

图7-15　正手拉球技术

站位：根据来球的长短、落点，确定合适的位置，左脚在前，右脚在后，重心较低。

引拍：身体向右转动，增大向右下方引拍的幅度，球拍低于球台，右肩下沉，重心在右脚上。

击球：蹬右脚，随着转髋转腰，快速收小臂，当球落到身体的右前方位置时，往左前上方挥拍击球，击球点离身体稍远，在来球下降期击球的中部或稍偏下部；击球后，手臂顺势挥动，重心快速移到左脚。

还原：击球后迅速还原。

### 3. 反手攻球技术

反手攻球技术具有站位近、动作小、速度快、变化多等特点，主要用来应对拉球、推挡球和反手攻球，是两面攻选手常用的一种基本技术。反手攻球技术如图 7-16 所示。

站位：近台中间靠左，双脚开立与肩同宽，右脚在前，左脚在后，身体正对来球。

引拍：向左后侧引拍，向左转体，右肩略沉，球拍与手臂保持在一条线上。

击球：球拍前倾，在高点期击球，击球的中上部，挥拍向前上方。

还原：击球后迅速还原。

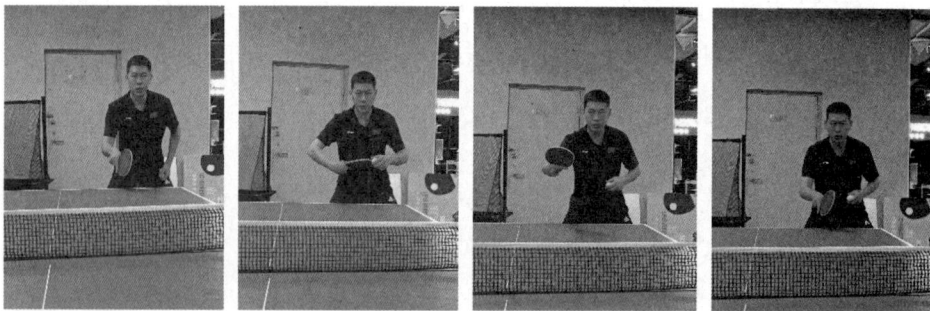

图 7-16　反手攻球技术

### 4. 反手拉球技术

反手拉球技术相比正手拉球技术出手速度快、动作小、落点变化多，是主动上手的有效技术，可以为进攻创造很好的机会。反手拉球技术如图 7-17 所示。

图 7-17　反手拉球技术

站位：根据来球的长短、落点，确定合适的位置，左右脚平行（或右脚稍靠前），重心较低。

引拍：身体重心下降，右肩略沉，将球拍引至腹前偏左处，低于球台，肘关节略向前顶出。

击球：当球位于高点期时，蹬腿挺髋，球拍向前上方挥动，以肘关节为轴，击球的中上部。

还原：击球后迅速还原。

## 七、推拨球技术

推挡球技术和拨球技术是直拍和横拍反手的主要技术之一，在比赛中，主要起控制和防御的作用。

**1. 直拍推挡技术**

直拍推挡技术速度快，控制球的能力好，结合落点，能够为进攻创造机会。直拍推挡技术如图7-18所示。

站位：近台中间靠左，左脚在前，右脚在后。

引拍：以肩为轴，向后引拍，肘关节靠近胸腹侧，球拍前倾，右肩略沉。

击球：挥拍向前上方，击球的中上部。

还原：击球后迅速还原。

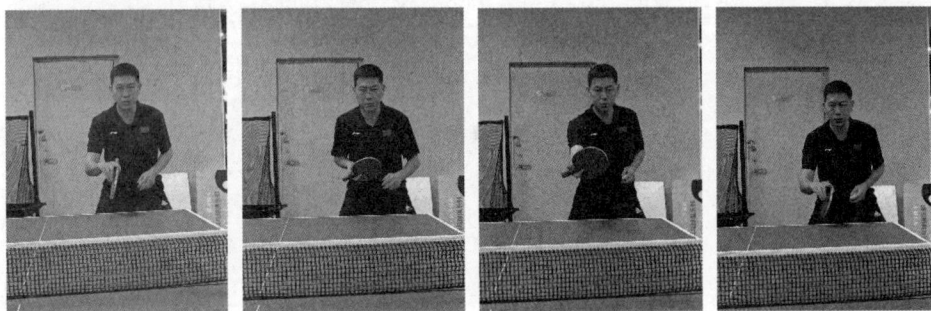

图7-18 直拍推挡技术

**2. 直拍横打技术**

直拍横打技术反手攻击力强，能增强拍面控制的灵活性，充分发挥前臂的力量。直拍横打技术如图7-19所示。

图7-19 直拍横打技术

站位：近台中间靠左，右脚在前，左脚在后。

引拍：以肘关节为轴，腰部向左下方转动，手腕稍内收，球拍前倾。

击球：在球下降前期击球，摩擦球的中上部，重心从左脚移至右脚。

还原：击球后迅速还原。

### 3. 横拍拨球技术

横拍拨球技术具有速度快、动作小、力量大等特点。结合落点，用这种技术能够为进攻创造机会。横拍拨球技术如图 7-20 所示。

站位：近台中间靠左，左脚在前，右脚在后。

引拍：球拍前倾，向后下方引，肘关节稍前倾，手腕内收，右肩略沉。

击球：以肘关节为轴，向前上方挥拍，击球的中上部。

还原：击球后迅速还原。

图 7-20　横拍拨球技术

## 八、搓球技术

搓球技术是在近台回接下旋球的基本技术，属于控制性技术，并可创造进攻机会。搓球技术主要包括正手快搓、慢搓技术和反手快搓、慢搓技术。

### 1. 正手快搓、慢搓技术

正手快搓、慢搓技术主要是针对对方发正手位下旋球的回接技术。两种技术节奏不一样，快搓主要是在来球的上升期搓球，速度相对比较快，而慢搓在来球的下降期搓球，速度相对较慢。两种技术动作大致相同，如图 7-21 所示。

图 7-21　正手快递、慢拨技术

站位:近台中间靠左,左脚在前,右脚在后。

引拍:球拍后仰,转体向后上方引拍。

击球:手腕略外展,球拍后仰,右肩略沉,向前下方挥动。

还原:击球后迅速还原。

**2. 反手快搓、慢搓技术**

反手搓球技术具有动作幅度小、出手快、弧线低、落点变化多等特点。和正手搓球技术一样,反手搓球技术中快搓和慢搓两种技术的节奏略有差别,但技术动作大致相同,如图 7-22 所示。

站位:近台中间靠左,两脚开立与肩同宽,平行站立。

引拍:球拍后仰,引至腹前,手腕稍内收。

击球:在来球的下降期(慢搓)或上升期(快搓),球拍往前下方挥动,击球的中下部。

还原:击球后迅速还原。

图 7-22　反手快搓、慢拨技术

## 九、弧圈球技术

弧圈球技术是一种攻击力强、威力大、旋转强、力量大的进攻技术。弧圈球技术主要包括正手弧圈球技术和反手弧圈球技术。

**1. 正手弧圈球技术**

正手弧圈球技术如图 7-23 所示。

图 7-23　正手弧圈球技术

站位：根据来球的长短、落点，确定合适的位置，左脚在前，右脚在后，重心较低。

引拍：随着身体向右转动，向右下后方引拍，球拍低于球台，右肩下沉，重心在右脚上。

击球：蹬右脚，随着转腰，快速收小臂，当球落到身体的右前方位置时，往左前上方挥拍击球，在球的高点期摩擦球的中上部，身体重心快速转到左脚。

还原：击球后迅速还原。

### 2. 反手弧圈球技术

反手弧圈球技术如图 7-24 所示。

站位：根据来球的长短、落点，确定合适的位置，左右脚平行，重心较低。

引拍：身体重心下降，右肩略沉，球拍向下后方引至腹下，低于球台，肘关节略向前顶出。

击球：当球位于高点期时，跟腿挺髋，球拍向前上方挥动，以肘关节为轴，击球的中上部。

还原：击球后迅速还原。

图 7-24　反手弧圈球技术

# 第三节　乒乓球运动基本战术

本节将介绍乒乓球运动的基本战术，包括发球抢攻战术、接发球抢攻战术、推攻战术、搓攻战术、拉攻战术、削中反攻战术。

## 一、发球抢攻战术

发球抢攻战术是以速度、旋转、落点以及线路不同的发球来增加对方回击的难度，制造机会球，或降低回球质量，然后抢先进攻，以争取主动或直接得分。发球抢攻战术是乒乓球所有打法特别是进攻型打法的主要战术和得分手段。

### 1. 正反手发转与不转球抢攻

正反手发下旋球抢攻时，应迅速做好准备姿势，及时判断对方搓球的力度、落点和路线，调整位置进行抢拉。拉球时增加摩擦，击球的中上部位，并拉准落点。

正反手发不转球抢攻时，和发下旋球一样，应及时做好准备姿势，要注意对方回接落点以及速度的变化。对方回接此种球容易冒高球,此时,应抓住机会,加力回击。

**2. 正反手发侧上、侧下旋球抢攻**

正反手发侧上旋球抢攻时,根据侧旋的旋转程度,拍面前倾度应随时调整,以抵消旋转。

正反手发侧下旋球抢攻时,要及时预判球的落点和路线,为进攻提前做好准备。此外,还应注意侧旋的弧线变化。

## 二、接发球抢攻战术

接发球抢攻战术可使接发球的不利地位转变为有利地位,也可直接得分,是乒乓球运动中进攻型打法的主要战术。

**1. 正手快攻、快拉接发球抢攻战术**

正手快攻进行接发球抢攻,主要针对上旋球。应注意来球的落点和路线,提前预判。发力不可过大,可调动对方的落点,以占据主动。

正手快拉进行接发球抢攻,主要针对下旋球。应注意引拍动作不宜过大,来球若是下旋强度较大,应增加摩擦,避免下网。

**2. 反手快攻、快拉接发球抢攻战术**

反手快攻接发球抢攻战术动作小、速度快、落点变化多。注意控制攻球的力量,应以调动落点为主。反手快拉接发球抢攻战术速度快、旋转强、衔接快。应根据来球旋转的强弱,调节击球的部位和方向。

## 三、推攻战术

推攻战术主要是运用反手推挡和正手攻球的速度、力量、落点变化、节奏等来压制、调动对方,以争取主动或得分。

推攻战术是用左推右攻打法对付攻击型打法的主要战术。左推右攻战术适用于应对上旋球,来球路线位于正手时用正手攻球处理,来球路线位于反手时用反手推挡处理。击球结束后,应注意放松,正反手衔接应流畅。

## 四、搓攻战术

搓攻战术主要运用搓球的旋转、节奏、落点变化来限制对方,以寻找机会,然后采用快拉等技术进行进攻。搓球战术是乒乓球运动各种打法中不可或缺的辅助战术。

**1. 正、反手搓球结合正手快拉战术**

正、反手搓球结合正手快拉战术,动作相对较大,应注意搓球之后的快速放松还原,为正手快拉做好准备,正手快拉时引拍幅度不宜过大。

**2. 正、反手搓球结合反手快拉战术**

正、反手搓球结合反手快拉战术,动作小,速度快,衔接流畅。搓球之后应快速放松还原,为反手快拉做好准备。

## 五、拉攻战术

拉攻战术可以为进攻创造很好的机会,然后可采用扣杀和突击作为得分手段。拉攻战术是快攻打法应对削球类打法的主要战术。

**1. 正手拉后正手扣杀战术**

正手拉后正手扣杀战术可以作为直接得分的一种手段,拉、扣的力量要有较大悬殊,使对方措手不及。

**2. 反手拉后扣杀战术**

反手拉后扣杀战术也可以作为直接得分的一种手段,反手拉后的扣杀又可分为反手攻、侧身攻两种。拉、扣的力量要有较大悬殊,使对方措手不及。

## 六、削中反攻战术

削中反攻战术是由削球和攻球结合而成的,接球者以转、稳、低、变的削球迫使对方在移动中拉球,从中寻找机会予以反攻。

乒乓球竞赛规则

# 第八章 武术与传统体育

## 第一节　武术概述

武术是以技击为主要内容，以套路和搏斗为主要运动形式，注重内外兼修的中国传统体育项目。

中华武术源远流长，是中华民族在长期生活与斗争实践中逐步积累和发展起来的一项宝贵文化遗产，蕴含着中国历史文化各个领域的精髓。它内容丰富，形式多样，风格独特，具有广泛的社会价值和民族文化特色。

### 一、武术的起源和发展

武术起源于劳动。原始社会，人类开始用石块、棍棒等原始工具进行捕猎活动；商周时期，激烈的军事斗争和冶铜业的出现促进了武术的发展；春秋战国时期，铁器特别是剑的出现使武术的技术更为成熟，内容更加丰富；秦汉三国时期，"文武分途"促进了武术进一步稳定发展；隋唐五代时期，"武举制"的产生直接推动了武术的广泛开展；在经过了元代"禁习武艺"的低潮期后，明清时期是武术集大成的发展时期，武术的基本技术体系也在此时形成了。当时，流派林立，不同风格的拳术、器械都有了空前的发展，武术已从军事作战技术分化出了很多独特的运动项目，它的健身作用及表演技艺的活动更为人们所认识。在民国时期，民间出现了许多拳社、武士会和体育会等武术组织，其中以 1910 年在上海成立的"精武体育会"最为庞大。

中华人民共和国成立后，武术作为民族传统体育运动项目得到了蓬勃的发展。在原国家体育运动委员会和中国武术协会的领导下，建立了各级武术协会和组织。1954 年，全国各地体育院系把武术列为正式课程。1958 年，由国家体育运动委员会制定了第一部《武术竞赛规则》，随后整理出的《简化太极拳》和初级拳、刀枪、剑、棍等武术教材对武术的普及和推广起到了重要作用。1984 年，武术开始向国际推广，1985 年，在西安举行了首届国际武术邀请赛。国际武术联合会于 1990 年 10 月成立，现在有几十个国家和地区的会员代表，并成功举办了数届武术锦标赛，武术套路和散手均被列为正式比赛项目。

## 二、武术的特点和作用

### （一）武术的特点

#### 1. 技击与体育相结合

武术最初作为一种军事训练手段，其技击性是显而易见的，它常以最有效的技击方法，迫使对手失去反抗能力，在公安武警以及军队中，这些技击术一直沿用至今，其在技术上与技击大体一致，但是从体育理念来说还是有所不同的，例如，散手运动中，对杀伤力较大的技击方法做了限制，且严格规定了击打部位和保护措施，而套路运动中的不少动作在动作风格、技术规格等方面与技击的原形动作有所出入，但是动作方法仍然保留了技击的特性，以踢、打、摔、拿、击、刺等作为套路运动的技术核心。所以说，武术作为体育运动，技术上仍不失攻防技击的特性，并寓技于体育运动之中。

#### 2. 内外合一，形神兼备

中华武术的特色是形体规范，精神传意，秉持内外合一的整体观。"内"指心、神、意等内心活动和呼吸调节；"外"指手、眼、身法、步伐等肢体活动。内与外、形与神是相互联系的统一整体。武术内外合一、形神兼备的特点，主要是通过武术功法和技法来体现的。"内练精气神，外练筋骨皮"是各家各派练功的准则，以"手眼身法步，精神气力功"八法的变化来锻炼身心，反映了中华武术在长期的历史演进当中备受中国古代医学、哲学、美学等方面的影响和渗透，形成了独具民族特色的练功方法和运动形式。

#### 3. 具有广泛的适应性

武术的练习形式、内容丰富多样。有适合演练的各种拳术、器械、对练，有竞技对抗的散手、太极推手、短兵，还有与其相适应的各种练功方法。不同的拳种适用于不同年龄、性别、体质的人群，人们可以根据自己的条件和兴趣爱好选择相应拳种进行练习。同时，它对场地器材的要求较低，练习者可以根据场地的大小变化练习内容，即使没有器材，也可以徒手练拳。另外，武术的练习受时间的限制也较小，可以"冬练三九，夏练三伏"。相较于其他体育项目，武术具有更广泛的适应性。

### （二）武术的作用

#### 1. 强身健体，防身自卫

系统的武术锻炼对人体的速度、力量、灵敏、反应、耐力、柔韧等身体素质有明显的提升。另外，武术的套路运动和搏斗运动，都有明显的技击性，通过武术训练，不仅能够达到增强体质的目的，而且能够学会攻防格斗技术，可以防身自卫。

#### 2. 锻炼意志，培养品质

练武对意志品质的考验是多方面的。套路练习中，要克服枯燥，培养吃苦耐劳、艰苦奋斗、永不自满的品质。在搏斗运动中，遇到强手要积极拼搏，锻炼勇敢无畏、坚韧不屈的战斗意志。"未曾习武先学礼，未曾习武先习德"，中华武术始终把武德列为教学的重要内容，诸如尊师爱友、互教互学、讲理守信、见义勇为、不恃强凌弱等品德，与当今社会的道德标准和规范也一致。

**3. 竞技观赏，丰富生活**

无论是套路表演还是散手比赛，都具有很高的观赏价值。唐代诗人杜甫在《观公孙大娘弟子舞剑器行》一诗中有"昔有佳人公孙氏，一舞剑器动四方。观者如山色沮丧，天地为之久低昂"的描绘。现在的各种武术比赛中，观众更是场场爆满，武术运动深受广大群众的喜爱。

**4. 交流技艺，增进友谊**

武术运动内涵丰富、技理相通，入门后便会觉得"艺无止境"。群众性的武术活动成为人们相互切磋技艺、以武会友、增进友谊的良好媒介。随着国际武术联合会的成立，越来越多的武术比赛和表演的举行，使武术在世界范围内广泛传播，许多外国朋友都喜欢上武术运动，他们也通过练习武术了解、认识了中国文化。

## 三、武术的内容与分类

中国武术按其运动形式可分为套路运动和搏斗运动两大类。

### （一）套路运动

套路运动指以踢、打、摔、拿、击、刺等攻防动作作为素材，遵守攻防进退、动静疾徐、刚柔虚实等变化规律编成的整套练习形式。

套路运动按练习形式可分为单练、对练和集体演练。单练包括徒手的拳术和器械。对练包括徒手的对练、器械的对练、徒手与器械的对练。集体演练包括徒手的拳术、器械以及徒手与器械的演练。

**1. 单练**

单练，又称"白打"，是徒手练习的套路运动。它种类繁多，包括查拳、太极拳、南拳、行意拳、八卦拳、八极拳、通臂拳、翻子拳、劈挂拳、少林拳、戳脚拳、地躺拳、象形拳等。器械的种类也有很多，按性质可分为短器械、长器械、双器械和软器械4种。短器械包括刀、剑、匕首等。长器械主要有枪、棍、大刀、朴刀等。双器械主要有双刀、双剑、双钩、双戟、双枪等。软器械主要有九节鞭、双鞭、三节鞭、流星锤、绳镖等。

**2. 对练**

对练指在单练的基础上，两人或两人以上在预定条件下进行的攻防格斗套路运动。徒手对练包括对打拳、对擒拿等。器械对练包括对劈刀、对刺剑、单刀进枪、朴刀进枪等。徒手与器械的对练主要有空手夺棍、空手破双枪等。

**3. 集体演练**

集体演练指6人以上进行徒手或徒手与器械的演练。集体演练可变换队形、图案和采用音乐伴奏，要求动作协调一致、队形整齐，包括集体拳、集体刀、集体棍等。

### （二）搏斗运动

搏斗运动指两人在一定条件下按照一定的规则进行斗智角力的对抗形式。武术中的搏斗运动包括散手、太极推手和短兵。

**1. 散手**

散手是两人按照一定的竞赛规则，使用踢、打、摔等技击方法来制胜对方的格斗运动。

**2. 太极推手**

太极推手是两人按照一定的竞赛规则，使用掤、挤、按、采、捌、肘、靠等技击方法，按照"粘连黏随""不丢不顶"的要求，制胜对方的运动项目。

**3. 短兵**

短兵是两人在直径为 5.33 米的圆形场地内，使用一种用藤、皮、棉制作的短棒器械，按照一定的规则，使用斩、点、劈、刺、砍等方法制胜对方的竞技项目。

## 四、武术的基本功

武术运动的基本功指从事武术运动所必需的体能、技能和心理素质。

### （一）基本手型

**1. 拳**

四指并拢握拳，拇指紧扣于食指和中指的第二指节处（如图 8-1 所示）。

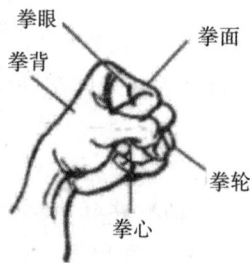

图 8-1 拳

**2. 掌**

四肢并拢伸直，拇指弯曲紧扣于虎口处（如图 8-2 所示）。

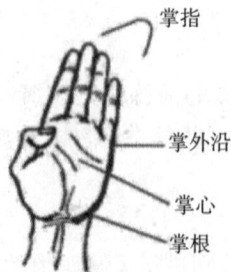

图 8-2 掌

### 3. 勾

五指的指尖并拢捏在一起,屈腕(如图 8-3 所示)。

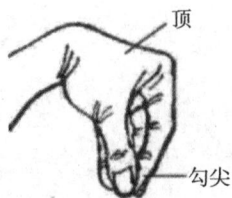

图 8-3 勾

## (二)基本步型

### 1. 马步

两脚平行开立,脚尖朝正前方,屈膝下蹲,膝部不得超过脚尖,大腿蹲至水平,全脚掌着地,膝关节内扣,重心位于两脚之间(如图 8-4 所示)。

### 2. 弓步

前脚向前上步至前腿,大腿与地面水平,后腿伸直,脚尖内扣、向前,两脚全脚掌着地,重心位于两脚之间(如图 8-5 所示)。

图 8-4 马步          图 8-5 弓步

### 3. 歇步

两脚交叉靠拢全蹲,前脚全脚掌着地,脚尖外展,后脚前脚掌着地,膝关节紧贴在前腿外侧,臀部坐于后脚跟处(如图 8-6 所示)。

### 4. 虚步

两脚前后开立,后脚外展 45°,屈膝下蹲,前脚脚尖点地,腿微屈,两脚膝关节稍内扣,重心落于后腿(如图 8-7 所示)。

图 8-6  歇步                       图 8-7  虚步

### 5. 仆步

两脚左右开立,一腿屈膝全蹲,膝关节外展,另一脚伸直平铺,脚尖内扣,全脚掌着地（如图 8-8 所示）。

图 8-8  仆步

## （三）基本练习方法

### 1. 步法练习

步法练习能增强下肢的力量,提高下肢移动的灵活性和转换的稳定性,主要练习方法有弧形步、击步等。

### 2. 腿部练习

腿部练习指锻炼腿部柔韧性、灵活性和力量等素质的练习,主要练习方法有压腿、劈腿、搬腿、踢腿和控腿等。

### 3. 腰部练习

腰部是连接上下肢体的枢纽,拳谚说:"练拳不练腰,到老艺不高"。腰部的主要练习方法有俯腰、甩腰、晃腰、拧腰、翻腰、涮腰、下腰等。

### 4. 肩膀练习

肩膀练习指增强肩关节的柔韧性,加大活动范围和增强力量的练习,主要练习方法有压肩、轮臂、绕环、握棍转肩等。

**5. 跳跃练习**

跳跃练习指增强腿部力量,提高弹跳能力的练习,主要练习方法有腾空飞脚、旋风脚、腾空摆莲等。

# 第二节 二十四式简化太极拳

## 一、太极拳概述

太极拳是中国武术的一个重要拳种。太极拳中所有动作的开合、起落、进退、刚柔、蓄发、顺逆、虚实、曲直等,无不体现出对立与统一的理念。太极拳在长期的流传过程中逐渐形成了陈式、杨式、吴式、孙式、武式等流派。中华人民共和国成立后,国家体育运动委员会(现为国家体育总局)组织创编了二十四式简化太极拳。这套拳法更适合广大群众练习。

太极拳运动有以下特点:中正安舒、轻灵圆活、松柔慢匀、开合有序、刚柔相济。研究证明,太极拳对防治高血压、心脏病、肺病、肝炎、关节病、胃肠病、神经衰弱等慢性病有很好的辅助效果。

## 二、二十四式简化太极拳动作说明

### (一) 第一组

#### 1. 起势

(1) 身体自然直立,面向正南,两脚开立,与肩同宽,脚尖向前;两臂自然下垂,两手分别放在两大腿外侧;目视前方。如图8-9(1)所示。

(2) 两臂慢慢向前平举,两手高与肩平,与肩同宽,手心向下。如图8-9(2)所示。

(3) 上体保持挺直,两腿屈膝下蹲;同时两掌轻轻下按,两肘下垂与两膝相对;目视前方。如图8-9(3)所示。

#### 2. 左右野马分鬃

(1) 上体微向右转,身体重心移至右腿;同时右臂收在胸前平屈,右手手心向下,左手经体前向右下画弧放在右手下方,手心向上,两手手心相对成抱球状;左脚随即收到右脚内侧,脚尖点地;目视右手。如图8-10(1)所示。

(2) 上体微向左转,左脚向左前方迈出,右脚脚跟后蹬,右腿自然伸直,成左弓步;同时上体继续向左转,左手、右手随转体慢慢分别向左上、右下分开,左手高约与肩平(手心

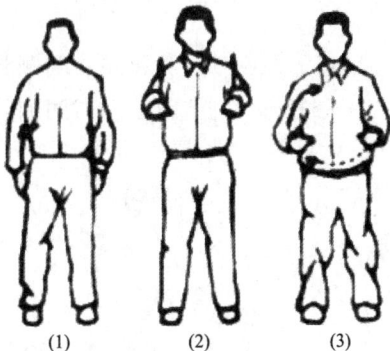

图8-9 起势

斜向上),肘微屈;右手落在右胯旁,肘也微屈,手心向下,指尖向前;目视左手。如图 8-10(2)、(3)、(4)所示。

(1)　　　　(2)　　　　(3)　　　　(4)

(3) 上体慢慢后坐,身体重心移至右腿,左脚脚尖翘起,微向外撇,随后脚掌慢慢踏实,左腿慢慢前弓,身体左转,身体重心再移至左脚;同时左手翻转向下,左臂收在胸前平屈,右手向左上画弧放在左手下方,两手手心相对成抱球状;右脚随即收到左脚内侧,脚尖点地;目视左手。如图 8-10(5)、(6)所示。

(4) 右腿向右前方迈出,左腿自然伸直,成右弓步;同时上体右转,左手、右手随转体分别慢慢向左下、右上分开,右手高约与肩平(手心斜向上),肘微屈;左手落在左胯旁,肘也微屈,手心向下,指尖向前;目视右手。如图 8-10(7)、(8)所示。

(5)　　　　(6)　　　　(7)　　　　(8)

(5) 与(3)同,只是左右两侧肢体动作相反。如图 8-10(9)、(10)所示。

(6) 与(4)同,只是左右两侧肢体动作相反。如图 8-10(11)、(12)所示。

(9)　　　　(10)　　　　(11)　　　　(12)

图 8-10　左右野马分鬃

### 3. 白鹤亮翅

(1) 上体微向左转,左手翻掌向下,左臂于胸前平屈,右手向左下画弧,手心向上,与左手成抱球状;目视左手。如图 8-11(1)所示。

（2）右脚跟进半步，上体后坐，身体重心移至右腿，上体先向右转，面向右前方，目视右手；然后左脚稍向前移，脚尖点地，成左虚步；同时上体再微向左转，面向前方，两手随转体慢慢向右上、左下分开，右手上提停于头右上方，手心向左，指尖向上，左手落于左胯前，手心向下，指尖向前。如图 8-11（2）所示。

图 8-11　白鹤亮翅

### （二）第二组

**1. 左右搂膝拗步**

（1）右手从体前下落，由下向后上方画弧至右肩外侧，肘微屈，手约与耳同高，手心斜向上；左手由左下向上、向右下画弧至右胸前，手心斜向下；同时上体先微向左转，再向右转；左脚回收，脚尖点地，目视右手。如图 8-12（1）、（2）所示。

（2）上体左转，左脚向左前方迈出，成左弓步；同时右手由耳侧向前推出，高与鼻平，左手向下从左膝前搂过落于左胯旁，指尖向前；目视看右手。如图 8-12（3）所示。

（3）右腿慢慢屈膝，上体后坐，身体重心移至右腿，左脚尖翘起，微向外撇，随即脚掌慢慢踏实，左腿前弓，身体左转，身体重心移至左腿，右脚收到左脚内侧，脚尖点地；同时左手向外翻掌，由左后向上画弧至左肩外侧，肘微屈，手与耳同高，手心斜向上；右手随转体向上、向左下画弧落于左胸前，手心斜向下；目视左手。如图 8-12（4）、（5）所示。

（4）与（2）同，只是左右两侧肢体动作相反。如图 8-12（6）所示。

（5）与（3）同，只是左右两侧肢体动作相反。如图 8-12（7）、（8）所示。

（6）与（2）同。如图 8-12（9）所示。

图 8-12　左右搂膝拗步

**2. 手挥琵琶**

右脚跟进半步，上体稍后坐，身体重心移至右腿，上体半面向右转，左脚略提起稍向前移,变成左虚步,脚跟着地,脚尖翘起,膝部微屈;同时左手由左下向上挑举,高与鼻尖平,手心向右,臂微屈;右手收回放在左臂肘部内侧;目视左手食指。如图 8-13 所示。

图 8-13　手挥琵琶

### 3. 左右倒卷肱

（1）上体右转,右手翻掌（手心向上）,经腹前由下向后上方画弧平举,臂微屈,左手随即翻掌,手心向上,眼的视线随着向右转体先向右看,再转向前方看左手。如图 8-14(1)、(2)所示。

（2）右臂屈肘折向前,右手由耳侧向前推出,手心向前;左臂屈肘后撤,手心向上,撤至左肋外侧;同时左腿轻轻提起向后（偏左）退一步,左脚前脚掌先着地,然后全脚慢慢踏实,身体重心移至左腿,成右虚步,右脚随转体以脚掌为轴扭正;目视右手。如图 8-14(3)、(4)所示。

（3）上体微向左转,同时左手随转体向后上方画弧平举,手心向上,右手随即翻掌,手心向上;眼随转体先向左看,再转向前方看右手。如图 8-14(5)所示。

（4）与（2）同,只是左右两侧肢体动作相反。如图 8-14(6)所示。

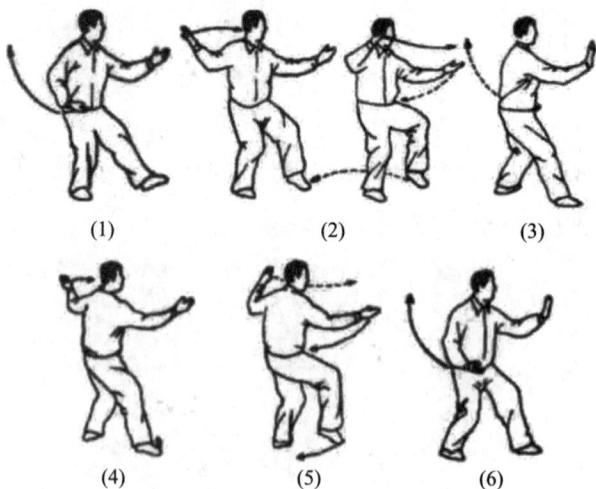

(1)　　　　　　(2)　　　　　　(3)

(4)　　　　　　(5)　　　　　　(6)

图 8-14　左右倒卷肱

（5）与（3）同,只是左右两侧肢体动作相反。

（6）与（2）同。

（7）与（3）同。

（8）与（2）同，只是左右两侧肢体动作相反。

### （三）第三组

**1. 左揽雀尾**

（1）上体微向右转，同时右手随转体向后上方画弧平举，手心斜向上，左手放松，手心斜向上；目视左手。如图 8-15（1）所示。

（2）身体继续向右转，左手自然下落逐渐翻掌经腹前画弧至右胯前，手心向上；右臂屈肘，右手手心转向下，收至右肩前，两手心相对成抱球状；同时身体重心落在右腿上，左脚收到右脚内侧，脚尖点地；目视右手。如图 8-15（2）所示。

（3）上体微向左转，左脚向前方迈出，上体继续向左转，右腿自然蹬直，左腿屈膝，成左弓步；同时左臂向左掤出（即左臂平屈成弓形，用前臂外侧和手背向前方推出），高与肩平，左手手心向内；右手落于右胯旁，手心向下，指尖向前。如图 8-15（3）、（4）所示。

（4）身体微向左转，左手随即前伸翻掌，手心向下，右手翻掌，手心向上，并经腹前向上、向前伸至左前臂侧下方；然后两手下捋，即上体向右转。两手经腹前向右后上方画弧，直至右手手心斜向上，高与肩齐，左臂于胸前平屈，左手手心向下；同时身体重心移至右腿；目视右手。如图 8-15（5）、（6）所示。

（5）上体微向左转，右臂屈肘折回，右手附于左手腕里侧（相距约为 5 厘米），上体继续向左转，两手同时向前挤出，左前臂要保持半圆弧状；同时身体重心逐渐移变成左弓步；目视左腕。如图 8-15（7）、（8）所示。

（6）左手翻掌，手心向下，右手经左腕上方向前、向右伸出，高与左手齐，手心向下，两手左右分开，宽与肩同；然后右腿屈膝，上体慢慢后坐，身体重心移至右腿，左脚脚尖翘起；同时两手屈肘回收至腹前，手心均向前下方；目视前方。如图 8-15（9）所示。

（7）上一动作不停，身体重心慢慢前移，同时两手向前、向上按出，手心向前；左脚踏实，成左弓步；目视前方。如图 8-15（10）所示。

（1）　　　（2）　　　（3）　　　（4）　　　（5）

（6）　　　（7）　　　（8）　　　（9）　　　（10）

**图 8-15　左揽雀尾**

### 2. 右揽雀尾

(1) 上体后坐并向右转,身体重心移至右腿,左脚脚尖内扣;右手向右平行画弧至右侧,然后由右下经腹前向左上画弧至左胯前,手心向上;左臂于肩前平屈,左手手心向下,与右手成抱球状;同时身体重心移至左腿,右脚收至左脚内侧,脚尖点地;目视左手。如图8-16(1)、(2)所示。

(2) 同"左揽雀尾"(3),只是左右两侧肢体动作相反。如图8-16(3)、(4)所示。

(3) 同"左揽雀尾"(4),只是左右两侧肢体动作相反。如图8-16(5)、(6)所示。

(4) 同"左揽雀尾"(5),只是左右两侧肢体动作相反。如图8-16(7)、(8)所示。

(5) 同"左揽雀尾"(6),只是左右两侧肢体动作相反。如图8-16(9)所示。

(6) 同"左揽雀尾"(7),只是左右两侧肢体动作相反。如图8-16(10)所示。

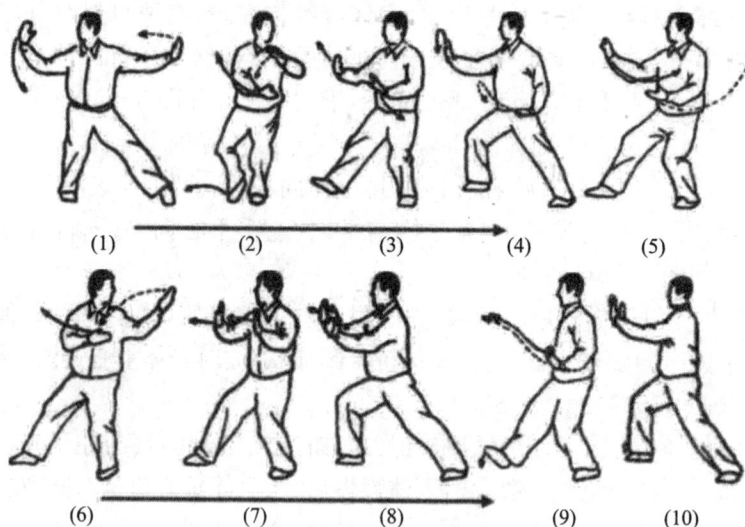

图8-16 右揽雀尾

## (四) 第四组

### 1. 单鞭

(1) 上体后坐,身体重心逐渐移至左腿,右脚脚尖稍内扣;同时上体左转,两手(左高右低)向左弧形运转,直至左臂平举伸于身体左侧,手心向左,右手经腹前运至左肋前,手心向上;目视左手。如图8-17(1)所示。

(2) 身体重心移至右腿,上体右转;同时右手向右上方画弧(手心由里转向外),至右侧方时变勾手,臂与肩平;左手向下经腹前向右上画弧停于右肩前,手心向内;目视左手。如图8-17(2)、(3)所示。

(3) 上体微向左转,左脚向左前侧方迈出,右脚脚跟后蹬,成左弓步;在身体重心移至左腿的同时,左掌随上体的继续左转慢慢翻转向前推出,手心向前,手指与鼻平,左臂微屈;目视左手。如图8-17(4)、(5)所示。

### 2. 云手

(1) 身体重心移至右腿,身体渐向右转,左脚脚尖内扣;左手经腹前向右上画弧至右

(1)　　　　(2)　　　　(3)　　　　(4)　　　　(5)

图 8-17　单鞭

肩前,手心向上,同时右手变掌,手心向前。如图 8-18(1)所示。

(2) 上体慢慢左转,身体重心左移;左手由脸前向左侧运转,手心渐渐转向左侧;右手由右下经腹前向左上画弧,至左肩前,再绕至右肩前上方,手心向内;同时右脚靠近左脚,成小开立步(两脚距离为 10~20 厘米)。如图 8-18(2)所示。

(3) 上体再向右转,同时左手经腹前向右上画弧至右肩前,手心斜向后,之后由脸前向左侧运转,手心渐渐转向左侧;右手向右侧运转,手心翻转向右,之后由右下经腹前向左上画弧,手心向上;左腿向左横跨一步;目视左手。如图 8-18(3)所示。

(4) 同(2)。如图 8-18(4)所示。

(5) 同(3)。如图 8-18(5)所示。

(6) 同(2)。如图 8-18(6)所示。

(1)　　　(2)　　　(3)　　　(4)　　　(5)　　　(6)

图 8-18　云手

**3. 单鞭**

(1) 上体右转,右手随之向右运转,至右侧方时变成勾手;左手经腹前向右上画弧至右肩前,手心斜向上;身体重心落在右腿上,左脚脚尖点地;目视左手。如图 8-19(1)、(2)所示。

(2) 上体微向左转,左脚向左前方迈出,右脚脚跟后蹬,成左弓步;在身体重心移向左腿的同时,上体继续左转,左手慢慢翻转向前推出,成"单鞭"式。如图 8-19(3)、(4)所示。

(1)　　　(2)　　　(3)　　　(4)

图 8-19　单鞭

### （五）第五组

**1. 高探马**

（1）右脚跟进半步，身体重心逐渐后移至右腿；右勾手变掌，两手翻掌，手心向上，两肘微屈；同时身体微向右转，左脚脚跟渐渐离地；目视左前方。如图8-20（1）所示。

（2）上体微向左转，面向前方；右手经右耳旁向前推出，手心向前；左手收至左腰旁，手心向上；同时左脚微向前移，脚尖点地，成左虚步；目视右手。如图8-20（2）所示。

(1)    (2)

**图8-20　高探马**

**2. 右蹬脚**

（1）左手手心向上，前伸至右腕背面，两手相互交叉，随即向两侧分开并向下画弧，手心斜向下；同时左脚提起向左前侧方进步（脚尖略外撇）；身体重心前移，右腿自然蹬直，成左弓步；目视前方。如图8-21（1）、（2）所示。

（2）两手由外圈向里圈画弧，两手交叉合抱于胸前，右手在外，手心均向后；同时右脚向左脚靠拢，脚尖点地；目视右前方。如图8-21（3）、（4）所示。

（3）两臂左右画弧分开平举，肘部微屈，两手手心均向外；同时右腿屈膝提起，右脚向右前上方慢慢蹬出，目视右手。如图8-21（5）所示。

(1)   (2)   (3)   (4)   (5)

**图8-21　右蹬脚**

**3. 双峰贯耳**

（1）右腿收回，屈膝平举，左手由后向前下落至体前，两手手心均翻转向上，两手同时向下画弧分落于右膝两侧；目视前方。如图8-22（1）所示。

（2）右脚向右前方落下，身体重心渐渐前移，成右弓步，面向右前方；同时两手下落，慢慢变拳，分别从两侧向上、向前画弧至面部前方，成钳形，两拳相对，高与耳平，拳眼均斜向内下（两拳中间距离为10～20厘米）；目视右拳。如图8-22（2）、（3）所示。

**4. 转身左蹬脚**

（1）左腿屈膝后坐，身体重心移至左腿，上体左转，右脚脚尖内扣；同时两拳变掌，由上向左右画弧分开平举，手心向前；目视左手。如图8-23（1）所示。

（2）身体重心移至右腿，左脚收到右脚内侧，脚尖点地；同时两手由外圈画弧合抱于胸前，左手在外，手心均向后；目视左侧。如图8-23（2）所示。

（3）两臂左右画弧分开平举，肘部微屈，两手手心均向外；同时左腿屈膝提起，左脚向左前上方慢慢蹬出；目视左手。如图 8-23(3)所示。

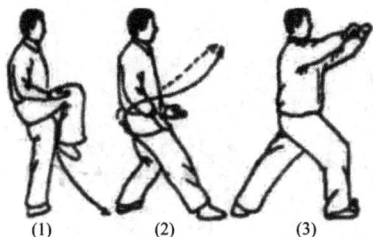

图 8-22　双峰贯耳　　　　　　　图 8-23　转身左蹬脚

## (六) 第六组

### 1. 左下势独立

(1) 左腿收回平屈，上体右转；右掌变钩手，钩尖向下，左掌向上、向右画弧下落，立于右肩前，手心斜向后；目视右手。如图 8-24(1)所示。

(2) 右腿慢慢屈膝下蹲，左腿由内向左侧(偏后)伸出，成左仆步；左手下落(掌心向外)向左下顺左腿内侧向前穿出；目视左手。如图 8-24(2)、(3)所示。

(3) 身体重心前移，以左脚脚跟为轴，脚尖尽量向外撇，左腿前弓，右腿后蹬，右脚脚尖内扣，上体微向左转并向前起身；同时左臂继续向前伸出(立掌)，手心向右，右勾手下落，钩尖向后；目视左手。如图 8-24(4)所示。

(4) 右腿慢慢提起平屈，成左独立式；同时右勾手变掌，并由后下方顺右腿外侧向前弧形摆出，屈臂立于右腿上方，肘与膝相对，手心向左；左手落于左胯旁，手心向下，指尖向前；目视右手。如图 8-24(5)所示。

图 8-24　左下势独立

### 2. 右下势独立

(1) 右脚下落于左脚前，脚掌着地，然后以左脚脚掌为轴脚跟转动，身体随之左转；同时左手向后平举变勾手，右掌随着转体向左侧画弧，立于左肩前，手心斜向后；目视左手。如图 8-25(1)所示。

(2) 同"左下势独立"(2)，只是左右两侧肢体动作相反。如图 8-25(2)、(3)所示。

(3) 同"左下势独立"(3)，只是左右两侧肢体动作相反。如图 8-25(4)所示。

(4) 同"左下势独立"(4)，只是左右两侧肢体动作相反。如图 8-25(5)所示。

图 8-25 右下势独立

## （七）第七组

### 1. 左右穿梭

（1）身体微向左转，左脚向前落地，脚尖外撇，右脚脚跟离地，两腿屈膝成半坐盘式；同时两手在左胸前成抱球状（左上右下）；然后右脚收到左脚的内侧，脚尖点地；目视左手。如图 8-26(1)、(2)所示。

（2）身体右转，右脚向右前方迈出，屈膝弓腿，成右弓步；同时右手由脸前向上举并翻掌停在右额前上方，手心斜向上；左手先向左下再经体前向前推出，高与鼻平，手心向前；目视左手。如图 8-26(3)、(4)所示。

（3）身体重心略向后移，右脚脚尖稍向外撇，随即身体重心移至右腿，左脚跟进，脚尖点地；同时两手在右胸前成抱球状（右上左下）；目视右手。如图 8-26(5)、(6)所示。

（4）同(2)，只是左右两侧肢体动作相反。如图 8-26(7)、(8)所示。

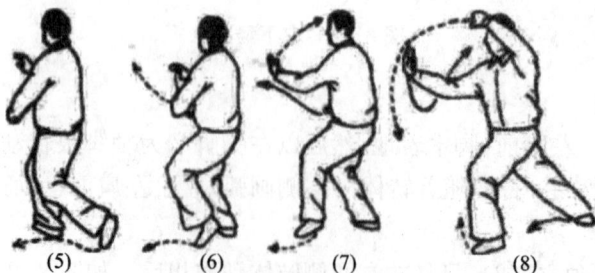

图 8-26 左右穿梭

**2. 海底针**

右脚向前跟进半步,身体重心移至右腿,左脚稍向前移,脚尖点地,成左虚步;同时身体稍向右转,右手从右耳旁斜向下方插出,手心向左,指尖斜向下;与此同时,左手向前、向下画弧落于左胯旁,手心斜向下,指尖向前下方;目视前下方。如图 8-27 所示。

图 8-27 海底针

**3. 闪通臂**

上体稍向右转,左脚收至右脚旁,脚尖点地,再向前迈出,左腿屈膝弓腿成左弓步;同时右手由体前上提,屈臂上举,停于右额前上方,手心翻转斜向上,拇指朝下;左手上提经胸前推出,高与肩平,手心向前;目视左手。如图 8-28 所示。

图 8-28 闪通臂

## (八) 第八组

**1. 转身搬拦捶**

(1) 上体后坐,身体重心移至右腿,左脚脚尖内扣,身体向右后转,然后身体重心移至左腿;与此同时,右手随着转体向右、向下(变拳)经腹前画弧至左肋旁,拳心向下;左手上举于额前,手心斜向下;目视前方。如图 8-29(1)、(2)所示。

(2) 向右转体,右拳经胸前向前翻转撇出,拳心向内;左手落于左胯旁,手心向下,指尖向前;同时右脚收回后(不要停顿或脚尖点地)即向前迈出,脚尖外撇;目视右拳。如图 8-29(3)、(4)所示。

(3) 身体重心移至右腿,左脚向前迈一步;左手上起经左侧向前上画弧拦出,手心向前;同时右拳向右画弧收到右腰旁,拳心向上;目视左手。如图 8-29(5)所示。

(4) 左腿前弓成左弓步,同时右拳向前打出,拳眼向上,高与胸平,左手附于右前臂里侧;目视右拳。如图 8-29(6)所示。

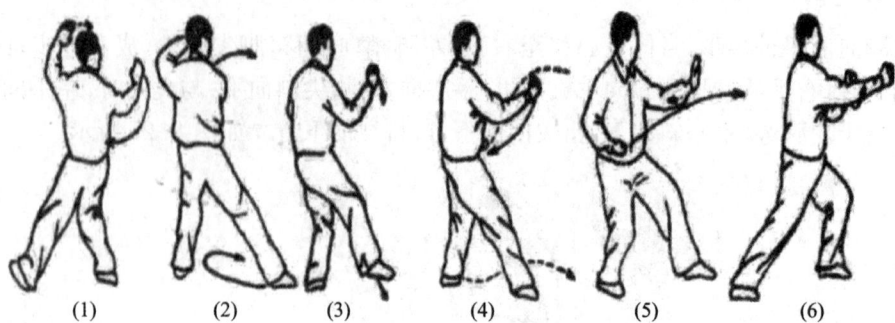

| (1) | (2) | (3) | (4) | (5) | (6) |

图 8-29　转身搬拦捶

**2. 如封似闭**

（1）左手由右腕下向前伸出，右拳变掌，两手手心逐渐翻转向上慢慢分开回收；同时身体后坐，左脚脚尖翘起，身体重心移至右腿；目视前方。如图 8-30(1)所示。

（2）两手在胸前翻掌，向下经腹前再向上、向前推出，腕部与肩平，手心向前；同时左腿前弓成左弓步；目视前方。如图 8-30(2)、(3)所示。

| (1) | (2) | (3) |

图 8-30　如封似闭

**3. 十字手**

（1）屈膝后坐，身体重心移至右腿，左脚脚尖内扣，向右转体；右手随着转体动作向右平摆画弧，与左手成两臂侧平举，肘部微屈；同时右脚尖随着转体稍向外撇，成右侧弓步；目视右手。如图 8-31(1)所示。

（2）身体重心慢慢移至左腿，右脚脚尖内扣，随即向左收回，两脚距离与肩同宽，两腿逐渐蹬直，成开立步；同时右手向右水平运转至右侧，之后两手向下经腹前向上画弧交叉合抱于胸前，两臂撑圆，腕略高于肩，右手在外，成十字手，手心均斜向下；目视前方。如图 8-31(2)、(3)所示。

| (1) | (2) | (3) |

图 8-31　十字手

**4. 收势**

两手向外翻掌,手心向下,两臂慢慢下落,停于身体两侧,左脚向右脚并步;目视前方。

## 第三节　五禽戏

### 一、五禽戏概述

东汉名医华佗根据导引、吐纳、熊经、鸟伸之术,研究了虎、鹿、熊、猿、鸟的活动特点,并结合人体脏腑、经络和气血的功能,编制了一套具有民族特色的导引术,即五禽戏。五禽戏寓医理于动作之中,寓保健、康复于生动形象的"戏"中,这是其区别于其他导引术的显著特征。华佗对五禽戏的操作方法并没有文字记载,当代众多的五禽戏流派大致是根据南朝陶弘景所著《养性延命录》中的文字记载和明代曹洪先所著《万寿仙书》导引篇中的五禽戏图谱发展演变而成的。

五禽戏作为一种传统保健导引术,锻炼要求比较严格。每一戏的动作和神态运用要形象,既要形似,又要神似。练习者要做到心静体松、刚柔相济,以意领气、气贯周身,呼吸柔和缓慢,引伸肢体,动作紧凑而不慌乱。五禽戏的动作全面周到,可以锻炼日常生活中活动不到的身体部位,有利于改善身体机能,从而产生畅通经络、调和气血、活动筋骨、滑利关节的作用。

根据中医的脏腑学说,五禽配五脏。虎戏主肝,能疏肝理气、舒筋活络;鹿戏主肾,能益气补肾、壮腰健肾;熊戏主脾,能调理脾胃、充实四肢;猿戏主心,能养心补脑、开窍益智;鸟戏主肺,能补肺宽胸、调畅气机。人体是一个有机的整体,五脏相辅相成。因此,进行五禽戏中任何一戏的锻炼,既能预防某一脏器的疾患,又能兼顾调理其他脏器。

### 二、手型介绍

**1. 虎爪**

五指张开,虎口撑圆,第一、第二指关节弯曲内扣。如图 8-32 所示。

**图 8-32　虎爪**

**2. 鹿指**

拇指向外撑开、伸直,食指、小指伸直,中指、无名指弯曲内扣。如图 8-33 所示。

**图 8-33　鹿指**

### 3. 熊掌

五指弯曲,拇指扣压在食指第一指节上,其余四指并拢弯曲,虎口撑圆。如图 8-34 所示。

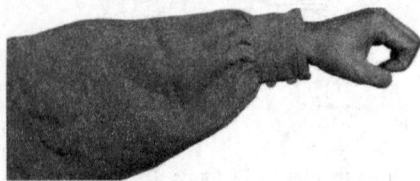

**图 8-34　熊掌**

### 4. 猿勾

五指指腹捏拢,屈腕。如图 8-35 所示。

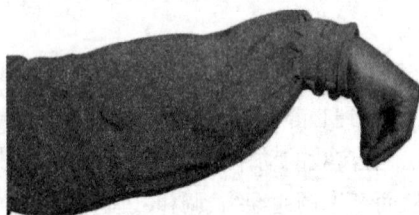

**图 8-35　猿勾**

### 5. 鸟翅

五指伸直,拇指、食指、小指向上翘起,中指、无名指并拢向下压。如图 8-36 所示。

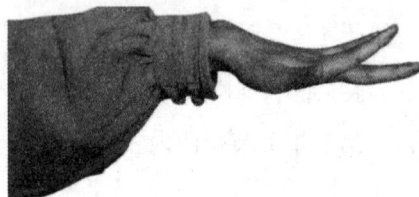

**图 8-36　鸟翅**

## 三、功法口诀

### (一) 起势调息

调整呼吸神内敛,头身正直顺自然。胸腹放松膝微屈,引导入静排杂念。
提吸按呼沉肩肘,柔和均匀意绵绵。心静神凝气机动,神不外驰守丹田。

### (二) 虎戏

#### 1. 虎举

撑掌屈指拧双拳,提举拉按握力增。卧虎伸腰三焦畅,清升浊降精气生。

一张一弛文武道,深吸长呼肺量添。含胸收腹伸脊柱,肾水滋阴如清泉。

动作一:两手掌心向下,十指撑开,再弯曲成虎爪状;目视两掌。如图8-37(1)所示。

动作二:两手外旋,由小指先弯曲,其余四指依次弯曲握拳,两拳沿体前缓慢上提。至肩前时,十指撑开,举至头上方再弯曲成虎爪状;目视两掌。如图8-37(2)、(3)所示。

动作三:两掌外旋握拳,拳心相对;目视两拳。如图8-37(4)所示。

动作四:两拳下拉至肩前时,变掌下按。沿体前下落至腹前,十指撑开,掌心向下;目视两掌。如图8-37(5)所示。

重复一至四动作三遍后,两手自然垂于体侧;目视前方。

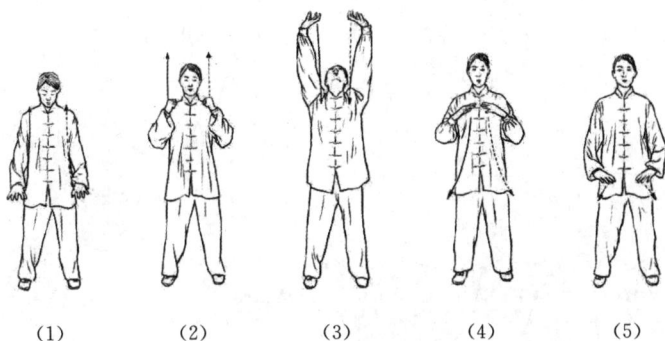

(1)　　　(2)　　　(3)　　　(4)　　　(5)

**图8-37　虎戏**

**2. 虎扑**

握拳上提身前俯,挺胸引腰紧收腹。伸膝送髋体后仰,两爪生威向前扑。

虎视眈眈神威猛,动如雷霆无挡阻。扑食犹如猫戏鼠,刚中有柔憨态掬。

动作一:接上式。两手握空拳,沿身体两侧上提至肩前上方。如图8-38(1)所示。

动作二:两手向上、向前划弧,十指弯曲成"虎爪",掌心向下;同时上体前俯,挺胸塌腰;目视前方。如图8-38(2)所示。

动作三:两腿屈膝下蹲,收腹含胸;同时,两手向下划弧至两膝侧,掌心向下;目视前下方。随后,两腿伸膝,送髋,挺腹,后仰;同时,两掌握空拳,沿体侧向上提至胸侧;目视前上方。如图8-38(3)、(4)所示。

动作四:左腿屈膝提起,两手上举。左脚向前迈出一步,脚跟着地,右腿屈膝下蹲,成左虚步;同时上体前倾,两拳变"虎爪"向前、向下扑至膝前两侧,掌心向下;目视前下方。随后上体抬起,左脚收回,开步站立;两手自然下落于体侧;目视前方。如图8-38(5)、(6)、(7)所示。

动作五至动作八同动作一至动作四,只是上下左右方位相反。如图8-38(8)至(16)所示。

重复一至八动作一遍后,两掌向身体侧前方举起,与胸同高,掌心向上;目视前方。两臂屈肘,两掌内合下按,自然垂于体侧;目视前方。如图8-38(10)、(11)所示。

图 8-38　虎扑

## （三）鹿戏

### 1. 鹿抵

迈步转腰看脚跟，两臂画圆摆头前。挺身眺望左右盼，脊柱侧屈往回旋。

嬉闹抵角对顶劲，健内助外意腰间。自由奔放强腰肾，恬淡虚无真气现。

动作一：身体重心前移，左腿屈膝，脚尖外展踏实，右腿伸直蹬实；同时，身体左转，两掌成"鹿角"，向上、向左、向后画弧，掌心向外，指尖朝后，左臂弯曲外展平伸，肘抵靠左腰侧；右臂举至头前，向左后方伸抵，掌心向外，指尖朝后；目视右脚跟。随后，身体右转，左脚收回，开步站立；同时两手向上、向右、向下画弧，两掌握空拳下落于体前；目视前下方。如图 8-39(1)至(4)所示。

动作二：两腿微屈，身体重心移至右腿，左脚经右脚内侧向左前方迈步，脚跟着地；同时，身体稍右转；两掌握空拳，向右侧摆起，拳心向下，高与肩平；目随手动，视右拳。如图8-39(5)、(6)所示。

动作三、四同动作一、二，只是左右相反。

动作五至动作八同动作一至动作四。

重复一至八动作一遍。

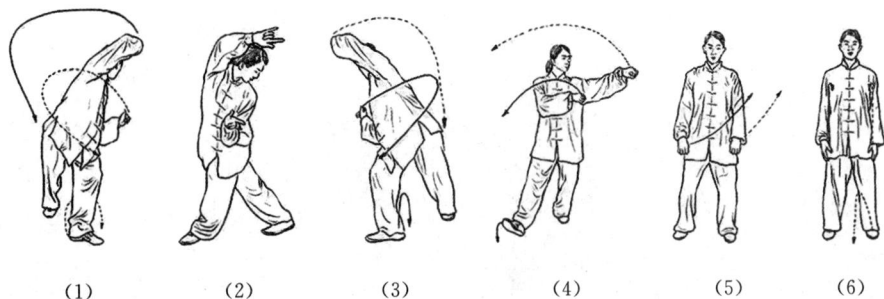

(1)　　　　(2)　　　　(3)　　　　(4)　　　　(5)　　　　(6)

**图8-39　鹿抵**

## 2. 鹿奔

跨步向前手握拳，低头躬背肩臂旋。头髋前伸腹后顶，横竖两弓如绷弦。

命门后凸督脉通，尾炎间运转阳气添。奔跑跳跃经脉畅，体态安舒气自闲。

动作一：接上式。左脚向前跨一步，屈膝，右腿伸直成左弓步；同时，两手握空拳，向上、向前划弧至体前，屈腕，高与肩平，与肩同宽，拳心向下；目视前方。如图8-40(1)所示。

动作二：身体重心后移，左膝伸直，全脚掌着地，右腿屈膝；低头，弓背，收腹；同时，两臂内旋，两掌前伸，掌背相对，拳变"鹿角"。如图8-40(2)所示。

动作三：身体重心前移，上体抬起；右腿伸直，左腿屈膝，成左弓步；松肩沉肘，两臂外旋，"鹿角"变空拳，高与肩平，拳心向下；目视前方。如图8-40(3)所示。

动作四：左脚收回，开步直立；两拳变掌，回落于体侧；目视前方。如图8-40(4)所示。

动作五至动作八同动作一至动作四，只是左右相反。如图8-40(5)、(6)、(7)所示。

重复一至八动作一遍后，两掌向身体侧前方举起，与胸同高，掌心向上；目视前方。屈肘，两掌内合下按，自然垂于体侧；目视前方。如图8-40(8)、(9)、(10)所示。

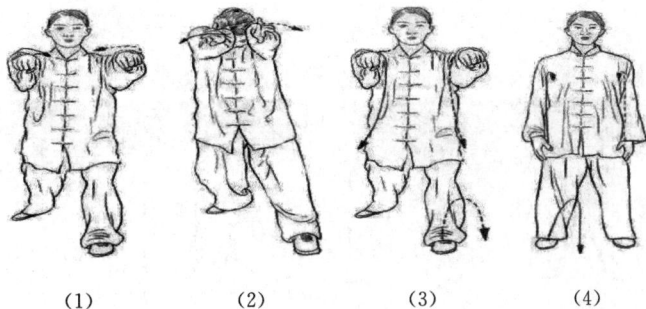

(1)　　　　(2)　　　　(3)　　　　(4)

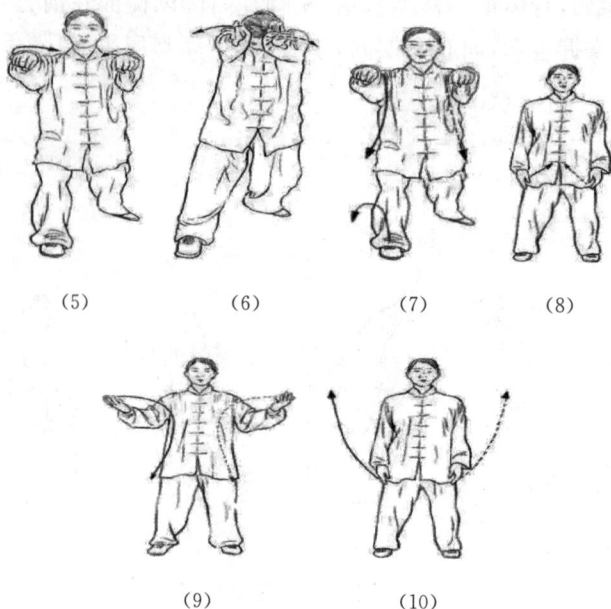

图 8-40　鹿奔

## （四）熊戏

### 1. 熊运

两掌外导画立圆，腰腹内引摇晃颠。导气引体气血和，形正意宁神不乱。

运腰摩腹谷气消，中焦运化脏腑暖。户枢常动蠹不侵，脾胃健运病莫生。

动作一：两掌握空拳成"熊掌"，拳眼相对，垂手下腹部；目视两拳。如图 8-41（1）所示。

动作二：以腰、腹为轴，上体做顺时针摇晃；同时，两拳随之沿右肋部、上腹部、左肋部、下腹部画圆；目随上体摇晃环视。如图 8-41（2）至（4）所示。

动作三、四同动作一、二。

动作五至动作八同动作一至动作四，只是左右相反，上体做逆时针摇晃，两拳随之画圆。如图 8-41（5）至（8）所示。

做完动作八，两拳变掌下落，自然垂于体侧；目视前方。如图 8-41（9）、（10）所示。

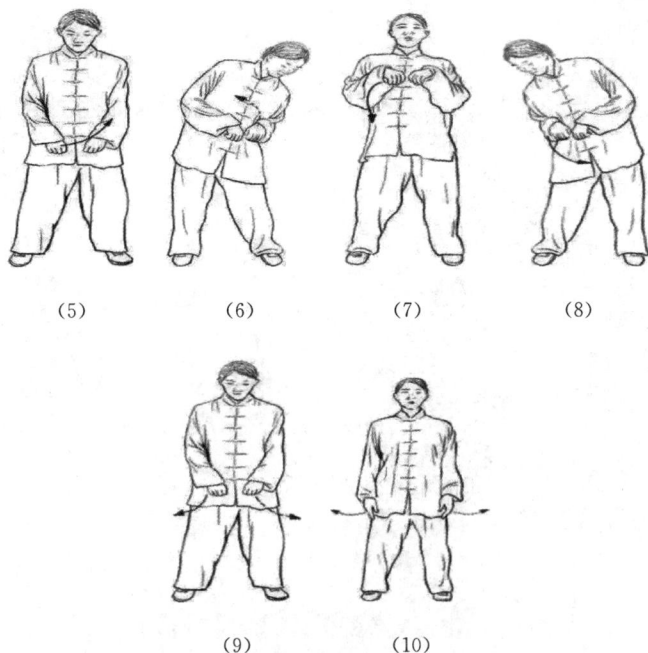

(5) (6) (7) (8)

(9) (10)

图 8-41 熊运

## 2. 熊晃

提髋屈膝握空拳,落步震髋臂内旋。晃肩拧腰意两胁,前靠后坐调脾肝。

摇摆颠足步履稳,润肠化结脾胃安。熊经本是祖传法,笨中生灵贵自然。

动作一:接上式。身体重心右移;左髋上提,牵动左脚离地,再微屈左膝;两掌握空拳成"熊掌";目视左前方。如图 8-42(1)所示。

动作二:身体重心前移;左脚向左前方落地,全脚掌踏实,脚尖朝前,右腿伸直;身体右转,左臂内旋前靠,左拳摆至左膝前上方,拳心朝左;右掌摆至体后,拳心朝后;目视左前方。如图 8-42(2)所示。

动作三:身体左转,重心后坐;右腿屈膝,左腿伸直;拧腰晃肩,带动两臂前后弧形摆动;右拳摆至左膝前上方,拳心朝右;左拳摆至体后,拳心朝后;目视左前方。如图 8-42(3)所示。

动作四:身体右转,重心前移;左腿屈膝,右腿伸直;同时,左臂内旋前靠,左拳摆至左膝前上方,拳心朝左;右掌摆至体后,拳心朝后;目视左前方。如图 8-42(4)所示。

动作五至动作八同动作一至动作四,只是左右相反。如图 8-42(5)至(8)所示。

重复一至八动作一遍后,左脚上步,开步站立;同时,两手自然垂于体侧。两掌向身体侧前方举起,与胸同高,掌心向上;目视前方。屈肘,两掌内合下按,自然垂于体侧;目视前方。如图 8-42(9)至(11)所示。

图 4-42　熊晃

## （五）猿戏

### 1. 猿提

屈腕撮勾耸双肩,团胛缩颈目光闪。百会上引提脚踵,抓胸挠痒永不倦。

收腹裹臀摩肠胃,跷脚直立练平衡。灵猴自有健身术,减脂何须服药丸。

动作一:接上式。两掌在体前,手指伸直分开,再屈腕撮拢捏紧成"猿钩"。如图 8-43(1)、(2)所示。

动作二:两掌上提至胸,两肩上耸,收腹提肛;同时,脚跟提起,头向左转;目随头动,视身体左侧。如图 8-43(3)所示。

动作三:头转正,两肩下沉,松腹落肛,脚跟着地;"猿钩"变掌,掌心向下;目视前方。如图 8-43(4)所示。

动作四:两掌沿体前下按落于体侧;目视前方。如图 8-43(5)所示。

动作五至动作八同动作一至动作四,只是头向右转。如图 8-43(6)至(10)所示。

重复一至八动作一遍。

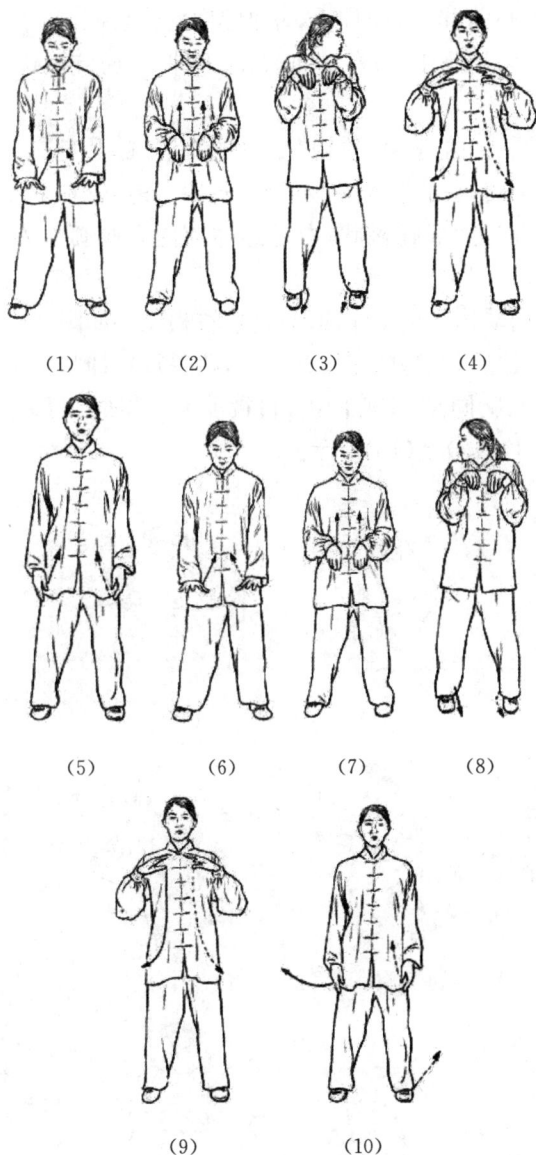

(1)　　　　(2)　　　　(3)　　　　(4)

(5)　　　　(6)　　　　(7)　　　　(8)

(9)　　　　(10)

图 4-43　猿提

### 2. 猿摘

猿勾贴腰脚丁步，摆掌护面频盼顾。枝头蜜桃鲜欲滴，攀树摘果如探物。

猿心静时若处子，敏捷灵动赛脱免。喜看硕果不忍食，献给寿星西王母。

动作一：接上式。左脚向左后方退步，脚尖点地，右腿屈膝，重心落于右腿；同时，左臂屈肘，左掌成"猿钩"收至左腰侧；右掌向右前方自然摆起，掌心向下。如图 8-44(1)所示。

动作二：身体重心后移；左脚踏实，屈膝下蹲，右脚收至左脚内侧，脚尖点地，成右丁步；同时，右掌向下经腹前向左上方画弧至头左侧，掌心对太阳穴；目先随右掌动，再转头注视右前上方。如图 8-44(2)所示。

动作三：右掌内旋，掌心向下，沿体侧下按至左髋侧；目视右掌。右脚向右前方迈出一大步,左腿蹬伸,身体重心前移;右腿伸直,左脚脚尖点地;同时,右掌经体前向右上方画弧,举至右上侧变"猿钩",稍高于肩;左掌向前、向上伸举,屈腕撮钩,成采摘势;目视左掌。如图 8-44(3)、(4)所示。

　　动作四:身体重心后移;左掌由"猿钩"变为"握固";右手变掌,自然回落于体前,虎口朝前。随后,左腿屈膝下蹲,右脚收至左脚内侧,脚尖点地,成右丁步;同时,左臂屈肘收至左耳旁,掌指分开,掌心向上,成托桃状;右掌经体前向左画弧至左肘下捧托;目视左掌。如图 8-44(5)、(6)所示。

　　动作五至动作八:同动作一至动作四,只是左右相反。如图 8-44(7)至(12)所示。

　　重复一至八动作一遍后,左脚向左横开一步,两腿直立;同时,两手自然垂于体侧。两掌向身体侧前方举起,与胸同高,掌心向上;目视前方。屈肘,两掌内合下按,自然垂于体侧;目视前方。如图 8-44(13)至(15)所示。

| (1) | (2) | (3) | (4) |

| (5) | (6) | (7) | (8) |

| (9) | (10) | (11) | (12) |

| (13) | (14) | (15) |

图 8-44　猿摘

### (六) 鸟戏

#### 1. 鸟伸

两掌上举迭劳宫,提肩缩颈挺前胸。抬头伸颈掌后摆,塌腰翘尾身反弓。

丹顶铁爪昂然立,一身正气顺而通。高洁优雅称仙禽,潇洒飘逸道家风。

动作一:接上式。两腿微屈下蹲,两掌在腹前相叠。如图 8-45(1)所示。

动作二:两掌向上举至头前上方,掌心向下,指尖向前;身体微前倾,提肩,缩项,挺胸,塌腰;目视前下方。如图 8-45(2)、(3)所示。

动作三:两腿微屈下蹲;同时,两掌相叠下按至腹前;目视两掌。如图 8-45(6)所示。

动作四:身体重心右移;右腿蹬直,左腿伸直向后抬起;同时,两掌左右分开,掌成"鸟翅",向体侧后方摆起,掌心向上;抬头,伸颈,挺胸,塌腰;目视前方。如图 8-45(7)所示。

动作五至动作八同动作一至动作四,只是左右相反。

重复一至八动作一遍后,左脚下落,两脚开步站立,两手自然垂于体侧;目视前方。如图 8-45(8)所示。

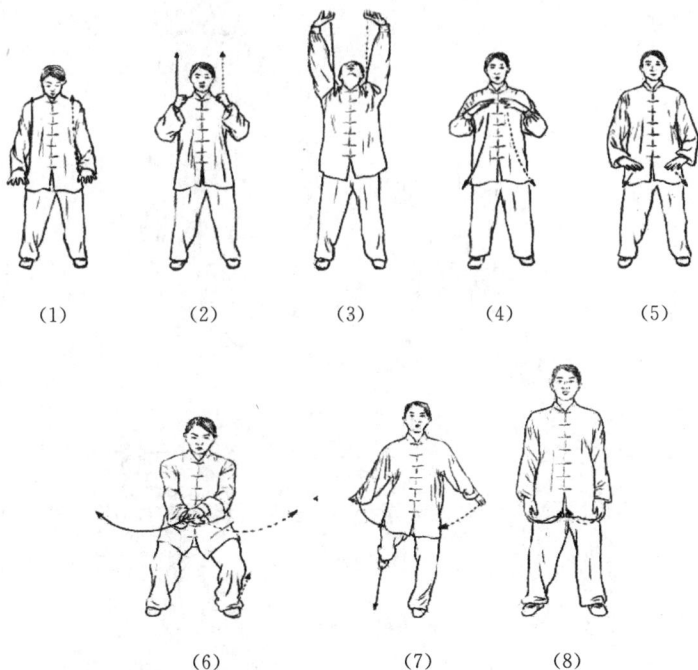

| (1) | (2) | (3) | (4) | (5) |

| (6) | (7) | (8) |

**图 8-45 鸟伸**

#### 2. 鸟飞

一腿独立一腿起,手成鸟翅往上举。屈腿合掌再奋力,展翅高飞志千里。

悠悠鹤步翩翩舞,抖翎亮翅比健美。抻筋拔骨体舒展,松鹤延年登寿域。

动作一:接上式。两腿微屈;两掌成"鸟翅"合于腹前,掌心相对;目视前下方。如图 8-46(1)所示。

右腿伸直独立,左腿屈膝提起,小腿自然下垂,脚尖朝下;同时,两掌成展翅状,在体侧平举向上,稍高于肩,掌心向下;目视前方。如图8-46(2)所示。

动作二:左脚下落在右脚旁,脚尖着地,两腿微屈;同时,两掌合于腹前,掌心相对;目视前下方。如图8-46(3)所示。

动作三:右腿伸直独立,左腿屈膝提起,小腿自然下垂,脚尖朝下;同时,两掌经体侧,向上举至头顶上方,掌背相对,指尖向上;目视前方。如图8-46(4)所示。

动作四:左脚下落在右脚旁,全脚掌着地,两腿微屈;同时,两掌合于腹前,掌心相对;目视前下方。如图8-46(5)所示。

动作五至动作八同动作一至动作四,只是左右相反。如图8-46(6)至(9)所示。

重复一至八动作一遍后,两掌向身体侧前方举起,与胸同高,掌心向上;目视前方。屈肘,两掌内合下按,自然垂于体侧;目视前方。如图8-46(10)、(11)所示。

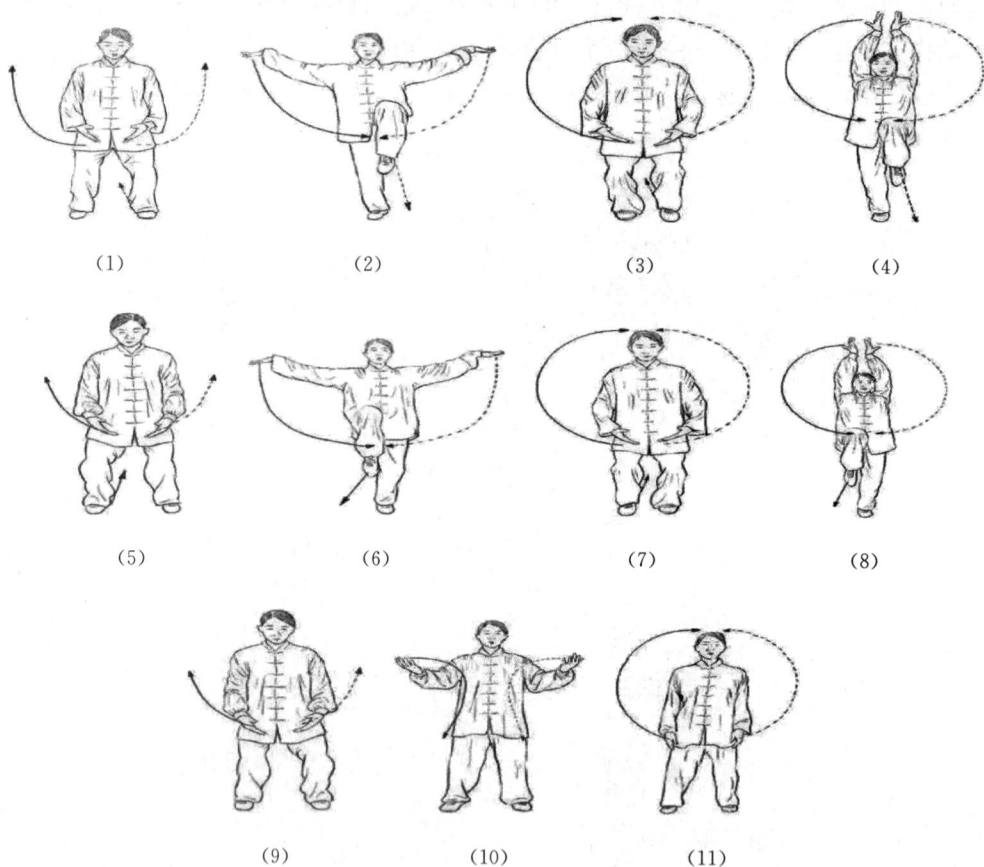

|     |     |     |     |
| (1) | (2) | (3) | (4) |
| (5) | (6) | (7) | (8) |

(9)　　　　　　(10)　　　　　　(11)

图8-46　鸟飞

## (七) 收势

侧举上抱头顶悬,沉肩坠肘落腹前。虎口交叉置腹前、闭目静养守涌泉。

手心搓热和气血,上摩下擦干浴面。周身放松精神爽,引气归元入丹田。

# 第九章 女子防身术

## 第一节 女子防身术概述

防身术是当人身受到威胁、侵害时运用踢、打、摔、拿等武术技击方法，为制服对方所采取的以保护自己为目的的技击术。防身术中的奇妙招法，实质上是中华武术的精华集锦。它把武术中各种适合实践应用的招法分离出来，经过摘编、加工、提炼、创造、完善，使其成为一种散招，并具备简单、实用、易记、易学的特点。女子防身术是依照女性生理、心理等方面的特征及活动规律，为维护女性的人身安全，防止他人不法暴力侵害而运用踢、打、摔、拿等武术技击方法，以制服对方，保护自己为目的专为实战而设置的搏击术和方法，讲究以小制胜，以巧制蛮。

本章主要是提供女子防身术的基本姿势、拳法、肘法、腿法以及一些巧招。动作以单一性动作为主，怎样合理的运用，要求女生做到"一狠""二全力""三准确"，战胜歹徒讲究"一招制敌"。

### 一、女子防身术的原则

女子防身术防卫的对象通常是男性。从生理角度来说，女性的体型骨骼较小，力量、速度和耐久力都比男性差，所以要以智取胜。总的来说，女子防身术有以下两个原则。

**1. 想办法逃跑永远是第一选择**

不论女性多么强壮，功夫多么高强，单独一人面对歹徒都是极其危险的。因此，当女性独自一人出行时，应该加强观察，一旦发现有可疑人员向自己走近时，就要及时逃离现场，并立即拨打报警电话。

**2. 胆大心细，沉着冷静**

在面对歹徒时，一般人由于恐惧而容易发抖、肌肉发僵，动作呆滞、笨拙，从而错失制服歹徒的有利时机。在这种情况下，正确的做法是沉着冷静，以巧制胜。

## 二、女子防身术运用的原理

### (一)针对人体薄弱部位进行反击

在与侵害人的搏斗中,对方一般是穷凶极恶,一拳两腿很难奏效,如果没有经过专业的训练,擒拿、出拳、出腿的杀伤力不强,容易被对方反击伤害,因此,一旦防卫格斗展开,可用任何方法手段如戳、掐、撕、打、拿、提、顶,对着对方反应敏感、容易造成生理障碍、很快丧失身体正常活动的部位进行进攻。例如,拳脚打击肚脐以上的上腹部,尤其是打击胸骨剑突下的心窝处,可立即引起剧烈的腹痛,使人不能呼吸,不能直立,腹肌痉挛,瘫倒在地,甚至可以因为强烈的神经反射作用,使人晕厥或昏迷;在对方站立时,以脚底部向下猛踩对方支撑脚脚背,可使其脚跖骨断裂,足背塌陷,并因足部剧痛倒地,不能支撑、行走,失去行动能力。

### (二)针对人体关节进行反击

关节是骨杠杆转动的支点,是肢体赖以活动的部位。关节幅度是指构成关节的骨骼在关节结构内屈伸、旋内、旋外的最大可能范围,跨过关节的韧带,肌肉、皮肤的弹性和伸展是有限的。因此,在与对手短兵相接的搏斗中,通过点、搬、拿、扣、缠、抱、牵、逼、托、别等方法,对其肩、肘、腕、膝、颈部等弱处造成反关节运动,使其关节受到超生理限度的压迫和打击,产生难忍的疼痛或脱臼而失去正常功能,因而丧失对方侵害能力。

### (三)针对人体穴位进行反击

中医将经络气血视为人生命的主宰,将人体表面那些对外界刺激十分敏感,又能使人致伤、致残、致命的身体特殊部位称为穴位,并将穴位视为全身气血输注的门或点。在双方的格斗、纠缠中,通过一定手法对某些穴位进行掐、按、打,亦是自身防卫的重点。

### (四)利用自身器物进行反击

在被侵害时,应学会充分利用周围环境,包括一切物品进行自卫,如当你面对一个空手的暴徒时,可突然抓起沙子或土,或握一支笔,当对手接近时,用沙子(笔尖)猛洒(猛刺)其面部,如果你的面前有开水,果断地泼向对方。

## 三、女子防身术的特点

女子防身术是从女性身体特点出发,结合遭遇的具体情况而采用的独特的防身术。它不同于传统武术、散打、拳击等擂台上的竞技体育运动,具有一些独特之处。

### (一)简单实用

女子防身术是种以迅速摆脱危险境地为目的,尽量以一招制胜来捍卫自身安全的搏斗技术,其技术简洁明快,战术简明实用,而且打击部位明确,要求快、准、狠地击打歹徒,从而迅速逃脱。

### （二）科学性

女性想要取得抗击暴力违法犯罪行为的胜利,必须掌握一定的知识和技巧。在模拟训练中,教师应根据女性的身体和心理特点为学生制订训练内容和方法,从学习、训练到实战对抗,循序渐进,由易到难。在实践中做到"能避就避,避有避法;能跑就跑,跑有跑法,能战就战,战有战法。"

### （三）随机应变性

使用女子防身术是为了自我防卫、摆脱危险,因此,在实际搏斗过程中必须运用一切可能用到的技术动作和身边的物品,例如采用拳打脚踢、顶裆、掐捏、口咬等方式,利用随身携带的包、梳子、鞋、发卡、雨伞、发胶以及现场的沙土、砖瓦、木棍等物品,最大限度去打击歹徒,保证自己的安全。

### （四）伪装性

伪装性指女性在搏斗过程中要掩饰自己的防卫动机,甚至利用各种假动作和表情来欺骗对方,以弱制强,以巧制胜,趁其不备,出奇制胜。女性在受到侵害时多处于弱势,以硬碰硬很难取胜,如果将计就计,有效地利用女性自身的"弱"的表象,诱敌深入,让对方疏于防范,伺机接近对方,然后抓住时机采用合理、有效的方法进攻,则可能有机会实现逃脱,甚至将对方制服。

## 四、女子防身术练习的作用

### （一）健身强体

自卫防身术是一项技击运动,能够发展人的力量、耐力、柔韧、灵敏等素质,同时自卫防身术又是一项对抗性运动,可以发展人的心智,使人的身心得到全面的锻炼。坚持自卫防身训练,可强筋骨、壮体魄,对提高神经系统的灵活性都有很大的帮助。实际格斗训练要求练习者在极短的时间内,正确地抓住时机打击对手或避开对手的击打。严格的自卫防身训练能有效地提高人体的灵敏度和反应速度。通过严格、科学、持之以恒的自卫防身训练,还能有效地增强人体肌肉的力量。自卫防身训练能够完善和提高呼吸系统、心血管系统、运动和神经系统的活动机能,强身健体,对人的反应速度、力量、灵巧、耐力都有良好的促进作用。

### （二）锻炼品质

自卫防身训练,从开始的基本动作、基本技术练习,到条件实战以至全面实战的练习过程中,在每个阶段和每个层次都对人的意志品质具有不同程度的考验和锻炼。初学自卫防身时,要忍受拉韧带的痛苦;攻防练习时要承受击打的皮肉之苦;加量加强度时,要克服疲劳之苦;进行实战时,要克服胆怯、犹豫、紧张、冒失等不良心理反应。长期的自卫防身训练可以培养学生机智、勇敢、顽强、坚毅,不怕苦、不怕累,敢于拼搏的精神,进而形成成熟、稳健、大胆心细、积极向上的优秀品质。

## 第二节　女子防身术常用技法

### 一、格斗姿势

基本准备姿势又称格斗势、实战势、预备势，它是格斗时为达到特定目的而采取的特殊步型站位姿势，是所有擒拿格斗技术得以有效发挥的基础，所有的进攻和防守技术均由它而发，格斗势的正确与否直接关系到步法的灵活性、身体位置的调整以及技术战术的实施，因此，练习者必须认真地理解和掌握，并在学习每个环节务必做到规范。格斗姿势如图9-1所示。

图 9-1　格斗姿势　　　　　　图 9-2　直拳

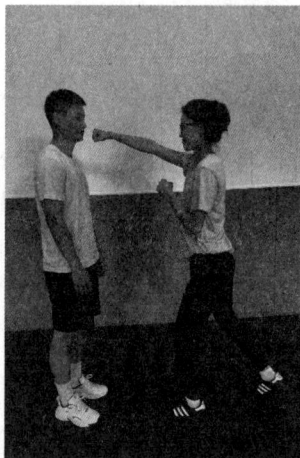

### 二、手的用法

手是最灵活的，在攻防格斗中，手的威力又最大，而手的攻击形式以拳为主。

**1. 拳的用法**

①直拳又称冲拳，主要是直线用拳直接攻击对方面部和胸部（如图9-2所示）。

②勾拳又称抄拳，主要走弧线或直线，由下方用拳面击打对方腹部、下颌等（如图9-3所示）。

③劈拳由上往下，以拳外背棱或指棱攻击对方面部的拳法（如图9-4所示）。

④鞭拳是由左右以拳背攻击对手头部的拳法（如图9-5所示）。

**2. 掌、爪的用法**

在实战中要灵活变化运用手，如手可变成虎爪、撮勾、单指、金剪指、双指、金铲指、倒夹等，可用来戳击对方眼睛、咽喉、腋下等要害部位。（如图9-6所示）

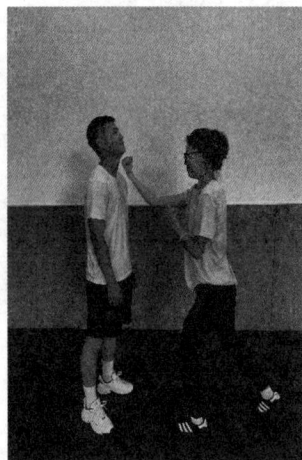
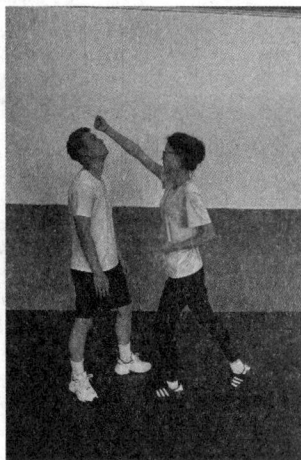
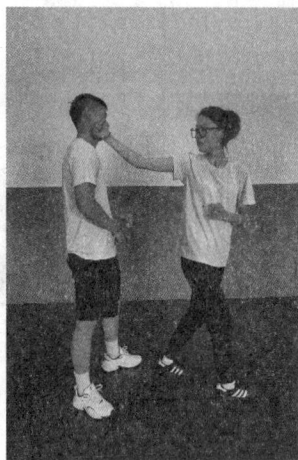

图9-3　勾拳　　　　　　　　　　图9-4　劈拳　　　　　　　　　　图9-5　鞭拳

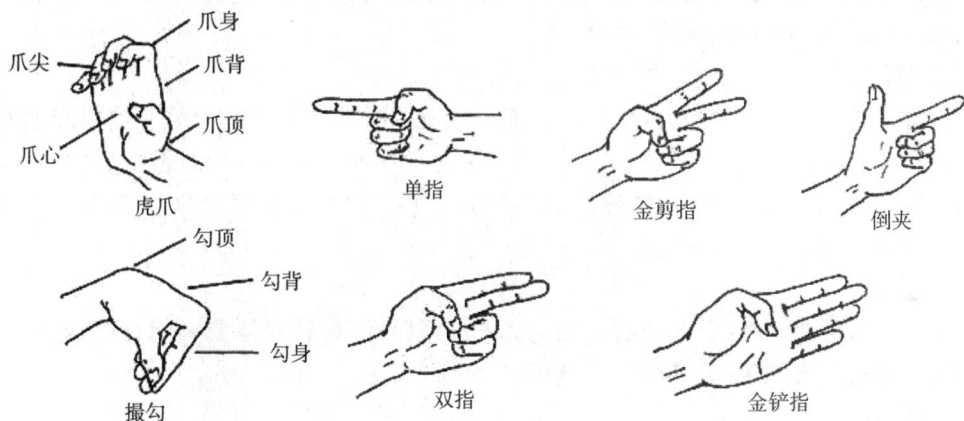

图9-6　手的用法

　　被歹徒按压时,如手未被按压,可张开手掌,以掌根猛击歹徒鼻梁,轻者鼻血长流,重则可致昏厥,这一掌在武术中叫迎面掌,如图9-7(1)所示。迎面掌到位后,张开的五指以指甲贴其面抓下,武术中这一招叫"迎面贴金",又叫"洗脸炮",如图9-7(2)所示,轻则抓破眼睑,泪流不止,眼睛睁不开,重则伤及眼球。这一招虽不致命,但使用方便,乘歹徒一时丧失施暴能力,自卫者可及时逃脱。

　　以一指或二指叉眼的方法在武术中叫"单放""双放"或"二龙戏珠"。在被歹徒按压时,因为距离极近,歹徒又不防范,使用单指叉眼,双指叉眼的技法则是非常有效的,如图9-7(3)、(4)所示。事实上,只要能叉中歹徒眼睛,并不拘泥于用单指还是双指,用五指亦可,用双手双指亦可。前提是要视使用的熟练程度和当时两手自如情况而定。

　　坐姿时,这些招法运用面广,站姿时,只要高差不大,能够到歹徒面门,也可以使用这些招法。

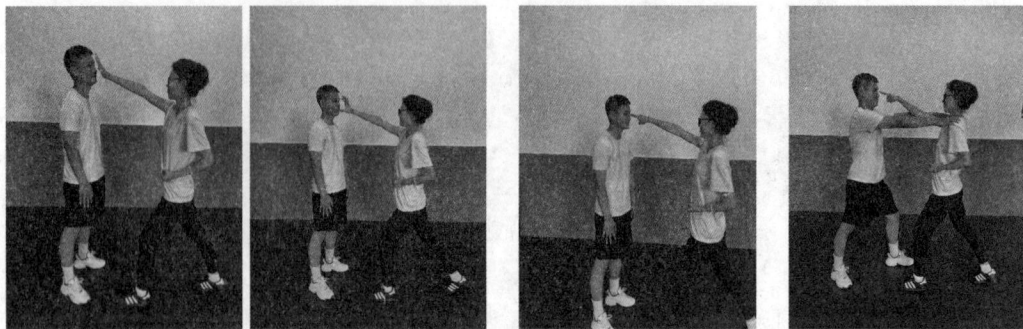

(1)"迎面贴金"掌击　　(2)"迎面贴金"爪抓　　(3)二指戳眼,俗称"二龙戏珠",(4)近距离用指戳眼有效
　　　　　　　　　　　　　　　　　　　　　　　　　　　　　远距离不易完成

图 9-7　掌、爪的用法

## 三、肘的用法

肘法属于近距离击打的技法。由于肘部的生理构造特点,击打力量较之其他手法(掌、拳等)要更重更狠,比较适合女性。

### 1. 顶肘

肘部平抬,屈臂,肘尖向前,发力时蹬腿、送髋,同时另一手大臂向另一侧也产生伸张力。蹬腿、送髋、大臂猛伸张,三股力用好了,顶肘动作就完美了。顶肘是以肘尖攻击,女性自卫时用以顶击对方腋下,效果最好。顶肘发力距离短,又无旋转助力,练习时难度较大。顶肘动作如图 9-8 所示。

### 2. 挑肘

前臂回收弯曲,肘尖由下向前上挑击。发力时蹬腿、旋转身体要领同直拳、勾拳。挑肘可用于击打对方胸腹部。挑肘动作如图 9-9 所示。

### 3. 横肘

横肘动作主要是两股力,一是蹬腿,二是旋转身体。大臂向前横移,实际上也是旋身之力的延长。横肘是以肘尖击打对方,适于攻击对方太阳穴、后脑、耳门、颈部以及胸肋等。横肘动作如图 9-10 所示。

 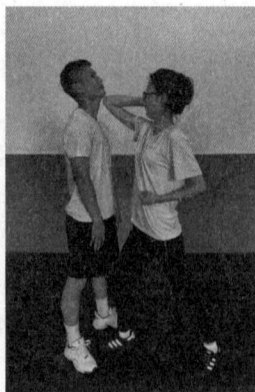 

图 9-8　顶肘　　　　　　图 9-9　挑肘　　　　　　图 9-10　横肘

**4. 砸肘**

手臂上抬,肘尖朝前,砸击时身体迅速下沉,肘由上往下砸击。身体下沉与手臂砸击两股力合而为一。砸肘多用于对方抱腰、腿时砸击其后脑、腰部。砸肘动作如图9-11所示。

**5. 反手顶肘**

手臂略上抬,身体迅速下沉(但幅度没有砸肘大),同时两肘向后顶击,力达肘尖。顶肘主要用于攻击对方的肋部、腹部。反手顶肘动作如图9-12所示。

**6. 反手横肘**

手臂平抬,蹬腿,身体旋转发力,同时手臂随旋转方向向后横向猛击,力达肘尖。反手横肘主要用于攻击对方面部、太阳穴等。反手横肘动作如图9-13所示。

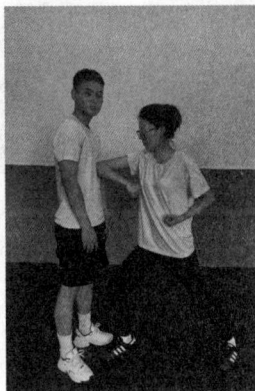

图 9-11 砸肘　　　　图 9-12 反手顶肘　　　　图 9-13 反手横肘

## 四、膝的用法

膝的力量极大,在突遇男性歹徒侵害时可用膝攻击其毫无承受打击能力的要害部位——裆部。以膝攻击裆部还有另外两个好处,一是距离短,能保证攻击可以在瞬间完成;二是角度小,攻击准备和攻击过程都可以很隐蔽。

用膝攻击距离一定要近,因为用膝与用腿不同,膝比大腿小腿之和短了许多,不到位或勉强到位,对手稍微弯腰或弓身就化解了。

**1. 提膝**

又称顶膝,要领是膝腿上抬,动作要猛,并以双手拉住对方帮助发力(如图9-14所示)。提膝是女性用以攻击的利器。提膝时可用手帮助发力。

**2. 侧撞膝**

侧撞膝分为左侧撞膝和右侧撞膝。左侧撞膝是左膝上抬,由左向右侧撞击。动作要领是,微倒身,扭髋内转,两手可抓住对方帮助发力。右侧撞膝动作与左侧撞膝相反。

## 五、腿的用法

腿法可分为屈伸性腿法和直摆性腿法。直摆性腿法(如摆腿、后扫腿等)难度较大,未经长期练习,不会有任何威力。考虑女生各方面的条件,屈伸性腿法自卫比较合适。选用腿法有以下几种。

**1. 蹬腿**

蹬腿时,一腿支撑,一腿膝上抬,同时向前蹬出。蹬腿要领是脚尖要勾,力达脚跟。蹬腿时身体不可前后俯仰,要脆快有力,蹬出后迅即收回(如图 9-15 所示)。

图 9-14　提膝　　　　　　图 9-15　蹬腿

**2. 弹腿**

一腿支撑,一腿提膝,同时膝关节由屈到伸,向正前方弹踢出腿;脚背绷直,力达脚背;弹踢时要脆快有力(如图 9-16 所示)。弹腿又可分为正弹腿、侧弹腿、低弹腿、中弹腿、高弹腿等。女性自卫一般多用正弹腿攻击裆部。

图 9-16　弹腿

**3. 踹腿**

踹腿又可分为正踹、侧踹。

正踹时,一腿支撑,一腿提膝稍上抬,上抬之腿脚尖外摆,向前下方猛力踹击,力达脚跟。正踹腿一般用于攻击对手胫骨(小腿骨),如图 9-17(1)所示。

侧踹时,先转体,一腿上抬,屈膝,勾脚尖,由屈到伸向前踹击,力达脚跟。低侧踹腿可用于攻击对方胫骨膝关节,如图 9-17(2)所示;中侧踹腿可用于攻击对方裆部、腹部,如图

9-17(3)所示。

  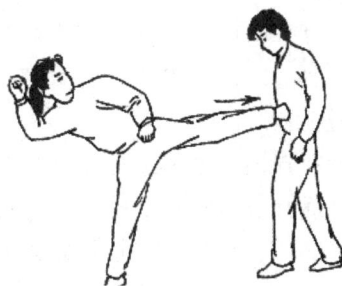

(1) 正踹　　　　　　　　(2) 低侧踹腿　　　　　　　　(3) 中侧踹腿

**图 9-17　踹腿**

## 六、头的用法

以额头为武器攻击对手,在武术中被称为头锋。头部虽然是要害最薄弱部位,但头部也有坚实的区域,就是前额。有人做过试验,人的前额能承受一千公斤的压力。徒手对前额的攻击,如无特殊功力,一般都是攻击一方受伤。而以头锋击人,却颇见威力。

头锋攻击(如图 9-18 所示),主要用于撞击对手面部和胸部,一般而言,撞击面部效果较好。撞击面部要瞄准鼻梁处三角区,千万不能撞在对方前额上,形成互伤。

**图 9-18　头锋攻击**

## 第三节　女子防身术动作分析

人体要害部位指人体遭受打击或挤压最容易造成昏迷、伤残、致死的部位。了解并学会攻击这些要害部位,再加上勇气和信心,就能给来犯歹徒以有力打击,这是最积极的自我防卫。所以要加强对要害部位的理解和攻击方法的运用。人体要害部位有眼(运用拳法猛击歹徒眼眶,以食指和中指的前端指尖刺入歹徒双眼)、太阳穴(运用掌外侧、拳、肘击打,如歹徒已倒地,用脚尖踢击)、咽喉(运用手指猛戳咽喉下部的凹陷处)、后脑(运用拳横击或劈砍,也可用肘击)、锁骨(运用掌外侧由上往下猛力砍劈)、心窝(运用拳或肘尖猛击)、腹部(运用拳打、膝顶、肘击、脚踢)、裆部(运用膝顶、脚踢或用手捏)、脊椎(运用脚踢、膝顶、肘击)、指关节(将其手指扳直后向后猛折)、腕关节(运用擒拿术中的卷腕、缠腕、切腕等技法)等。

拳、脚、肘、膝是人人都知道的惯常用于攻击对方的部位。中国武术有"头锋""肩锋""臀锋"的说法,实际上就是指用头、用肩、用臀打人。如果要领掌握得当,贯注全身之力,威力是很大的,女性完全可以用于自卫防身。

以下介绍在陷入危险情况时可使用的反击技能。

## 一、身体部位被抓时的反击技能

### 1. 胳膊被抓时的反击技能

歹徒抓住女性胳膊时,一般都是向自己拉扯。此时,歹徒的手腕虎口处空虚无力,被抓者手臂应以歹徒虎口为突破点用力上挑,逃脱歹徒的掌控。

### 2. 单肩被抓时的反击技能

女性单肩被抓时,可用右手按压住歹徒的手掌部位,左手肘部从上向下用力按压歹徒的肘关节处;也可用右手按压住歹徒的手掌部位,用左手掌拧压歹徒的肘关节处。

### 3. 双肩被抓时的反击技能

女性双肩被抓时,歹徒的裆部和腋下全部暴露,女性可用掌尖猛刺歹徒的腋下,也可抬膝踢歹徒的裆部,还可用拳击打歹徒的肋骨处。

## 二、仰卧被按压时的反击技能

倒地后成仰卧姿势,被歹徒按压。要尽可能地采取攻其要害、一招制敌的抬腿蹬击裆部方法。这时可以采取的直接攻击的方法有以下几种。

(1) 如对方是分跨于仰卧者身体站立,而俯身抓、掐、压制仰卧者,仰卧者可抬腿蹬击其裆部。要领是要抬起腰、臀,用将身体送出去的力量猛蹬(如图9-19所示)。

图 9-19　猛蹬

(2) 如对方手肘抬起,露出腋下,可用掌夹、风眼捶、勾手等猛击其腋窝(如图9-20所示)。

(3) 距离很近时可直接戳击对方眼睛和戳击对方咽喉(如图9-21所示)。

(4) 如果手臂未被压住,对方的手臂又未形成阻隔(多在抱胸腰时),可用肘尖横击其太阳穴。要点是要用上腰腹之力、旋臂之力(如图9-22所示)。

(5) 如歹徒强行亲吻仰卧者,可抓住机会咬掉其鼻尖或舌尖。但要注意的是,被咬伤后的歹徒可能更丧心病狂。因此要在狠咬之后,趁其负痛,一时失智的机会,连续进攻,再对其要害部位实施攻击(如图9-23所示)。

(6) 以头锋撞其鼻梁,抬头要猛(如图9-24所示)。

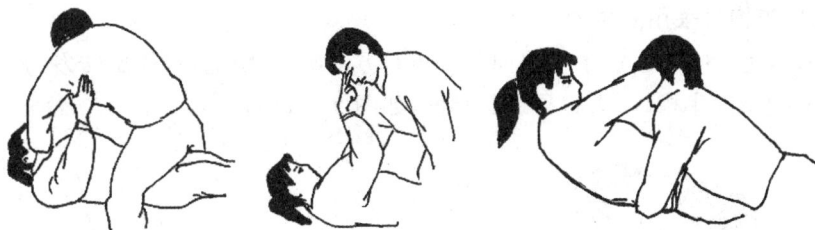

图 9-20 掌尖击腋窝　　图 9-21 戳击双眼　　图 9-22 肘击太阳穴

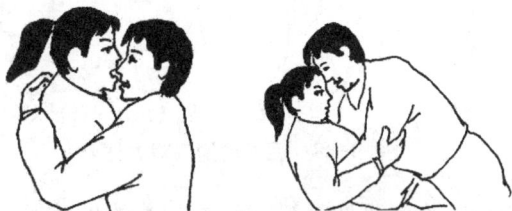

图 9-23 咬鼻子或舌尖　　图 9-24 头锋撞击鼻梁

## 三、正面被抱时的反击技能

### 1. 正面被抱腰时可采用的技术

正面被对手抱腰，但手臂未同时被抱住，是以肘部攻击对方太阳穴的最好时机。一旦歹徒双手抱住你的腰，他的头部就全部暴露而失去防护了。这时，可上身后仰，造成攻击距离，接着猛然收腹、旋身、挥臂，以肘部猛击其太阳穴，最好采用连续攻击法，一气呵成（如图 9-25 所示）。

正面被抱腰时因为手臂未被抱住，所以这时也可以采用叉眼，戳喉等方法（如图 9-26 所示）。如果只求解脱，可采用折手指技法（如图 9-27 所示）。

（1）后仰造成攻击距离　　（2）先用右肘击　　（3）连续攻击

图 9-25 肘击太阳穴可采用的技法

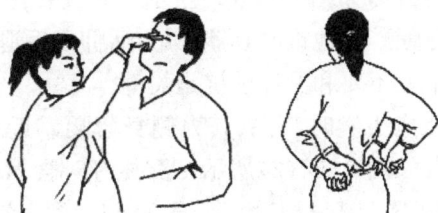

图 9-26 攻击其眼睛　　图 9-27 折其手指

**2. 背后被抱可采用的技术**

①后腰被抱。抬手以反手横肘向后猛击对方太阳穴，蹬腿，身体旋转发力，力达肘尖。反方向折其拇指或小指，以脚跟猛踩其脚面，如图9-28所示。

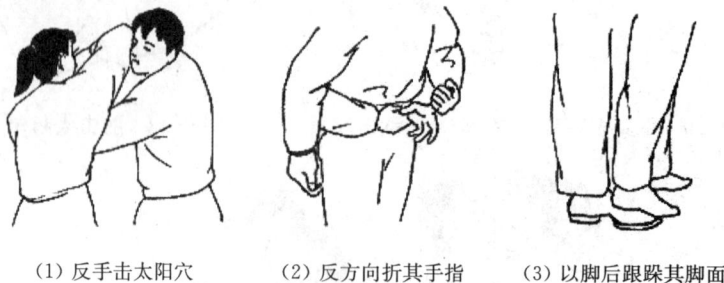

(1) 反手击太阳穴　　(2) 反方向折其手指　　(3) 以脚后跟踩其脚面

**图9-28　后腰被抱应对方法**

②连手臂后腰被抱。被抱者可伸手抓、握、提对方的生殖器，如图9-29(1)所示。因对方注意力在上部，很有隐蔽性，成功可能性很大，但一定要注意下手的准确。如果歹徒抱住的是腰际，那么歹徒必然弯腰，头较低，这时可猛仰头以后脑击其面部，如图9-29(2)所示。

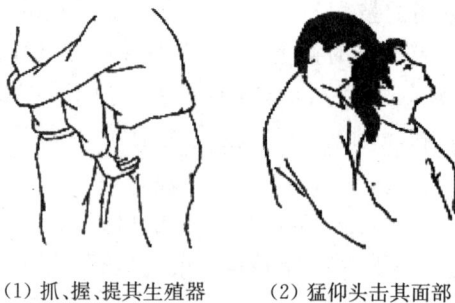

(1) 抓、握、提其生殖器　　(2) 猛仰头击其面部

**图9-29　连手臂后腰被抱应对方法**

## 四、头发被抓扯时的反击技能

(1) 当女子被人从正前方抓住头发往前拖扯之时，切勿与抓扯者的抓扯力相抗，以免头皮受伤。抓扯者拖带一般朝上向下前方，女子的头不能抬起，头、眼也朝着这个方向。外行抓扯人一般都是身内拖带，因此裆部要害部位便全部暴露，并正处于被抓扯者面对的方向。这时，应趁被抓扯俯身向前窜而站立不稳之机，借着抓拉之力，借着惯性，将膝头高提，以提膝的打法猛撞歹徒裆部，如图9-30(1)所示。尤其要注意的是：很多人抓扯别人头发都有抓住前后推拉的习惯。在他推时，应顺其力后仰或后退，以免受伤；在他拉时，则借其力冲过去提膝攻击。千万不要和歹徒硬抗是关键。

(2) 当女子侧立被人扯拖头发时，可顺其力侧身弯腰靠近对方，顺势发撩掌击其裆部，然后以手抓握其生殖器，如图9-30(2)所示。歹徒有时会揪住女子头发拖着往前走，这时女子是在歹徒的背侧位置，头已过其肘前，身在其肩后。这时，应以手掌自歹徒后裆猛地插入，使用掏裆法，握紧其生殖器后提。一手掏裆时，另一手抓抱其腰胯配合发力。

（3）头发被抓时抱住对方，可用一手掌心向上，四指直插进软肋（肋骨下），扣住肋骨往上扯，对方痛极自然会松手；或双手叠压于对方抓发之手背部，上体前倾弯腰下压，如图9-30(3)所示，或击打对方肘部曲池穴等，对手也会松手。但这些方法都是解脱之法而非致命之法，不宜用于对付歹徒。

（1）借惯性提膝撞裆　　　　（2）顺势发撩掌击裆部　　　　（3）双手叠压抓发之手

图 9-30　头发被抓扯应对方法

# 第十章 跆拳道

## 第一节　跆拳道运动概述

跆拳道是一项既能强身健体又能防身自卫的传统搏击术,是以"拳"为形,以"道"为神的武道运动。它是以技击格斗为基础,以修身养性为核心,以磨炼人的意志、振奋人的内在精神气质、培养训练者良好的礼仪道德为目的的体育运动项目。

### 一、跆拳道运动的起源

跆拳道起源于朝鲜半岛,自 20 世纪在朝鲜半岛崛起以来,现已风靡全球,成为一项国际竞技体育项目。

作为现代竞技体育运动,跆拳道于 1988 年、1992 年连续两次被列为奥运会表演项目后,2000 年成为奥运会正式比赛项目,同时它也被列入世界军人运动会、世界大学生运动会、亚运会、泛美运动会、非洲运动会等正式比赛项目。

1992 年,中国跆拳道协会筹备小组成立。1994 年 9 月,在云南昆明举行了第一届全国跆拳道比赛。1995 年 5 月,在北京举行了第一届全国跆拳道锦标赛。1995 年 8 月,中国跆拳道协会正式成立。同年 11 月,中国跆拳道协会被世界跆拳道联盟接纳为正式会员。1999 年 6 月 7 日在加拿大举行的世界跆拳道锦标赛上,我国女运动员王朔获得 55 公斤级冠军,自此之后,我国跆拳道运动会在各种世界大赛中已获得多个世界冠军。

### 二、跆拳道运动的特点和作用

#### (一) 跆拳道的特点

跆拳道的动作简单易学,可起到防身自卫、强身健体的作用,深得人们的喜爱。随着这项运动在世界范围的不断推广和发展,跆拳道朝着两个方向发展:一个是国际跆拳道联盟倡导的跆拳道品势演练,品势就是将不同于真实格斗的技术编成各种组合形成固定的套路,如太极八章、高丽、一如等;另一个是通过实战的不断发展,完善为现代竞技体育运动,即成为奥运会上正式比赛项目,也就是世界跆拳道联盟倡导的竞赛跆拳道。

### (二)跆拳道的作用

跆拳道具有防身健身、修身养性、娱乐观赏等多方面的锻炼价值,是人们增强体质,培养意志品质的一种较好的手段。

**1. 改善和增强体质**

跆拳道的技术动作是由全身协调配合,主要通过各种各样的腿法来表现。它能很好地促进人体的力量、速度、灵敏、耐力、协调等素质的全面发展。由于运动员在比赛和平时训练中要经常练习临时应变技战术,或是快速进攻,或是主动后撤再反击;或是腾空劈腿,或是后踢接后旋踢,这对提高中枢神经的灵活性和支配各器官的能力,都起着良好的作用。

**2. 提高防身与自卫的能力**

跆拳道是武技的一种。通过跆拳道练习,学生不仅可以掌握各种技法,提高身体的灵活能力和反应能力,还可以习得一定技能,具备防身与自卫的能力。

**3. 磨炼意志,培养个人修养**

跆拳道推崇"礼始礼终"的尚无精神,宗旨是"礼义廉耻,忍耐克己,百折不屈"。通过跆拳道的训练,练习者培养坚韧不拔、勇敢无畏、顽强坚毅的意志品质,尤其讲究"未曾学艺先学礼,未曾习武先习德",使练习者从开始就养成谦逊、宽容、礼让的高尚品德和尊师重道、讲理守信、见义勇为的情操。

**4. 娱乐观赏**

跆拳道是很具有观赏性的运动项目。在功力检验中,选手轻易击破木板、砖瓦,令人为之惊叹。而竞赛跆拳道则是两人激烈的对抗,双方选手斗智斗勇,比赛中常有的凌空飞腿和组合腿法,令人眼花缭乱,具有极高的观赏价值。

## 第二节　跆拳道运动基本技术

### 一、准备姿势

跆拳道的准备姿势是开始训练前和比赛开始时的基础动作,也称为格斗姿势或实战姿势。比赛中往往存在双方互不进攻保持对峙的状态,跆拳道的准备姿势,是为了便于等待进攻和防守反击以及步法的移动变化。

**1. 方法要领**

以右架为例(右脚在后,即为右架),两脚前后开立,两脚之间的距离与肩同宽或略宽于肩膀,两脚后跟略微抬起,脚尖着地,两膝略微弯曲,身体的重心落在两腿之间,两手握拳,左手握拳置于体前,与前脚脚尖垂直或超出都可以,右手握拳置于胸前(两拳可随战况作适当改变),头部和身体呈直立状态,目视前方(如图10-1所示)。

图 10-1　准备姿势

**2. 易错技术**

上肢过于紧张,脚后跟抬起过高,膝关节没有弯曲,身体中心靠前或靠后,不稳定。

## 二、基本步伐

比赛或训练中,身体的移动是需要步法调节的,步法的良好运用对个人技术动作的发挥有着至关重要的作用,可以利用步法的移动来寻找进攻的机会,取得最后的胜利。

### (一)上步

**1. 方法要领**

准备姿势站立,以前脚的前脚掌为轴,后脚向前蹬地,通过转腰转胯,后腿以直线方向贴近前腿,迅速往前上步,两臂随着位置的改变自然调整,重心随之往前移动,不要形成重心前倾时往后坐的状态(如图 10-2 所示)。

**2. 易错动作**

重心起伏明显不稳定,腰胯扭转和移动脱节,以整个脚掌为轴进行转动,后腿向前移动以弧线绕行,没有走直线的方向。

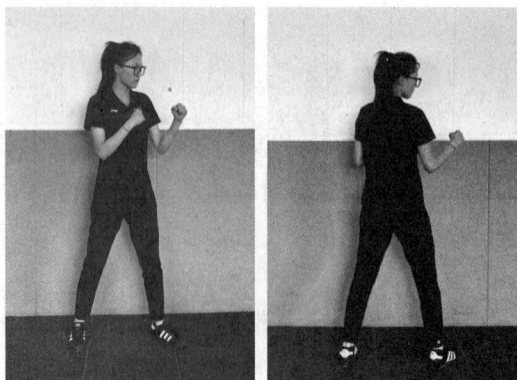

图 10-2　上步

### （二）撤步

#### 1. 方法要领

准备姿势站立，以后脚的前脚掌为轴，前脚向后蹬地，通过转腰转胯，前腿以直线方向贴近后腿迅速往后撤步，两臂随着位置的改变自然调整，重心随之往后移动，不要形成重心前倾在前方或往后坐的状态（如图 10-3 所示）。

#### 2. 易错动作

重心起伏明显不稳定，腰胯扭转和移动脱节，以整个脚掌为轴进行转动，前腿向后移动以弧线绕行，没有走直线的方向。

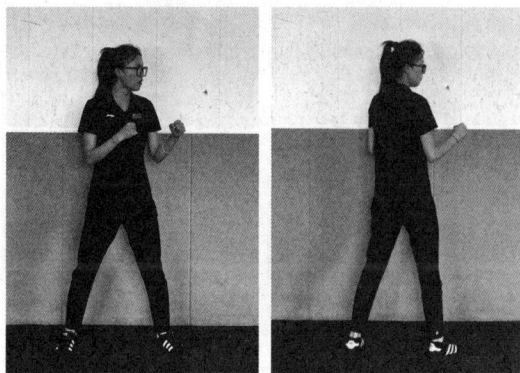

图 10-3　撤步

### （三）前滑步

#### 1. 方法要领

准备姿势站立，通过后脚脚掌蹬地带动，和前脚同时向前跃出（跃出距离根据实际情况自行调整），身体向前随之平移，动作连贯快速落位。往前移动中，切勿跳跃过高，双脚轻微离地即可，如图 10-4 所示。

图 10-4　前滑步

#### 2. 易错动作

前滑步落位后，身体重心前倾；为达到向前移动，双脚跳跃过高；前脚先移动，两脚无法保持同时移动。

### （四）后滑步

#### 1. 方法要领

准备姿势站立，通过前脚脚掌蹬地带动，和后脚同时向后跃出（跃出距离根据实际情况自行调整），身体向后随之平移，动作连贯快速落位。往后移动中，切勿跳跃过高，双脚轻微离地即可（如图 10-5 所示）。

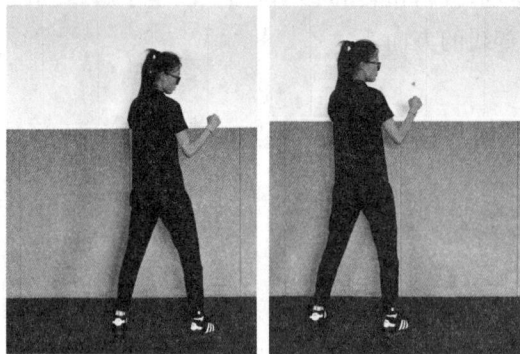

图 10-5　后滑步

#### 2. 易错动作

后滑步落位后，身体重心过度后坐；为达到向后移动，双脚跳跃过高后退；后脚先移动，两脚无法保持同时移动。

### （五）跳换步

#### 1. 方法要领

准备姿势站立，两脚原地进行前后交换，双脚轻微离地即可，切勿大幅度腾空跳跃。双腿在交换的过程中以直线的方向进行，两臂随着双腿的交替改变自然调整，重心不要偏移，落地后保持双膝微屈状态（如图 10-6 所示）。

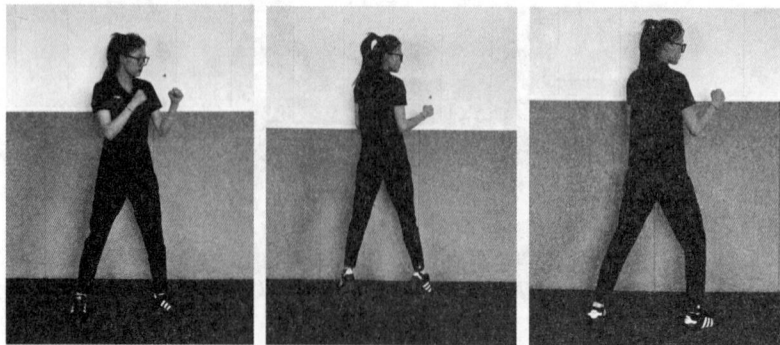

图 10-6　跳换步

**2. 易错动作**

重心上下起伏过大,跳换落地后全脚掌着地,双腿交替进行时,从外侧绕行。

### (六) 侧移步

**1. 方法要领**

准备姿势站立,以前脚脚前掌为轴,后脚脚前掌蹬地向左侧或右侧进行移动。后脚移动落地后,重心偏向于前脚,切勿全脚掌与地面接触,仍然呈脚前掌着地状态,以便于随对方攻防的转换移动(如图 10-7 所示)。

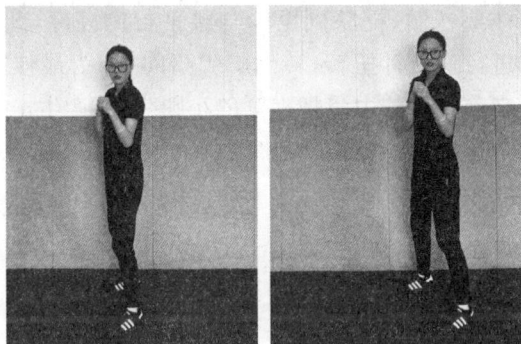

图 10-7　侧移步

**2. 易错动作**

上身过于僵硬;失去重心,呈碎步;移动中目标二次确定,没有始终注视目标。

## 三、基本拳法

跆拳道比赛规则规定,只能使用直拳进攻,且不能击打头部,只可击打胸腹部位。

**1. 方法要领**

准备姿势站立(以左脚在前为例),后脚利用脚前掌蹬地,腰髋向左旋转,同时带动身体向左微转,然后右侧肩膀和手臂也随之转动,右手由拳心向胸逐渐旋转成拳心向下,从胸前以直线向正前方打出,同时左臂自然回收或作出格挡动作,击打完成后以原路线回收,呈准备姿势(如图 10-8 所示)。

图 10-8　基本拳法

**2. 易错动作**

手腕过于放松,打出时手臂进攻线路弯曲,击打时没有利用蹬地、腰胯的力量。

## 四、基本腿法

### (一) 前踢

**1. 方法要领**

准备姿势站立,右脚脚前掌蹬地,右腿快速提膝,提膝的同时大腿和小腿折叠夹紧,膝盖朝向前方,脚面绷直,往前送髋,提膝到至少与腰平行的高度,此时身体的重心在支撑腿。左脚以脚前掌为轴进行逆时针扭转,转到脚尖指向 45° 为最佳。同时,右腿以膝关节为轴点,髋部前送,结合之前提膝的力量把夹紧的小腿弹出,产生击打效果,此时脚面也为踢直状态。击打完成后,快速折叠小腿并自然下落整条腿,呈准备姿势站立(如图 10-9 所示)。

图 10-9 前踢

**2. 易错动作**

髋部没有形成前送姿态,脚面呈勾脚尖或放松状态,支撑腿未扭转或扭转不到位,直腿往上抬起,忽略了膝关节为轴弹腿的技术细节。

### (二) 横踢

**1. 方法要领**

准备姿势站立,右脚脚前掌蹬地,右腿快速提膝,提膝的同时大腿和小腿折叠夹紧,膝盖朝向前方,脚面直,身体重心在支撑腿。支撑腿脚前掌为轴逆时针扭转至 180° 最佳,身体朝向另外一侧。同时,髋关节随之转动,身体稍往后倾,右肩、右膝成一条直线。腰部和髋关节展开,不要含胸,将夹紧的小腿踢出击打目标脚面要一直绷直,击打完成快速回收小腿的同时,将整条腿自然下落于前方,呈准备姿势站立(如图 10-10 所示)。

**2. 易错动作**

转动髋关节不到位,支撑腿扭转不到位,击打的时候不能形成制动,大小腿折叠程度不够,不能形成有力的击打动作。

图 10-10 横踢

## （三）下劈

### 1. 方法要领

准备姿势站立，后脚脚前掌蹬地，后腿提膝，尽可能提到靠近胸前，同时向左转髋，支撑腿进行逆时针扭转，重心随之向上。将右脚抬高超过头部，小腿展开伸直靠近胸前，身体呈正直或略微前倾姿态，脚面绷直，右腿快速下压，重心前移，同时把关节往前送出，用脚前掌或脚后跟击打对方头部。击打完成后，小腿自然下落，准备姿势站立（如图 10-11 所示）。

图 10-11 下劈

**2. 易错动作**

重心不稳定,应明确重心在动作中的变化;提膝举腿高度不够,不能形成有效下劈动作。

## (四)后踢

### 1. 方法要领

准备姿势站立,重心在前腿,以前脚脚前掌为轴,顺时针扭转约180°,同时后脚跟随扭转,身体向右后方转,背向对方,右腿夹腿提膝贴近胸部和支撑腿,微低头,身体微前倾含住击打腿,头转向右侧45°,把肩部固定住,不要翻肩,用余光判定目标位置,膝盖稍外翻直线踢出。击打完成后,右脚自然落地,身体右转,呈准备姿势站立(如图10-12所示)。

图 10-12　后踢

### 2. 易错动作

身体过于紧张,形成直腿向后撩起,没有击打力度;后踢踢击时,进行了翻肩,击打不准确;动作发生变化扭转时,没有进行微屈含胸;支撑腿力量不足,导致站位不稳。

## (五)侧踢

### 1. 方法要领

准备姿势站立,左脚以脚前掌为轴逆时针180°扭转,右脚勾脚尖提膝,大小腿夹紧。同时髋关节向左转动,身体转向180°,快速屈膝,右脚脚掌侧面平蹬出,肩部、髋部、脚后跟在一条直线。击打目标完成后,自然回收落地,呈准备姿势站立(如图10-13所示)。

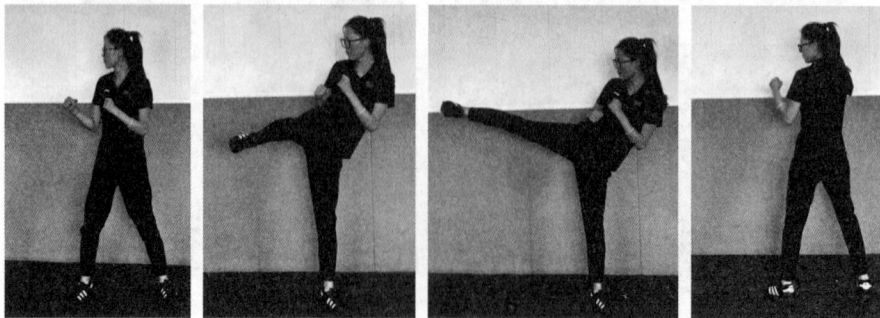

图 10-13　侧踢

**2. 易错动作**

提膝、转动、击打脱节,脚尖未上钩,臀部外撇过于严重,动作发生变形,后踢踢出时未结合髋关节展开的力量。

## (六) 双飞踢

**1. 方法要领**

准备姿势站立,右腿直接提膝转髋进行横踢击打,同时将重心前移到左腿,在右腿击打滞空时,髋部快速扭转进行左腿的横踢。击打后两腿自然落地,呈准备姿势站立(如图10-14所示)。

图 10-14　双飞踢

**2. 易错动作**

双髋未快速扭转,重心过度后坐,双腿在空中未完成击打。

## (七) 旋风踢

**1. 方法要领**

准备姿势站立,右脚在前,左脚在后,以右脚脚前掌为轴进行逆时针扭转,同时重心移到右腿,身体跟随转约360°,略微后仰。在左腿旋转下落的同时右脚蹬地腾空,横踢击打目标。击打完成后自然落于地面(如图10-15所示)。

**2. 易错动作**

腰髋旋转不到位;旋转时,腿伸太直,未紧贴另一条腿;旋转时,腾空的高度太高,空中滞留时间过长。

图 10-15　旋风踢

## （八）后旋踢

### 1. 方法要领

准备姿势站立，以左脚脚前掌为轴进行顺时针扭转至 90°，同时身体和头部随之向右后方转动。右腿提膝，脚掌朝向目标蹬伸到与其高度一致时，将右腿伸直，利用旋转的力量进行屈膝击打。完成后顺势自然回收身体，呈准备姿势站立（如图 10-16 所示）。

图 10-16　后旋踢

### 2. 易错动作

臀部外撅严重，动作发生变形；击打腿未到目标高度时过早出腿，出现二次发力；支撑未保持重心稳定，旋转后发生较大位移。

## 第三节　竞技跆拳道基本战术

跆拳道战术指根据对抗双方的情况,为战胜对手而采取的方法和策略。通过合理的战术安排,有效发挥个人技术特点,限制对手发挥,对比赛胜利发挥着重要作用。

### 一、进攻战术

进攻战术是跆拳道比赛中运用率最高的一种战术,包括直接进攻、诱导性进攻等。

(1)直接进攻:一般指直接用腿法进行攻击。比如在对方的反应和动作速度比较慢、体能下降严重、出现防守空当、进入有效进攻距离等情况时,均可考虑采用。

(2)诱导性进攻:一般指有意识地利用假动作,扰乱对方判断,使其产生错觉。比如在不了解对方实力和打法的情况下,直接进攻往往会被对方抓住机会,可通过假动作虚晃、变换步法等扰乱对方而进行攻击;当对方打法变化比较单一时,也可采用此战术。

### 二、反击战术

反击战术是在防守的前提下采用的一种战术形式,在对抗中,通过移动既可以避开对方的进攻,也可以制造出个人防守中反击对方的机会。比如对方技术和身高都占据优势的时候,进攻技术很难实现,可采取先防守,利用步伐快速主动与对方近身贴靠,然后进行反击击打。

### 三、边角战术

边角战术是利用了跆拳道比赛规则判罚的一种形式,当对方单脚越出边界线时,主裁判判罚扣分。比如比赛中,可有目的地将对方逼迫到边角位置,击打出界;有些运动员身处边界时,会担心出界被判罚,选择左右移动远离,在此移动中可抓住时机进行攻击拦截;当自己被困边角区时,可采取快贴靠快分开的方法,避免出界。

### 四、体能战术

体能是战术实施的最大保障,跆拳道比赛需进行3局(加赛产生第4局),对体能的支配有很大的考验。应根据对方的技术特点,适时制定和调整体能的安排。比如双方实力均衡时,需做好长对战、高消耗的心理准备;如果个人感觉技术水平略占优势,可消耗一定的体力,进行连续性进攻,逼迫对手体能尽快耗尽,以技术打击取胜。

### 五、心理战术

心理战术主要是给对方心理上造成压力,从而影响对手发挥获得比赛胜利。比如赛前的个人实力渲染和实力隐瞒;赛中的呐喊发声,从气势上震慑对方;故意给对方暴露击打部位,造成对方判断发生偏差;综合运用多种战术,使其产生急躁情绪,扰乱对方比赛节奏等。

跆拳道的战术都是相辅相成、相互制约的,一场比赛中战术的运用并不是单一的,比赛本身就具有复杂性,所以必须及时归纳总结,合理、灵活、机动地对战术进行安排,从而更好地发挥战术在比赛中的有效作用。

## 第四节　竞技跆拳道练习方法

### 一、技术教学与训练

#### (一) 空击练习

练习者无任何器材配备,隔空练习技术动作,提高身体的协调稳定性,尤其是对于新学技术,可有效提高熟练程度。同时,空击可以想象实战环境,进行不同距离、位置、方向的练习。要采取规范正确的技术动作,高效率完成练习,发力可适当减小。空击的练习可安排在拉伸活动后或实战练习约 5 分钟前。

#### (二) 击靶练习

击靶练习包含固定靶和移动靶,两人为一组,一人持靶一人练习,每人约 5 分钟后交换,有助于提高击打力度和动作速度。

(1) 固定靶的练习。持靶人将靶置于不同位置的高度,练习者可在一定时间内完成某一种技术动作。

(2) 移动靶的练习。需配合相应的步法,使身体充分地活动起来。持靶人可通过假动作、喂招等方法锻炼练习者的反应能力,使练习者熟悉动作与步法之间的衔接,加快出腿的速度。

#### (三) 攻防练习

攻防练习应体现出两人的进攻、防守、反击意识,尽可能做到点到为止,互不接触,突出动作的技术性、连贯性,体验攻防转换间的感觉变化。练习中可以由简单到复杂,先进行单个腿法、单一方向的进攻防守,逐渐过渡到多个腿法技术全方位的转换,最后双方练习者在动作规范的前提下自由进行攻击、防守、反击。此训练可安排 10 分钟左右的时间。需注意的是,练习的过程中应保证动作的连接和舒展,适当控制出腿力量和速度,提高配合完整性。

### 二、战术教学与训练

#### (一) 假设练习

练习者假想与对方进行实战比赛,依据自身想象出的各种情况进行空击或沙袋击打,运用直接进攻、强攻战术,或自己移到边角位置,适应练习边角战术等,熟悉掌握各种战术的用法。

## （二）模拟练习

模拟练习是有针对性的练习方式，由教师或同学进行某一种战术打法，让自己去适应并运用相关战术克制。比如边角战术的练习，让对方身处边角区域，此时个人封堵对方想要逃离危险区域的路线，并发现空当进行进攻。

## （三）实战练习

实战是训练、检验战术运用效果的重要手段，在竞赛规则要求下，战术运用的安排为实战练习的主要内容。双方可为不同技术打法、不同级别的选手，以此来综合适应不同的战术环境，在实战中培养运用和调整战术的能力。需注意的是，战术训练可安排在技术动作学习完成后，每节课的后半部分，持续 20～30 分钟。练习者要学习掌握体育理论知识，增强身体素质，对跆拳道现行比赛规则有一定了解认知，不要逃避实战模拟对抗，不断积累经验、总结教训，把战术思维活动和技术身体活动充分结合起来。

竞技跆拳道规则

# 第十一章 健美操

## 第一节　健美操运动概述

### 一、健美操的起源与发展

现代健美操于 1968 年诞生于美国。1980 年,世界健美操冠军联合会成立。1983 年,国际健美联合会成立。1992 年,中国健美操协会正式成立,之后健美操在我国得到大力推广。健美操以其鲜明的韵律感、全面的协调性、广泛的适用性、显著的实效性风靡全球。

### 二、健美操的概念与分类

**1. 健美操的概念**

健美操是在音乐伴奏下,以身体练习为基本手段,以有氧运动为基础,达到增进健康、塑造形体和娱乐目的的一项体育运动。

**2. 健美操的分类**

根据练习的主要目的和任务,可将健美操分为竞技健美操、健身健美操、表演健美操。根据练习形式,可将健美操分为徒手健美操、器械健美操和特殊场地健美操。根据性别特征,可将健美操分为女子健美操和男子健美操。根据年龄特征,可将健美操分为幼儿健美操、儿童健美操、少年健美操、青年健美操、中年健美操和老年健美操。

### 三、健美操的特点和作用

健美操是一项节奏明快、动作多变的有氧运动,它融合了舞蹈、体操和力量训练元素,要求参与者跟随音乐节奏完成一系列具有艺术性和技巧性的动作。这项运动以其富有感染力的表现形式和对全身协调性、节奏感的锻炼而著称。

健美操的作用在于全面提升身体素质,它不仅能有效提高身体的灵活性和协调性,还能增强肌肉力量和耐力。通过有规律的练习,健美操有助于心肺功能的增强、身体脂肪的燃烧以及体态的改善,同时也是减压放松、提升心理健康的有效方式,适合不同年龄和体能水平的人群参与。

## 第二节 健美操运动基本动作

### 一、上肢动作

**1. 手掌动作**

健美操中,手掌随臂的姿态而灵活变化,一般而言,手臂伸展时,手指和手腕随之伸展,手背反弓形。手臂弯曲时,手指、手腕放松,从肩至手指成弧线。恰当地运用各种手型,能使手臂动作丰富多彩。健美操常见手型有以下 10 种(如图 11-1 所示)。

(1) 分开式:五指用力伸直,充分张开,大拇指和小指在一条直线。

(2) 并拢式:四指伸直并拢,大拇指微屈,指关节贴于食指旁。

(3) 立掌式:五指伸直,手掌用力上翘。

(4) 花式:在分开式的基础上小指伸直向掌心回弯到最大限度,无名指会随小指回弯。

(5) 拳式:握拳,大拇指在外,指关节弯曲,紧贴于食指和中指。

(6) 一指式:握拳,食指伸直。

(7) 芭蕾手式:五指微屈,后三指并拢、稍内收,大拇指内扣。

(8) 西班牙舞手式:五指用力,小指、无名指、中指自掌指关节处依次屈曲,大拇指稍内扣。

(9) 剑指:大拇指与无名指、小指相叠,中指、食指并拢伸直。

(10) 抢式:食指和中指伸直并拢,大拇指伸直与食指垂直,无名指回和小拇指弯曲。

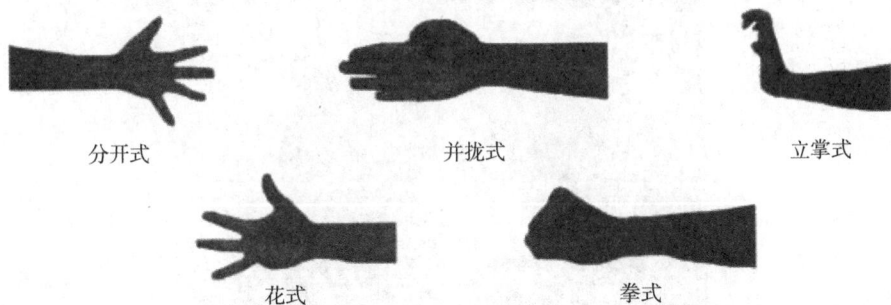

分开式　　　　　　　　并拢式　　　　　　　　立掌式

花式　　　　　　　　拳式

**图 11-1　手掌动作**

**2. 手臂动作**

(1) 举:以肩为轴,手臂伸直向某方向抬起。

(2) 屈臂:前臂与上臂的角度不断减小。

(3) 伸臂:前臂与上臂的角度不断增大。

(4) 摆动:以肩为轴,手臂在 180°以内的同时或依次运动。

(5) 上提:直臂或屈臂由下举提至胸前或体侧。

(6) 下拉:屈臂或直臂由上举或侧上举拉至胸前或体侧。

（7）推：手掌由肩侧同时或依次推至某位置。

（8）冲拳：屈臂握拳从腰间冲至某位置。

（9）振：肩、胸、肘关节小幅度快速做振动式的屈伸。

（10）绕、绕环：以肩为轴，手臂在 180～360°之间为绕，大于 360°的圆周运动为绕环。

（11）交叉：两臂重叠呈 X 形。

## 二、躯干动作

健美操的躯干动作主要包括头颈部、肩部、胸部、腰部、髋部的动作（如图 11-2 所示）。综合运用各部位的动作，可以完成躯干的波浪动作。躯干的波浪动作可向前、后、左、右，依靠身体各部位依次完成，动作要协调、连贯。

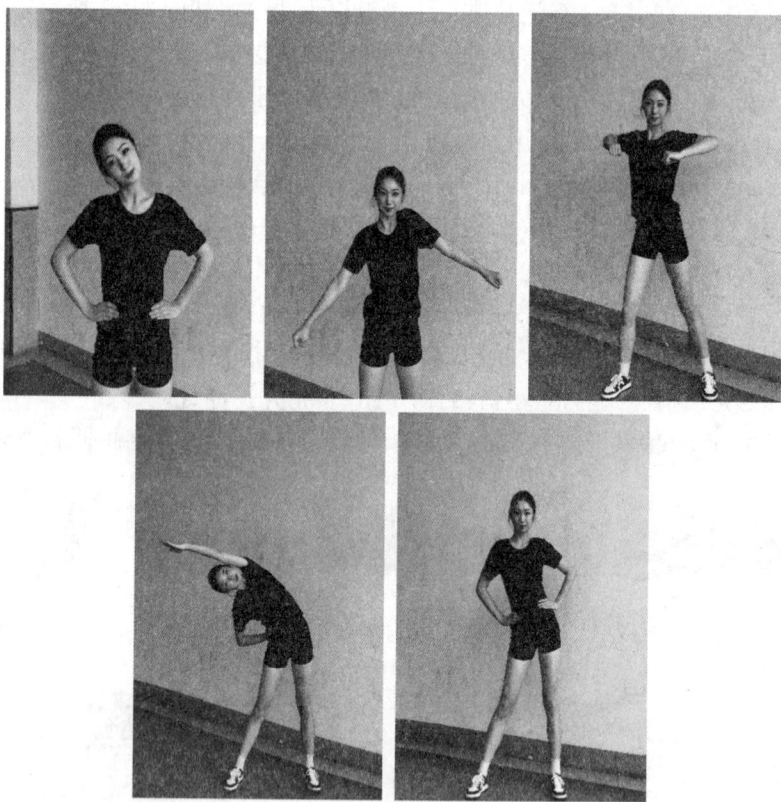

图 11-2　躯干动作

## 三、基本步伐动作

健美操的基本步伐动作有 5 类：交替类、点地类、迈步类、抬腿类和双腿类。

**1. 交替类**

（1）踏步：如图 11-3 所示，两腿原地依次抬起，依次落地，两臂自然前后摆动。落地时，由脚尖过渡到脚跟，踝、膝关节依次有弹性地缓冲。

（2）走步：如图 11-4 所示，迈步向前走时，脚跟先落地，过渡到全脚掌；向后走时则相反。其技术要点基本与踏步相同。

（3）"一"字步：如图 11-5 所示，一只脚向前一步，另一只脚并于前脚，然后依次还原。前后均要有并脚过程，每一拍动作膝关节始终有弹性地缓冲。

（4）"V"字步：如图 11-6 所示，一只脚向前侧方迈一步，另一只脚随之向另一侧方迈一步，呈两脚开立，屈膝，然后依次退回原位。两脚间距离略比肩宽，重心落于两腿之间。

（5）漫步：如图 11-7 所示，一只脚向前迈出，屈膝，重心随之前移，另一只脚稍抬起，然后原地落下；或向后撤一步，重心后移，另一只脚稍抬起，然后原地落下，动作要富有弹性。

（6）后踢腿跑：如图 11-8 所示，两腿依次腾空后，一只脚落地缓冲，另一条腿的小腿后屈，前后移动。两臂前后自然摆动，膝、踝关节有弹动地缓冲，落地时由前脚掌过渡到全脚掌着地。

图 11-3 踏步

图 11-4 走步

图 11-5 "一"字步

图 11-6 "V"字步

图 11-7 漫步

图 11-8 后踢腿跑

**2. 点地类**

（1）脚尖点地：如图11-9所示，一条腿稍屈膝站立，另一条腿伸出（向前、向后、向一侧），脚尖点地，然后还原到并腿姿势。支撑腿始终保持膝站立，并随动作有弹性地屈伸。

图11-9　脚尖点地

（2）脚跟点地：如图11-10所示，一条腿稍屈膝站立，另一条腿伸出，脚跟点地，然后还原到并腿姿势。只可做向前和向侧的脚跟点地。

**3. 迈步类**

（1）并步：如图11-11所示，一只脚迈出，另一只脚随之并拢屈膝点地；再向反方向迈步。两膝保持弹动，重心随之移动，动作幅度和力度可随风格而定。

（2）并步跳：如图11-12所示，以右脚起步为例，右脚迈出，随之踏地跳起，左脚并右脚，并腿落地。身体重心随身体迅速移动，落地时注意缓冲。

（3）侧交叉步：如图11-13所示，一只脚向侧迈一步，另一只脚在其后交叉，随之再向侧迈步，另一只脚并拢，屈膝点地。第一步脚跟先落地，屈膝缓冲，身体重心随脚步快速移动。

图11-10　脚跟点地

（4）侧交叉步跳：如图11-14所示，一只脚向侧迈一步，另一只脚在其后交叉，随之第一只脚再向侧迈一步，另一只脚并拢，同时两脚轻轻跳起，落地屈膝缓冲。第一步脚跟先着地，身体重心快速随着脚步移动而移动，保持膝、踝关节的弹动。

（5）迈步点地：如图11-15所示，一只脚向侧迈一步，经两膝弯曲，随之身体重心移至一侧腿，另一腿伸直，脚尖或脚跟点地。重心移动明显，两膝有弹性地屈伸，上体不要扭转。

（6）小马跳：如图11-16所示，左腿蹬地跳起，同时右腿向侧迈步落地，随之左腿并右脚点地，随后反方向做一次，动作相同，但方向相反。两脚轻快蹬跳、落地，身体重心随之平稳移动,注意膝、踝关节的弹动。

(7) 迈步吸腿:如图 11-17 所示,一只脚迈出一步,另一条腿屈膝抬起,然后向反方向迈步。支撑腿保持屈膝弹动,大腿上抬超过水平,小腿自然下垂绷脚尖,上体保持正直。

(8) 迈步吸腿跳:如图 11-18 所示,右脚向前迈出一步,之后身体重心跟进,同时左腿抬起 90°,两脚起跳。跳起时,上体保持正直,收腹立腰。

(9) 迈步后屈腿:如图 11-19 所示,一条腿侧迈一步,另一条腿向后屈,同时两腿跳,缓冲落地。两腿跳起时,屈膝脚尖绷直,落地时,两腿膝关节微屈,不宜伸直。

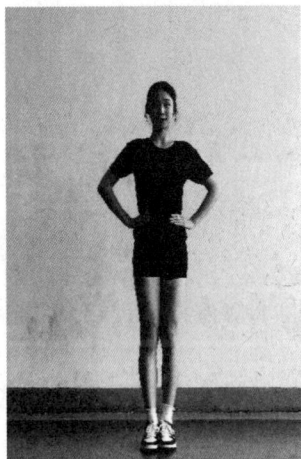

图 11-11 并步　　　　　图 11-12 并步跳　　　　　图 11-13 测交叉步

图 11-14 侧交叉步跳　　　图 11-15 迈步点地　　　　图 11-16 小马跳

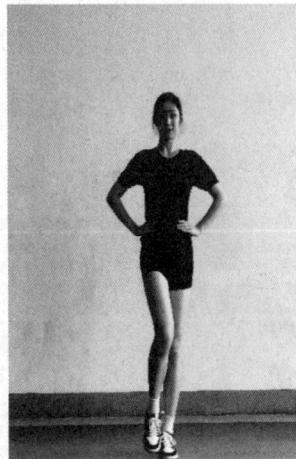

图 11-17　迈步吸腿　　　　图 11-18　迈步吸腿跳　　　　图 11-19　迈步后屈腿

**4. 抬腿类**

（1）吸腿：如图 11-20 所示，一条腿屈膝抬起，落地还原。上体保持正直，大腿用力上提超过水平，小腿自然下垂。

（2）吸腿跳：如图 11-21 所示，一条腿屈膝抬起，落下还原；另一只脚离开地面，向上跳起。支撑腿保持屈膝弹动，大腿上抬至水平，上体保持正直，注意身体的稳定性。

（3）摆腿：如图 11-22 所示，一条腿稍屈膝站立，另一条腿做摆动。摆腿时，上体顺势前倾、后倾或侧倾。

（4）摆腿跳：如图 11-23 所示，一条腿自然摆动，另一条腿向上跳起，落地时两腿屈膝缓冲。保持上体正直；支撑腿屈膝缓冲，摆动腿抬起时幅度不要过大，且要有控制。

图 11-20　吸腿　　　　图 11-21　吸腿跳　　　　图 11-22　摆腿　　　　图 11-23　摆腿跳

（5）踢腿：如图 11-24 所示，一条腿稍屈膝站立，另一条腿抬起向上踢，然后还原。踢腿时，加速用力且有控制，上体保持正直。

（6）踢腿跳：如图 11-25 所示，一只脚蹬地跳起，另一条腿抬起向前或向侧，然后还原。抬起腿不需要很高，但要有控制，保持上体正直。

图 11-24 踢腿　　　　　图 11-25 踢腿跳

（7）弹踢：如图 11-26 所示，一条腿站立（蹬跳），另一条腿先向后屈，再向前下方弹踢，还原。腿弹出时要有控制，两膝盖紧，弹踢腿的脚尖要绷直，上体保持正直。

（8）弹踢腿跳：如图 11-27 所示，两脚起跳，单脚落地，另一条腿小腿后屈，然后小腿前踢伸直。腿弹出时要有控制，保持上体正直。

（9）后屈腿跳：如图 11-28 所示，一条腿站立蹬地跳起，另一条腿向后屈膝折叠，放下之后还原。后屈腿脚跟靠近臀部，支撑腿有弹性地缓冲落地，两脚并拢。

图 11-26 弹腿　　　　图 11-27 弹踢腿跳　　　　图 11-28 后屈腿跳

### 5. 双腿类

（1）并腿跳：如图 11-29 所示，两腿并拢跳起。落地缓冲且有控制。

（2）开合跳：如图 11-30 所示，由并腿跳起，分腿落地，再由分腿跳起，并腿落地。分腿屈膝蹲时，两脚自然外开，膝关节沿脚尖方向弯曲。落地时，屈膝缓冲，脚跟着地。

（3）弓步跳：如图 11-31 所示，并腿向上跳起，呈前后分腿姿势落地，接着再向上跳起,并腿落地。落地时,膝关节有弹性地缓冲,分腿落地时双脚尖朝前方,并且基本都在一条直线上。

(4)分腿半蹲跳:如图11-32所示,分腿屈膝半蹲(大、小腿夹角不小于90°),向上跳起,分腿落地屈膝缓冲。

(5)膝弹动:如图11-33所示,两腿并拢,膝关节有弹性地屈伸。膝关节由弯曲到还原,还原时膝关节应处于微屈状态。

(6)踝弹动:如图11-34所示,两腿伸直或屈膝,踝关节有弹性地屈伸。脚尖或脚跟抬起时,保持身体的稳定性和踝关节的弹性。

图11-29　并腿跳　　　　　图11-30　开合跳　　　　　图11-31　弓步跳

图11-32　分腿半蹲跳　　　　　图11-33　膝弹动

(7)半蹲:半蹲分为并腿半蹲和分腿半蹲,不论哪种,两腿均有控制地同时屈和伸。如图11-35所示,分腿半蹲时,两腿左右分开稍大于肩,脚尖稍外展,膝关节角度不小于90°,与脚尖方向一致,上体保持直立。

图 11-34　踝弹动　　　　　图 11-35　半蹲

（8）弓步：如图 11-36 所示，两脚前后分开，平行站立，一条腿屈膝，脚尖与小腿垂直，另一条腿伸直，重心落于两脚之间。

（9）移重心：如图 11-37 所示，以两脚开立为初始动作，两腿屈膝下蹲之后，身体向右侧移动重心，右脚全脚掌着地，左脚脚尖点地。身体重心的移动要保持平稳。

图 11-36　弓步　　　　　图 11-37　移重心

## 第三节　健美操运动编排设计

### 一、健美操的音乐设计

#### 1. 健美操动作设计

健美操的动作设计指根据不同健美操的目的、要求以及相应的规则和规程，创编健美操成套动作。

### 2. 健美操音乐设计

通常情况下,健美操由动作和音乐两部分组成,它们有着自己独特的规律,同时又相互优存、彼此交融。本节所谈及的健美操音乐,仅针对传统有氧健身操及竞技健美操。

(1) 传统有氧健身操音乐

健身操音乐是在遵循健身操运动规律的基础上产生的。健身操的音乐结构要基本保证乐句、乐段的完整,很少出现过渡与连接,通常会把几段不同的音乐结合串联在一起,使其在段落、速度等方面基本保持一致。

(2) 竞技健美操音乐

为了体现运动员的竞技能力并增加艺术效果,感染裁判和观众,竞技健美操音乐在结构上较为复杂,通常起伏较大。

### 3. 健美操舞美设计

健美操舞美设计是交叉性的综合艺术,几乎包罗万象,又融为一体。健美操舞美设计通过舞台、布景、音效、灯光、服装、道具、化妆设计等艺术传达手段体现出来。

## 二、健美操的编排

### (一) 编排原则

#### 1. 安全、有效原则

在选择和编排动作时,首先要把安全放在第一位,其次是有效。如过度背伸的动作有可能引起腰伤,应避免。单腿连续踢不应超过 8 次,连续踢腿的动作不要超过 32 次,头部连续绕环的动作应避免,窄蹲变宽蹲更安全。另外,左右肢体的动作应平衡,高冲击力应穿插在低冲击力和无冲击力动作当中,避免连续的高冲击力动作。

#### 2. 针对性原则

要根据自身的体质状况和练习基础设计动作。如初学时,一个组合的步伐动作不要超过 5 个,手臂动作应尽量简单,方向变化 1~2 个 90°即可。随着能力提高,在一个组合中逐渐增加步伐数量(不超过 7 个基本步伐),还可以结合自身的喜好增加一些舞蹈性的动作,如恰恰、桑巴步,并通过加大上肢动作难度、增加方向变化等以满足自己的练习兴趣。

#### 3. 提高心率原则

(1) 可以通过加大动作幅度和力度,特别是加大移动步幅来快速提高心率,如用向前走三步吸腿来代替一字步和踏步。

(2) 设计上肢动作超过心脏水平位时也能达到提高心率的效果,如上举、单双臂绕环。

(3) 在基本动作中加入不同方向的变化和移动,充分利用活动地点的空间达到提高心率的目的。如把单调的侧交叉步左右移动变成正方形、菱形移动,从而增加运动负荷。

(4) 把低冲击力步伐改成高冲击力步伐也能提高心率,如踏步改成后踢腿跑,吸腿改成吸腿跳等。

(5) 通过提高动作节奏,增加动作重复次数,一样可以提高心率。如开合跳由两拍一动变成一拍一动,上步吸腿变成上步连续吸腿 4 次。

**4. 合理搭配与连接原则**

在编排动作时,任何两个动作之间的衔接要使重心能够控制,衔接自然流畅,如迈步后屈腿接脚跟点地比接迈步吸腿重心更好把握。最直接的办法就是亲自去试试,动作衔接很流畅,能跟上音乐的节拍就可以。

## (二) 编排方法

健美操的编排通常以 32 拍×2 为一组动作,右左对称。即从右脚领做的组合开始,4×8 拍结束时重心落在右脚上(或两腿之间),接着换为左脚领做,完全重复一次。

**1. 设计基本步伐的组合方式**

在一个 4×8 拍的组合中,包含的步伐数量越多,可能的组合方式也就越多。表 11-1 运用 4 个动作:A=踏步、B=V 字步、C=侧交叉步、D=吸腿来编排步伐组合。

表 11-1　基本步伐组合方式

| A B C D | AB CD AB CD | AD CB AD CB |
|---|---|---|
| 8 踏步 | 4 踏步＋1V 字步 | 4 踏步＋2 吸腿 |
| 2V 字步 | 1 侧交叉步＋2 吸腿 | 1 侧交叉步＋1V 字步 |
| 2 侧交叉步 | 4 踏步＋1V 字步 | 4 踏步＋2 吸腿 |
| 4 吸腿 | 1 侧交叉步＋2 吸腿 | 1 侧交叉步＋1V 字步 |

**2. 不同移动方向的设计方法**

方向的变化可以左右移动、前后移动、原地、转圈,还可以走出如"L"形、方形、圆形、梯形等简单图形,或者走出"V"形、"T"形等字母图形。

**3. 融入变化因素,丰富组合花样**

在步伐、手臂动作和方向三大要素确定后,一个组合动作的设计就基本完成了。创编后可亲自体验设计的动作,根据具体问题进行调整。

## 第四节　健美操练习方法

在进行形体健美操训练时,根据练习者的自身需要,可以将基础和提高组合套路中的任一动作进行反复多次的训练,也可以将几个动作连贯起来进行多次反复训练,当然还可以直接将组合套路的整套动作进行反复练习。与此同时,练习者可以通过对练习时间长短的控制和动作节奏的改变,掌握适合自己的运动负荷,即锻炼的时间和强度。随着练习者运动素养的提高,还可以通过改变运动路线、手臂的配合动作、更换音乐风格以及通过几个练习者的配合变化队形等,进一步提高舞蹈的观赏性和实效性。

## 一、基本技术练习

### (一)弹动技术练习

弹动是健美操最重要的基本技术之一,它体现了健美操的最基本特征。

**1. 各关节原地弹动练习**

先进行踝关节的屈伸练习,充分掌握后,再进行膝、髋关节的弹动练习:双腿原地直立伸直,身体正直,屈膝半蹲,膝关节不超过脚尖位置,同时髋关节稍屈,髋关节运动时,身体应稍前倾,但臀部不要后厥。熟练后,再将两部分连接起来形成完整的弹动练习。

**2. 原地髋、膝、踝关节弹动性练习**

两脚并拢,脚尖跟着音乐的节奏抬起落下,同时膝关节伸直弯曲,脚跟始终不离开地面,两臂屈肘于体侧,自然摆动,做踝关节屈伸的练习。

**3. 配合健美操步伐的弹动练习(脚尖固定)**

如从一般性踏步练习过渡到弹动性的踏步练习;从弹踢练习过渡到弹踢腿跳练习;吸腿跳练习可以先连续吸一条腿,练习一条腿的弹动性,之后再进行交换腿吸腿跳;开合跳练习先做两腿分开位置上的半蹲练习,再做两腿并拢位置上的弹动练习,最后再做一开一合的连续开合跳练习。

### (二)身体控制技术练习

**1. 身体基本姿态控制练习**

健美操练习者可以通过芭蕾的手位练习、把杆练习来(脚跟固定)提高躯干和四肢的基本姿态及控制能力。

**2. 操化动作控制练习**

许多学生在健美操操化练习过程中都会遇到四肢动作缺乏力度和控制的问题,主要是肩、肘、腕关节或膝关节、踝关节用力意识不够造成的。练习时可以针对某一个具体动作增加练习的次数,通过连续练习来提高对动作的控制能力,还可以采用相对较快的音乐来完成同样的动作,以此来提高对基本动作的控制。

## 二、节奏感练习

节奏感是健美操练习的一项重要内容。初学者可以按照以下步骤进行练习。

(1)跟着音乐节拍变换节奏进行数拍子或击掌练习,如两拍一数、一拍一数、一拍两数。做动作的同时按节拍喊出口令,使音乐、口令、动作达到默契。

(2)用变化动作重复次数的方法提高节奏感,如 16 拍迈步后屈腿动作组合:可以右腿迈步后屈腿一次+左腿迈步后屈腿两次+右腿迈步后屈腿三次+左腿 V 字步,其中后屈腿一次、两次、三次的变化对培养节奏感非常有效。这里的后屈腿还可以换成吸腿的动作,运动量会更大。

### 三、基本动作组合练习

下面三个组合运用了弹动、弓步、半蹲、左右移重心、迈步侧点地、踏步、走步、点地类动作,以及手臂的屈伸,不同方位举、推、摆动、冲拳、绕、绕环等常用手臂动作,重点加强身体基本姿态、手臂控制能力、弹动基本技术、重心的移动和节奏感。开始练习时,每个8拍的动作可以重复2～4遍,然后逐渐过渡到右左的组合练习模式,最后再将3个组合串联起来练习。练习初期阶段,也可以作为热身练习使用。

**1. A组**

(1)原地站立,1—2拍胸前击掌一次,3—4拍双手击髋一次,5—8拍重复1—4拍动作。

(2)提踵,手臂动作同上。

(3)膝弹动,一拍击掌,一拍击髋。

(4)膝、踝、髋弹动,1—2拍前举,3—4拍放于体侧,5—8拍重复。

**2. B组**

(1)1—2拍右弓步一次,右臂侧举,左臂上提至胸前平屈。3—4拍左弓步右臂屈臂至肩侧屈,左臂伸臂至侧举。5—6拍右弓步右手叉腰,左臂向右侧上举。7—8拍左弓步,双手叉腰。

(2)右、左脚依次迈步侧点地四次,1—4拍侧前方冲拳两次,5—8拍侧上方冲拳两次。

(3)下肢动作不变,1—4拍左臂、右臂依次向后绕环,5—8拍两臂经体前交叉同时向后绕环两次。

(4)1—4拍原地两次半蹲,两手叉腰。5—8拍原地两次半蹲,5拍右臂侧上举、左臂侧下举,7拍相反方向,6拍和8拍两臂位于体侧。

**3. C组**

(1)1—4拍右脚开始踏步4拍,两臂前后依次摆动。5—8拍右、左脚依次脚尖前点地2次,5—6拍左臂伸屈臂,7—8拍右臂伸屈臂。

(2)1—4拍右脚开始踏步4拍,两臂前后依次摆动。5—8拍右、左脚依次脚跟前点地1次,5拍两臂侧上举,6拍胸前交叉,7拍两臂侧下举,8拍还原体侧。

(3)1—4拍摆臂右脚开始向前走四步,5—8拍右、左脚依次脚尖侧点地2次,5拍、7拍扩胸同时两臂肩侧屈,6拍、8拍含胸同时两臂收回胸前。

(4)1—4拍摆臂右脚向后走四步,5—8拍右、左脚依次脚尖后点地2次,同时双手胸前平推。

### 四、套路练习

普通高校健美操课多选用第三套《全国健美操大众锻炼标准》作为主体标准,现行的第三套动作于2009年颁布,其中一级为入门,二级和三级套路为初级套路,四级和五级为中级套路,六级为高级套路。现将最常用的二级、三级、四级套路做简单的介绍(如表11-2所示)。

表 11-2　第三套《全国健美操大众锻炼标准》二级、三级、四级难度套路解析

| 级别 | 动作特点 | 音乐速度 |
|---|---|---|
| 二级 | 中低强度的有氧练习<br>包括健美操各类别基本动作<br>一个组合中包含 4~5 个基本步伐<br>增加了 45°~90°的方向变化<br>低难度的力量练习 | 135 拍/分钟 |
| 三级 | 中等强度的有氧练习<br>在各类基本动作基础上增加了 90°~180°方向变化及简单的图形和路线变化<br>一个组合中包含 4~5 个基本步伐<br>配合简单手臂动作<br>低难度的力量练习 | 132 拍/分钟 |
| 四级 | 中等强度的有氧练习<br>高低冲击力动作相间,复合动作增多<br>手臂动作变化增多<br>增加了 180°~360°的转体及跳跃动作<br>增加了更多的图形和路线变化 | 143 拍/分钟 |

健美操比赛规则

# 第十二章 排舞

## 第一节　排舞运动概述

　　排舞是一项以音乐和固定舞步融合来愉悦身心的国际性体育运动,具有各国民间舞蹈的多元文化魅力的排舞已经风靡世界,受到不同国籍、性别及年龄的群体的欢迎和喜爱。目前,我国许多大、中、小学学校已经把排舞列入学校体育教学大纲,排舞成为学生课间操、课余体育锻炼和学校庆典表演的重要内容。排舞对培养学生音乐素养,提高其身体素质,帮助学生了解世界文化,培养学生礼仪规范有重要的意义。

### 一、排舞运动的起源

　　20 世纪 50 年代,美国很多电视台都播放了具有排舞特征的舞蹈节目,这些节目也帮助传播了早期的排舞概念。但严格来说,这一时期的排舞还并不是真正意义上的排舞,只能被称为以排舞形式出现的社交舞或民间舞。

　　20 世纪 70 年代,随着多媒体音响技术的发明,在迪斯科的舞台上,今天被称为"排舞"的舞蹈形式出现了。虽然现代排舞的真正诞生是在 20 世纪 80 年代早期,但在当时,一些迪斯科俱乐部中开始出现了经过改编的"迪斯科排舞"。可以说,迪斯科音乐的兴起对现代排舞的诞生起了很大的促进作用。20 世纪 80 年代早期,随着西部乡村音乐在美国的大流行,为配合西部乡村音乐的传播,现代排舞真正诞生了。

　　20 世纪 90 年代初,排舞进入了全面发展阶段。1992 年,美国乡村音乐人比利谱写了歌曲《Achy Break Heart》,为了配合推广这首歌,比利委托别人帮他为这首歌编排设计了一支排舞,这首歌的巨大成功也使配合推广这首歌的排舞广为人知,并随着乡村音乐被广泛传播到美洲、欧洲和大洋洲的许多国家。同时,配合乡村音乐编排的排舞热潮又一次掀起,许多著名的排舞都是这一时期的作品。之后,排舞逐渐脱离乡村音乐的束缚,开始寻求大量其他风格的舞蹈和音乐,如拉丁舞、嘻哈舞、节奏布鲁斯、舞厅舞、爵士舞、踢踏舞等多种舞蹈形式。也正是这一时期,排舞大量汲取了体育舞蹈的舞步动作和编排模式,形成了有自我风格特点的编排设计和舞步规范。

2008 年 8 月 8 日早晨 8 点 08 分,800 名排舞爱好者身着奥运五环颜色体恤组成五个方阵,伴随着奥运主题歌曲《永远的朋友》《We Are Ready》,表演了具有中国特色的时尚排舞,以表达对北京奥运会的祝福。本次活动对我国排舞运动的开展具有里程碑的意义。2008 年北京奥运会后,排舞在我国得到迅猛发展,全国掀起了排舞健身热潮。

## 二、排舞运动的分类

### (一) 按照舞步组合结构分类

按照舞步组合的结构可分为四大类:

**1. 完整型排舞**

不断重复固定的舞步组合。如果是 2/4 或 4/4 拍的音乐,舞步组合一般由 32 拍、48 拍、64 拍组成。如果是 3/4 拍的音乐,舞步组合一般由 12×3 拍或 16×3 拍组成。这种类型的排舞,无论是舞步动作,还是方向变化都较为简单,因此多数属于初级水平的排舞。

**2. 组合型排舞**

由两个或更多的舞步组合构成,而且每一舞步组合的节拍数不一定相同。这种类型的排舞,并不按照一定的规律进行循环,有些组合重复,有些组合并不一定进行重复。

**3. 间奏型排舞**

在固定的舞步组合外,还有一个或多个不一定相同的间奏舞步。间奏舞步一般不超过一个八拍。通常,这一类型的排舞在学习时较难记忆,因此属于中等难度级别的排舞。

**4. 表演型排舞**

这种类型的排舞,舞步较复杂,并且没有固定的舞步组合,属于最高难度级别的排舞。

### (二) 按照舞步组合变化的方向分类

按照舞步组合变化的方向可分为四大类:

**1. 一个方向的排舞**

一个方向的排舞即面向十二点一个方向跳完所有的舞步组合。

**2. 两个方向的排舞**

舞步组合结束后在相反的方向又开始重复。即面向时钟十二点的舞步组合结束后,面向六点又开始重复这一舞步组合。

**3. 三个方向的排舞**

出现在间奏型排舞中。每完成一次舞步组合,都会按顺时针(或者是逆时针方向)进行变化,在第三次舞步组合完成后,由于音乐节奏的关系又会回到舞蹈的初始方向。

**4. 四个方向的排舞**

每完成一次舞步组合,都在一个新的方向开始动作。一般按顺时针十二点、三点、六点、九点进行方向的变化,也可以按逆时针十二点、九点、六点、三点的方向进行变化。

## （三）按照音乐和舞蹈的风格分类

按照音乐和舞蹈的风格可分为八大类，具体如表 12-1 所示。

**表 12-1　按音乐和舞蹈风格分类的排舞**

| 分类 | 说明 | 种类 |
|---|---|---|
| 升降起伏类 | 一种运用升降和摆荡动作的舞蹈，强调重心的升降起伏。 | 华尔兹 |
| | | 维也纳华尔兹 |
| | | 狐步舞 |
| | | 快步舞 |
| 律动/轻松活泼类 | 一种运用脉冲运动的舞蹈，强调重心律动的舞种。 | 波尔卡 |
| | | 东海岸摇摆 |
| | | 牛仔 |
| | | 桑巴 |
| 平滑类 | 一种用平滑动作跳的舞蹈，强调重心平移的舞种。 | 西海岸摇摆 |
| | | 探戈 |
| 古巴类 | 一种运用古巴动作的舞蹈，强调髋部运动的舞种。 | 恰恰 |
| | | 伦巴 |
| | | 曼波 |
| 街舞类/放克类 | 一种展示步法和身体动作的舞蹈，强调手臂和腿部的弯曲、身体的拉升和抖动的舞种。 | 嘻哈 |
| | | 霹雳舞 |
| | | 机械舞 |
| | | 爵士 |
| | | 锁舞 |
| 舞台/新颖类 | 一种展示步法和身体动作的舞蹈，或同于百老汇、舞台秀的舞种。 | 现代舞 |
| | | 抒情舞 |
| | | 芭蕾 |
| 民族舞类 | 泛指产生并流传于民间、受民俗文化制约，即兴表演但风格相对稳定、以自娱为主要功能的舞蹈形式。 | 藏族舞 |
| | | 蒙古族舞 |
| | | 维吾尔族舞 |
| | | 秧歌 |
| 曳步舞类 | 一种以舞步变化为主要内容，一人或多人同时进行的健身舞蹈。 | |

# 三、排舞运动的特点

## （一）文化的传承性与创新性

文化的传承与创新是文化发展的重要基础，从最初的方块舞、圆圈舞、宫廷舞到现在的东方舞、爵士舞、街舞，再到现在流行的排舞，充分体现了排舞对舞蹈文化、民族文化、音乐文化、体育文化的继承、发展和创新。在多元文化交融与碰撞的背景下,逐渐形成了个性鲜明的排舞风格,而每一种风格也展现了不同地区和民族的文化风采。新时代背景下,具有民俗特色的排舞汲取崭新的要素,从而推动特色排舞的创新发展,排舞运动正是在吸收国外舞种风格的基础上,海纳百川,传承中国多种民族文化,在传承中不断创新,在创新中继续传承,二者相辅相成,共同推动排舞运动的协调发展。

### (二)舞步的统一性与独特性

排舞是一项音乐和固定舞步融合在一起,根据不同的音乐元素来表现不同舞种风格特点的健身运动,排舞最突出的特点就是全世界每首曲目都有对应的舞谱,舞步完全统一,并且每个舞步都有独特的名称和节拍数,但对身体及手臂的动作并无统一要求。排舞爱好者们可以根据个人对音乐的理解,编排手臂动作,诠释属于自己的舞蹈风格,在一定程度上展示了排舞运动的多样性。无论是完整型、组合型、间奏型,还是表演型排舞曲目,其舞步组合的不断循环,身体动作随韵律的不断变化,能够更好地展现舞蹈动作的美感和艺术性,练习者可以在遵循排舞舞步统一性的同时,尽情发挥想象,充分展示个性特征和诠释排舞文化内涵。

### (三)音乐风格的流行性与时尚性

随着时代的发展,排舞融入了越来越多流行的舞蹈和音乐元素,特色的风格、多彩的旋律以及明朗的节奏等都具有丰富的艺术表现力,在多种舞蹈和音乐元素的不断组合、变化和创新之下形成了如今排舞曲目多元的风格与艺术特点。舞步和音乐是排舞组成要素中最为重要的两大要素。音乐是排舞的灵魂,舞步是音乐的外在表现形式。音乐节奏、旋律、和声与舞步组合、编排、演绎浑然一体,使音乐通过排舞的诠释变成了"看"得见的艺术,而排舞通过音乐的表达也变成了"听"得见的艺术。

### (四)舞蹈元素的包容性与多样性

排舞作为一种国际性的健身舞蹈,最早起源于西方国家,它的包容性极强,吸收了街舞、爵士舞、恰恰、牛仔、现代舞、华尔兹、拉丁舞等多种舞蹈元素,具有一定创编水平的排舞爱好者通过对多样的舞蹈元素的组合与创新,结合自身特点,创编出各具特色的排舞类型。

### (五)大众健身的艺术性与国际性

排舞的艺术性通过成套展示,来展现音乐与身体动作的完美融合,蕴含着参与者的审美追求,表现出排舞的姿态美、精神美和艺术美。以艺术审美的方式进行娱乐和健身,提高人的艺术修养和意志品质,能够给排舞爱好者带来极大的美的享受。在信息化时代,排舞已成为一种国际化的舞蹈,全世界的排舞爱好者能够在国际排舞官方推广平台上进行交流学习。

## 第二节　排舞运动术语

### 一、排舞术语的基本特征

为了便于书写、学习、交流和运用以及推广排舞运动,在实践中排舞术语应具有下列特征:

(1) 专业性

术语是表达排舞的特殊概念的,具有较强的专业性。

(2) 统一性

术语作为一种交流专业知识的工具,在教学、训练中无论是讲述动作要领、交流训练体会、制定训练计划,还是编写教材、教学大纲、教案以及开展科研活动等,都需要运用术语,这就要求所用术语必须是统一的,并且是规范的。

(3) 科学性

正确的术语既能反映动作的基本形态,又能形象地描述动作的基本特征,是对所述动作技术的一种理解,这就要求所用的术语具有较严格的逻辑性和科学性。科学的术语能加深学习者对动作的理解,有利于动作技能的学习,对教学训练起到积极的促进作用。

(4) 实践性

排舞运动的群体性使得排舞术语的运用较宽广,不仅有广大的教师(教练员)、学生(运动员),还有众多的排舞爱好者。因此,术语的选词就必须通俗、易懂,以利于排舞运动的开展。

### 二、创立排舞术语的原则

排舞术语是在专业理论与技术实践活动中,反映客观存在的运动形式和技术特征的基本工具。在其创立和运用中应遵循下列原则:

(1) 简练性原则

简练性指所形成的概念或动作名称的词语应简明、扼要、精炼,反映出术语最本质的特征。

(2) 准确性原则

准确性指用语力求准确、严谨、形象,能明确地反映动作及动作过程。

(3) 易懂性原则

易懂性指术语应通俗易懂,便于理解,便于记录,易为人们所接受。

(4) 组合性原则

组合性指术语能按规定的形式和顺序进行组合,形成各种动作名称。

(5) 适用性原则

适用性指所用的概念和动作名称既要符合我国当前的语言习惯,又必须与国际用语相适应,以利于术语的推广应用和国际交流。

### 三、排舞运动的术语及其分类

#### (一)动作方向术语

动作方向指人体或人体某一部分运动的指向或位置。为了正确的辨别身体方向和检查动作旋转的角度,方便理解和记忆套路动作,国际排舞协会规定以时钟的方向作为运动方向。因此,动作方向的参照体包括时钟和人体(如图 12-1 所示)。

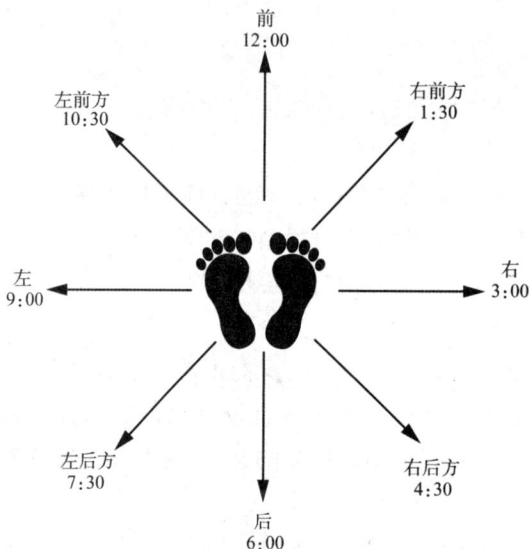

图 12-1　动作方向术语

(1)时钟 12:00 方向:人体直立时胸部所对的方向。

(2)时钟 3:00 方向:人体直立时右肩所对的方向。

(3)时钟 9:00 方向:人体直立时左肩所对的方向。

(4)时钟 6:00 方向:人体直立时背部所对的方向。

(5)顺时针方向:按时钟的 12:00、3:00、6:00、9:00 方向依次完成动作的方法。

(6)逆时针方向:按时钟的 12:00、9:00、6:00、3:00 方向依次完成动作的方法。

#### (二)基本名词术语

表 12-2 罗列了排舞基本名词术语的中英文。

表 12-2　排舞基本名词术语

| 排舞<br>Line Dance | 编舞者<br>Choreographer | 音乐名<br>Music | 演唱者<br>Singer |
|---|---|---|---|
| 每分钟拍数<br>BPM | 拍子<br>Count | 方向/遍<br>Wall | 舞蹈水平<br>Level |
| 初级<br>Beginner | 中级<br>Intermediate | 高级<br>Advance | 前奏/介绍<br>Count In/Intro |

续表

| 开始<br>Start | 舞蹈顺序<br>Sequence | 小节/章节<br>Section | 段落/部分<br>Part |
|---|---|---|---|
| 结束<br>End | 间奏<br>Tag/Bridge | 从头开始<br>Restart | 重复<br>Repeat |
| 步伐<br>Step | 脚<br>Foot(Ft) | 右脚<br>Right(Rf) | 左脚<br>Left(Lf) |
| 脚尖<br>Toe | 脚跟<br>Heel | 归位<br>Home | 原地<br>In Place |
| 前面<br>Front | 后面<br>Back | 侧面<br>Side | 斜角<br>Diagonal |
| 头<br>Head | 手<br>Hand | 面向<br>Face | 膝盖<br>Knee |
| 切分音<br>Syncopated | 顺时针<br>Clockwise(CW) | 逆时针<br>Counter-Clockwise(CCW) | |

## (三) 步伐术语

### 1. 平衡步

平衡步是由 3 拍构成的舞步动作,常用于华尔兹风格的排舞。常用的有右前进平衡步、左前进平衡步、右后退平衡步、左后退平衡步、1/2 右平衡步、1/2 左平衡步。

(1) 右前进平衡步。1 拍右脚向前一步,重心在右脚;2 拍左脚向前一步,重心在左脚;3 拍右脚原地一步,重心在右脚。

(2) 左前进平衡步。1 拍左脚向前一步,重心在左脚;2 拍右脚前进一步,重心在右脚;3 拍左脚原地一步,重心在左脚。

(3) 右后退平衡步。1 拍右脚向后一步,重心在右脚;2 拍左脚向后一步,重心在左脚;3 拍右脚原地一步,重心在右脚。

(4) 左后退平衡步。1 拍左脚向后一步,重心在左脚;2 拍右脚向后一步,重心在右脚;3 拍左脚原地一步,重心在左脚。

(5) 1/2 右平衡步。1 拍右转 1/4 同时右脚向前一步,重心在右脚;2 拍右转 1/4 同时左脚向左一步,重心在左脚;3 拍右脚原地一步,重心在右脚。

(6) 1/2 左平衡步。1 拍左转 1/4 同时左脚向前一步,重心在左脚;2 拍左转 1/4 同时右脚向左一步,重心在右脚;3 拍左脚原地一步,重心在左脚。

### 2. 闪烁步

闪烁步是由 3 拍构成的舞步动作,常用于华尔兹风格的排舞。常用的有右闪烁步、左闪烁步、1/2 右闪烁步、1/2 左闪烁步。

(1) 右闪烁步。1 拍右脚在左脚前交叉,重心在右脚;2 拍左脚在右脚旁,重心在左脚;3 拍右脚原地一步,重心在右脚。

(2) 左闪烁步。1 拍左脚在右脚前交叉,重心在左脚;2 拍右脚在左脚旁,重心在右脚;3 拍左脚原地一步,重心在左脚。

(3) 1/2 右闪烁步。1 拍右脚在左脚前交叉,重心在右脚;2 拍右转 1/2 同时左脚向后一步,重心在左脚;3拍右脚向右一步,重心在右脚。

(4)1/2左闪烁步。1拍左脚在右脚前交叉,重心在左脚;2拍左转1/2同时右脚向后一步,重心在右脚;3拍左脚向左一步,重心在左脚。

**3. 水手步**

水手步是2拍和1个&拍构成的由后交叉向旁迈步的舞步动作。常用的有右水手步、左水手步。

(1)右水手步。1拍右脚在左脚后交叉,重心在右脚;&拍左脚在右脚旁,重心在左脚;2拍右脚向右一步,重心在右脚(如图12-2所示)。

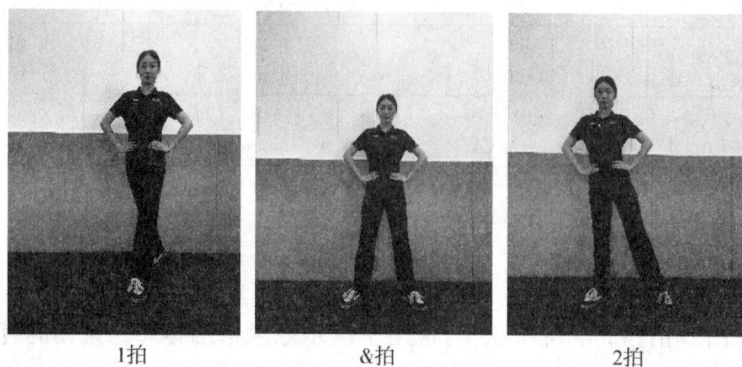

| 1拍 | &拍 | 2拍 |

**图12-2 右水手步**

(2)左水手步。1拍左脚在右脚后交叉,重心在左脚;&拍右脚在左脚旁,重心在右脚;2拍左脚向左一步,重心在左脚。

**4. 剪刀步**

剪刀步是由2拍和1个&拍构成的动作,结束时两脚形成交叉状的舞步动作。常用的有右剪刀步、左剪刀步。

(1)右剪刀步。1拍右脚向右一步,重心在右脚;&拍左脚在右脚旁,重心在左脚;2拍右脚在左脚前交叉、重心在右脚(如图12-3所示)。

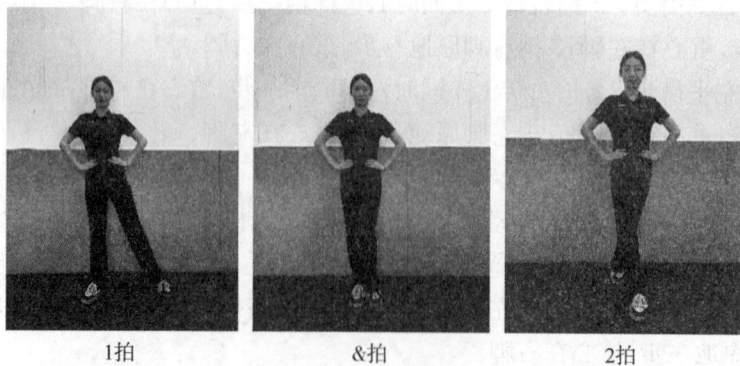

| 1拍 | &拍 | 2拍 |

**图12-3 右剪刀步**

(2)左剪刀步。1拍左脚向左一步,重心在左脚;&拍右脚在左脚旁,重心在右脚;

2拍左脚在右脚前交叉,重心在左脚。

**5. 海岸步**

海岸步是由2拍和1个&拍构成的退并前的舞步动作。常用的有右海岸步、左海岸步。

(1)右海岸步。1拍右脚向后一步,重心在右脚;&拍左脚并右脚,重心在左脚;2拍右脚向前一步,重心在右脚(如图12-4所示)。

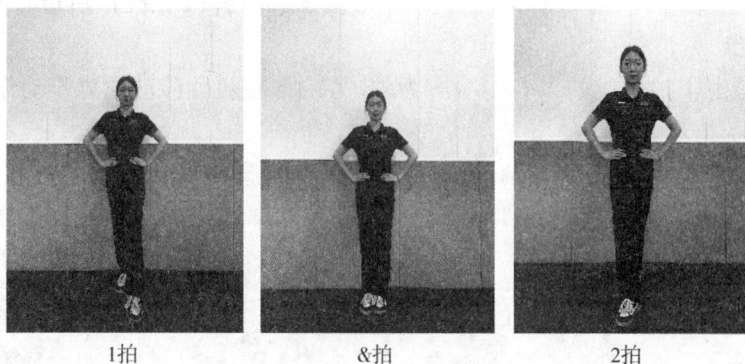

1拍 &拍 2拍

**图12-4 右海岸步**

(2)左海岸步。1拍左脚向后一步,重心在左脚;&右脚并左脚,重心在右脚;2拍左脚向前一步,重心在左脚。

**6. 曼波步**

曼波步是由2拍和1个&拍构成髋部快速摆动的舞步动作。常用的有右脚向前曼波步、左脚向前曼波步、右脚向后曼波步、左脚向后曼波步、向右曼波步、向左曼波步、向右交叉曼波步、向左交叉曼波步。

右曼波步:1拍右脚向右一步,&拍重心回左脚,2拍右脚并脚(如图12-5所示)。

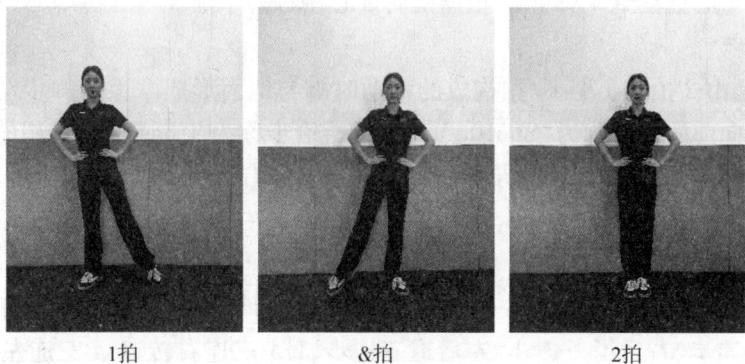

1拍 &拍 2拍

**图12-5 右曼波步**

**7. 摇摆步**

摇摆步是由2拍构成的两脚重心互换但不移动位置的髋部摆动的舞步动作。常用的有右脚向前摇摆步、左脚向前摇摆步、右脚向后摇摆步、左脚向后摇摆步、向右摇摆步、向左摇摆步。

（1）右脚向前摇摆步。1拍右脚向前一步，重心摇摆到右脚；2拍摇摆后重心回到左脚。

（2）左脚向前摇摆步。1拍左脚向前一步，重心摇摆到左脚；2拍摇摆后重心回到右脚。

（3）右脚向后摇摆步。1拍右脚向后一步，重心摇摆到右脚；2拍摇摆后重心回到左脚。

（4）左脚向后摇摆步。1拍左脚向后一步，重心摇摆到左脚；2拍摇摆后重心回到右脚。

（5）向右摇摆步。1拍右脚向右一步，重心摇摆到右脚；2拍摇摆后重心回到左脚。

（6）向左摇摆步。1拍左脚向左一步，重心摇摆到左脚；2拍摇摆后重心回到右脚。

**8. 摇椅步**

摇椅步是由4拍构成的以右（左）脚为轴，另一脚向前后移动的舞步动作。常用的有右摇椅步、左摇椅步。

（1）右摇椅步。1拍右脚向前一步，重心摇摆到右脚；2拍摇摆后重心在左脚；3拍右脚向后一步，重心摇摆到右脚上；4拍摇摆后重心在左脚（如图12-6所示）。

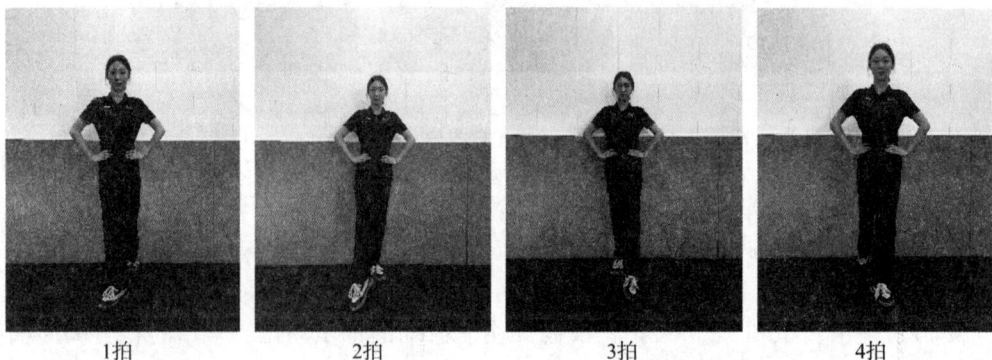

| 1拍 | 2拍 | 3拍 | 4拍 |

图12-6 右摇椅步

（2）左摇椅步。1拍左脚向前一步，重心摇摆到左脚；2拍摇摆后重心在右脚；3拍左脚向后一步，重心摇摆到左脚上；4拍摇摆后重心在右脚。

**9. 恰恰步**

恰恰步是由2拍和1个&拍构成的移动时脚与地面形成摩擦的舞步动作。在英文描述中，通常向前的恰恰称为"Shuffle"，向侧的恰恰步称为"Chasse"。常用的有右前进恰恰步、左前进恰恰步、右后退恰恰步、左后退恰恰步、向右恰恰步、向左恰恰步。

右恰恰步：1拍右脚向右一步，&拍左脚并步，2拍右脚向右一步（如图12-7所示）。

**10. 三连步**

三连步是由3拍构成的右（左）脚开始依次踏步的舞步动作。常用的有右前进三连步、左前进三连步、右后退三连步、左后退三连步、1/4三连右转、1/4三连左转、1/2三连右转、1/2三连左转、3/4三连右转、3/4三连左转。

**11. 弹踢换脚**

弹踢换脚是由2拍和1个&拍构成的经踢腿后快速转换重心的舞步动作。常用的有右弹踢换脚、左弹踢换脚。

**12. 交叉步**

交叉步是由4拍构成的舞步动作。常用的有向右交叉步、向左交叉步。

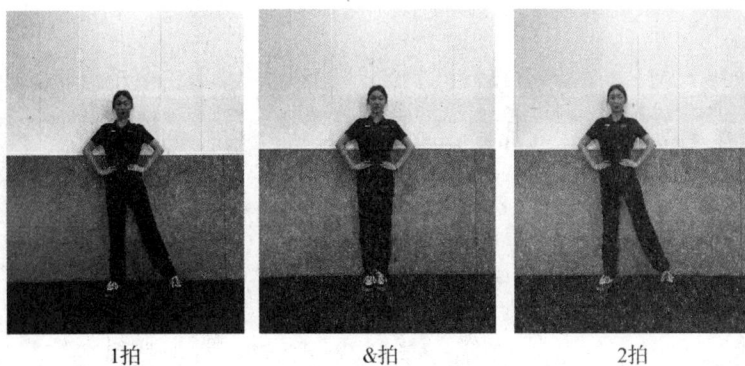

|1拍|&拍|2拍|

**图 12-7 恰恰步**

### 13. 纺织步

纺织步是由 3 拍构成的两脚由交叉向旁迈步的舞步动作。常用的有右前纺织步、左前纺织步、右后纺织步、左后纺织步。

右前纺织步:1 拍右脚前交叉,2 拍左脚向左一步,3 拍右脚后交叉(如图 12-8 所示)。

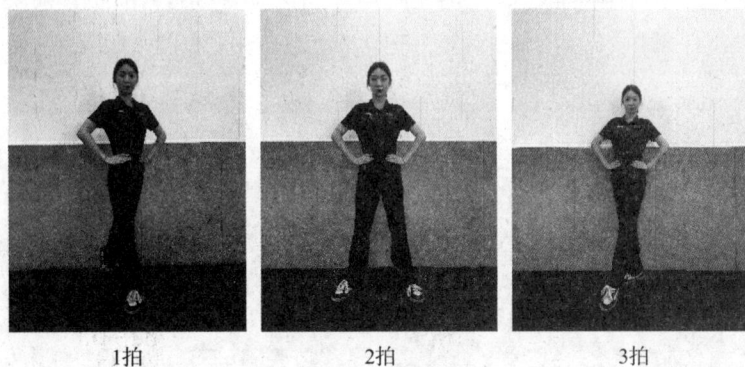

|1拍|2拍|3拍|

**图 12-8 右前纺织步**

### 14. 桑巴步

桑巴步是由 2 拍和 1 个 & 拍构成的由前交叉向旁迈步而形成的舞步动作。常用的有右桑巴步、左桑巴步。

### 15. 杂耍步

杂耍步是由 2 拍和 2 个 & 拍构成的舞步动作。常用的有右杂耍步、左杂耍步。

右杂耍步:1 拍左脚右前踏,& 拍右脚右踏,2 拍左脚跟左前点,& 拍左脚并右脚(如图 12-9 所示)。

### 16. 弹簧步

弹簧步是由 2 拍和 1 个 & 拍构成的舞步动作,在 & 拍时两脚屈膝呈交叉状。常用的有右弹簧步、左弹簧步。

### 17. 盒子步

盒子步是由 4 拍构成的舞步动作。常用的有右前进盒子步、左前进盒子步、右后退盒

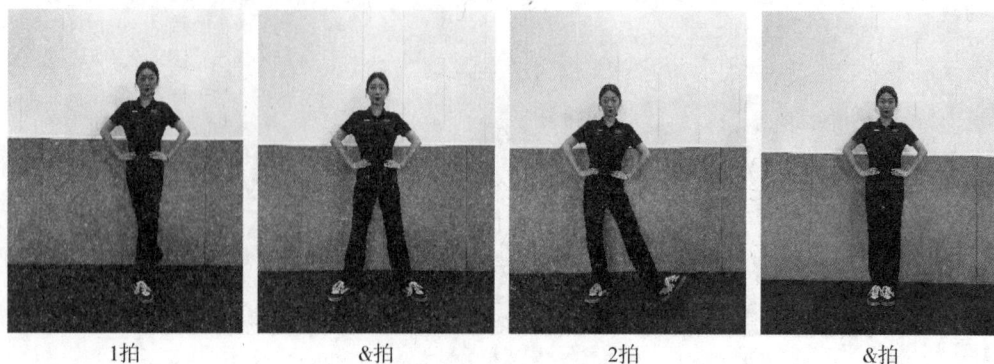

1拍　　　　　　&拍　　　　　　2拍　　　　　　&拍

图 12-9　右杂耍步

子步、左后退盒子步。

**18. 爵士盒步**

爵士盒步是由 4 拍构成的由前交叉开始的舞步动作。常用的有右爵士盒步、左爵士盒步、1/4 右转爵士盒步、1/4 左脚爵士盒步。

右爵士盒步：1 拍右脚前交叉，2 拍左脚退，3 拍右脚右踏，4 拍左脚前交叉（如图 12-10 所示）。

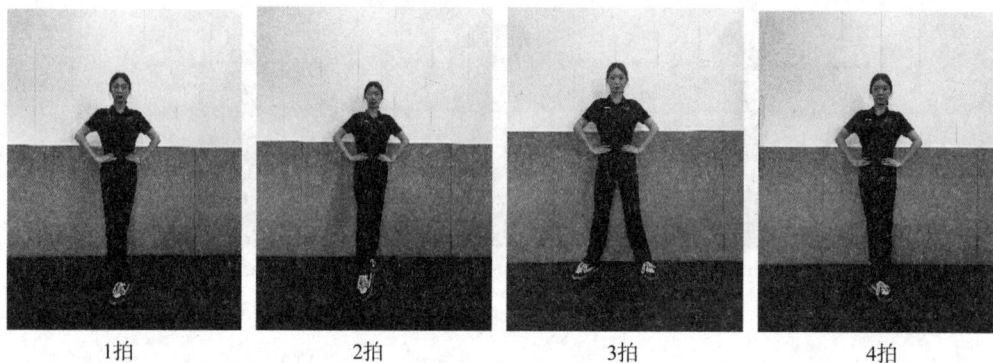

1拍　　　　　　2拍　　　　　　3拍　　　　　　4拍

图 12-10　右爵士盒步

**19. 伦巴盒步**

伦巴盒步是由 8 拍构成的在地板上形成盒子状的舞步动作。常用的有右伦巴盒步、左伦巴盒步。

右伦巴盒步：1 拍右脚向右一拍，2 拍左脚并步，3 拍右脚前进，4 拍停顿，5 拍左脚经右脚向左一步，6 拍右脚并步，7 拍左脚后退，8 拍停顿（如图 12-11 所示）。

**20. 查尔斯登步**

查尔斯登步是由 4 拍构成的舞步动作。常用的有查尔斯顿步、查尔斯踢步。

**21. 兜风步**

查尔斯顿步：1 拍右脚前踏，2 拍左脚前点，3 拍左脚后踏，4 拍右脚后点（如图 12-12 所示）。

1拍　　　　2拍　　　　3拍　4拍　　　过渡动作

5拍　　　　6拍　　　　7拍　8拍

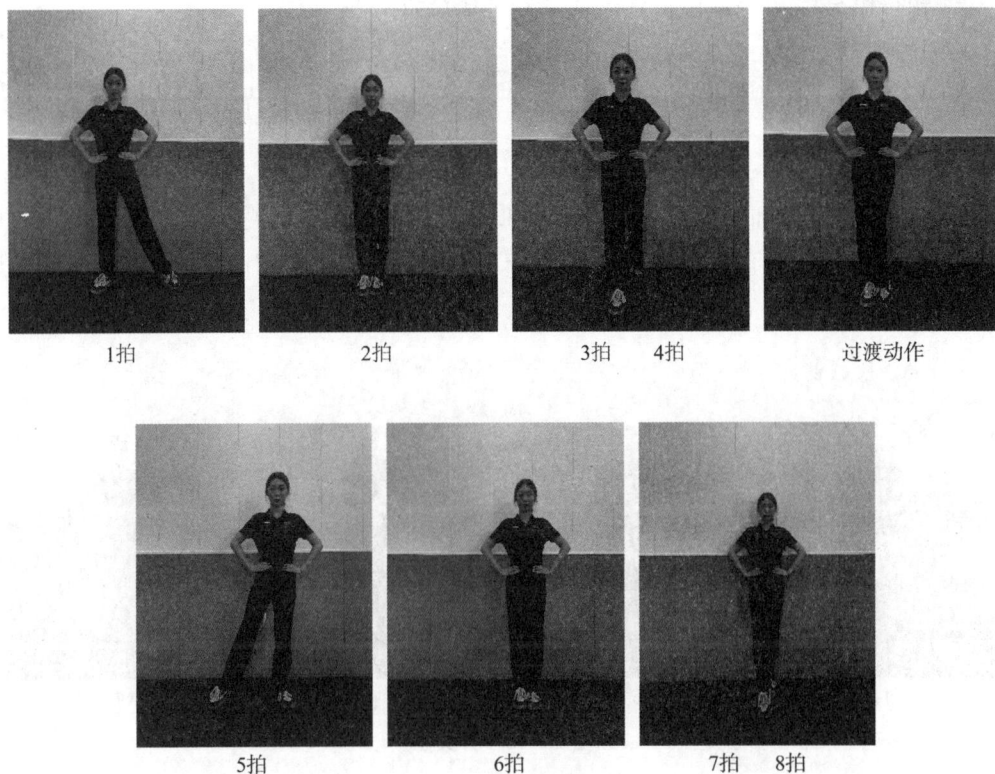

图 12-11　右伦巴盒步

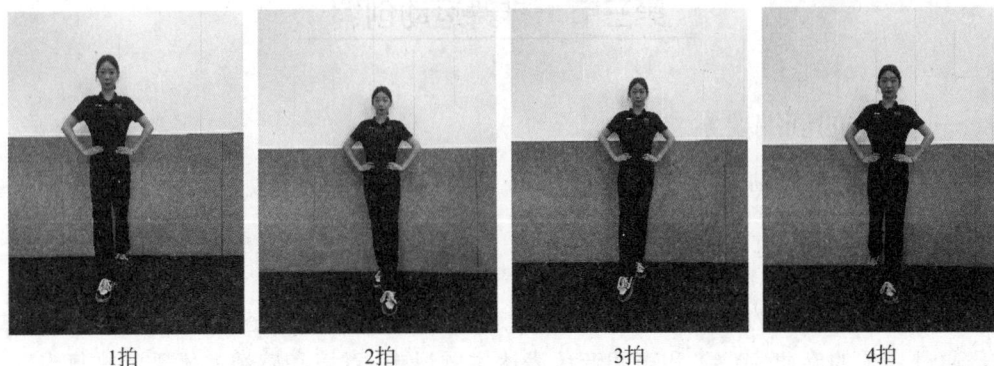

1拍　　　　2拍　　　　3拍　　　　4拍

图 12-12　查尔斯登步

兜风步是由 8 拍构成的舞步动作。1 拍右脚向右一步,重心在右脚;2 拍左脚在右脚后交叉,重心在左脚;3 拍右转1/4 同时右脚向前一步,重心在右脚;4 拍左脚向前一步,重心在左脚;5 拍右转1/2 同时右脚向前一步,重心在右脚;6 拍右转 1/4 同时左脚向左一步,重心在左脚;7 拍右脚再左脚后交叉,重心在右脚;8 拍左脚向左一步,重心在左脚。

**22. 曼特律转**

曼特律转是由 2 拍构成的右(左)脚经侧点并向后的转体。常用的有 1/4 曼特律右转、1/4 曼特律左转、1/2 曼特律右转、1/2 曼特律左转。

**23. 轴心转**

轴心转是由 2 拍构成的以右（左）脚为轴的转动。常用的有 1/4 右轴心转、1/4 左轴心转。

**24. 开关步**

开关步是由 2 拍和 2 个 & 拍构成的舞步动作。包括脚尖开关步、脚跟开关步。

脚跟开关步：1 拍右脚跟前点地，& 拍右脚还原，2 拍左脚跟前点地，& 拍左脚还原（如图 12-13 所示）。

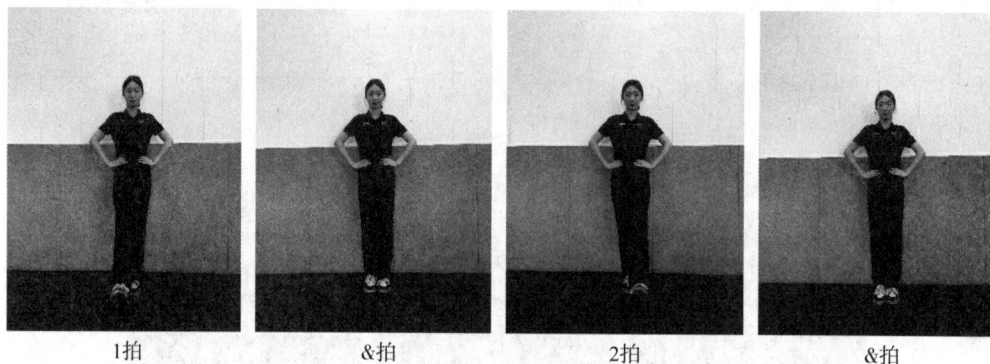

| 1拍 | &拍 | 2拍 | &拍 |

**图 12-13　开关步**

## 第三节　排舞运动创编

### 一、排舞的创编要素

排舞曲目是由几种不同的要素构成。它主要由音乐、时空和风格要素构成。

#### （一）音乐要素

音乐是所有舞蹈的构成要素，更是排舞运动的"魂"，舞步则是音乐的外在表现形式。排舞通过音乐的旋律、节奏、和声和音色表达主题思想、意境和感情。优秀的排舞专家总是选择最恰当的音乐语言来表现作品的内涵。

#### （二）时空要素

排舞创编实践中，要充分考虑时空要素。从时空上来说，一曲优美的排舞，通常要求创编的时间要"适"，完成的空间要"好"等。时间要素涉及音乐的长短和舞步数量。时间要素的选择比较灵活，主要根据创编者对音乐旋律的分析、消耗体能大小来确定适宜的时间长度。排舞是一项没有严格人数限制的健身运动。因此，成套动作的创编要充分考虑到场地空间的运用，这关系到运动的安全性。排舞空间的变化主要是指舞步方向变化、路线移动时采用的方法。要求曲目方向变化合理、舞步动作流畅、安全系数就高。

### (三) 舞谱要素

唱歌要有歌谱,演奏乐器要有曲谱,创编好的排舞曲目以规范的形式写成舞谱后,才能成为一个完整的排舞作品。作者必须提交舞谱、音乐和视频到国际排舞协会,经过认证后向全世界推广。排舞舞谱是描述和记录排舞舞步动作方法的工具,全世界的排舞专家和爱好者都是通过舞谱进行排舞的学习和交流。如果学习排舞永远采用"跟我跳"的方法,不看或看不懂舞谱,就不能真正体会排舞运动的魅力。

舞谱的记写分以下 3 个阶段:

(1) 对作品进行整体描述。主要是介绍曲目的名称、创编者、舞步组合的节拍数、曲目的方向变化难度级别、所选音乐的出处等。

(2) 编写重点舞步。重点舞步是指每个 8 拍或每 4 个 3 拍主要完成的舞步动作。

(3) 逐拍编写舞步动作。编写舞步动作应按照身体部位、动作方向、动作方法的顺序编写,要注意舞步描述的前后一致性。

有时,为保证音乐的完整性,有的曲目需要创编间奏动作,那么,就应该说明间奏的节拍数以及间奏开始的节拍、方向等。舞谱通过方向变化、音乐出处、舞步结构、重点舞步、舞步节拍数等的描述,帮助人们理解和把握曲目及风格。

另外,用英文记写舞谱时,要尤其注意中英文表达方式的不同。中文舞谱是按照身体部位、动作方向、动作方法的顺序编写,而英文则是按照动作方法、身体部位、动作方向的顺序记写舞步。

## 二、排舞创编方法

在熟悉了排舞的音乐种类、掌握了排舞创编的要素和原则后,就可按照以下步骤进行排舞曲目的创编:

**1. 确定创编目的**

首先确定好创编排舞的目的是竞赛还是教学,或是健身娱乐。根据所确定的目的来进行下一步。如果目的不明确,对象也不明确,那么编排出来的排舞实用性将大打折扣。

**2. 选定曲目**

在编排目的明确以后,应确定音乐。根据音乐种类,确定曲目主题;根据音乐旋律,确定曲目风格和舞步组合结构。主题就是整支排舞的"骨架",没有主题的排舞作品是没有灵魂的。

**3. 创编主体舞步动作**

音乐和风格确定后,需要创编一个或几个最能表达曲目风格的舞步动作。主体舞步动作既可来自对音乐的感受,也可来自曲目风格。在排舞的编排中,主体舞步动作是指能充分表达这支排舞曲目风格和特征的基础动作,它们是构成舞步组合的基础,通过不断循环贯穿于整套动作中。

**4. 确定舞步方向**

在舞步创编的同时,应根据编排的目的选择合适的难度进行方向的设计。方向变化越多,难度就越大,所创编的排舞等级就越高。

### 5. 调整和完善

完整动作创编好以后,需要在练习的过程中不断地调整和完善。首先,要对成套动作结构的合理性和艺术性,成套动作的风格、舞步和音乐之间是否统一,舞步连接是否流畅,舞步和身体其他部位的配合是否恰当,以及难度安排是否合理等进行实践。优秀的排舞作品都是在不断修改中逐步完善的。

### 6. 编写舞谱

在经过了以上步骤之后,就可根据排舞舞谱的编写方法,把一支已经经过完善的排舞作品以舞谱的形式呈现出来了。

# 第十三章 体育舞蹈

## 第一节 体育舞蹈运动概述

### 一、体育舞蹈的发展

体育舞蹈的前身是舞厅舞,也称社交舞、交谊舞。最早的舞厅舞是源于意大利的一种由五步组成的小步舞。这种舞蹈于 1650 年被引进法国巴黎,国王在公开场合跳起了这种来自民间的舞蹈,并很快使之成为一种流行。据说,这种舞蹈一直占据舞厅的重要位置,直到 18 世纪末期。1768 年巴黎开办了第一家交际舞厅,由此社交舞开始流行于欧美各国,成为一种普遍的社交方式。

目前,国际上唯一被国际奥委会正式认可的体育舞蹈组织为世界体育舞蹈联合会(WDSF,World Dance Sport Federation)。其前身是世界国际业余舞蹈总会(ICAD),于 1935 年成立于布拉格,至 1990 年正式更名为国际体育舞蹈联合会(International Dance Sport Federation),注册地为瑞士洛桑;1997 年获得国际奥林匹克委员会的正式承认,体育舞蹈也被认可为体育运动项目。2010 年在该组织内成立职业体育舞蹈分会,至此该组织只负责业余体育舞蹈竞赛的性质改变,拥有了自己的职业运动员以及职业比赛。2011 年该组织更名为世界体育舞蹈联合会(World Dance Sport Federation,简称 WDSF)。截至 2015 年,该组织拥有 95 个会员团体。目前,WDSF 每年举办的大赛事主要有体育舞蹈世界大奖赛(标准舞、拉丁舞)、世界锦标赛(标准舞、拉丁舞)、世界公开赛以及各洲际体育舞蹈赛事等。

20 世纪 30 年代,国外交谊舞传入了我国,先后在上海、天津、广州等城市流行。竞技性体育舞蹈则是在 20 世纪 80 年代开始在国内推行。1987 年 4 月,举办了首届中国杯国标舞比赛,同年 5 月,举办了首届中日友好杯比赛。随后经过了全国二十几期的培训班,体育舞蹈开始在我国得到了普及与发展。

经过 30 年的发展,从体育舞竞技水平、社会普及程度、组织建设等方面来看,我国体育舞蹈已迈入了历史新阶段,成为国际上不可忽视的一支新力量。

随着国际组织的逐渐壮大,中国体育舞蹈的官方组织中国体育舞蹈运动协会(Chinese Dance Sport Association,简称 CDSA)于 1991 年 5 月在北京成立,其业务主管单位为当时的国家体委。2002 年,在国家体育总局和文化部的支持下,由文化部所属的中国业余舞蹈竞技协会和国家体育总局所属的中国体育舞蹈运动协会联合而形成了中国体育舞蹈联合会(Chines Dance Sport Federation,简称 CDSF),并重新在民政部进行了登记注册。

目前,中国体育舞蹈联合会的重大赛事包括体育舞蹈全国锦标赛、中国体育舞蹈公开赛(由 5 个分站赛和 1 个总决赛组成)、全国青少年体育舞蹈锦标赛等,每年还承接许多国际性重大赛事,以及符合全国和地方发展特色的赛事。

## 二、体育舞蹈的特点

体育舞蹈是一种由男女双人配合,在界定的音乐和节奏范围内,正确展示和运用身体技术与技巧,包括身体姿势的控制能力、动作力量的表现能力、地板空间的应用能力等,并结合艺术表现力来完成的,具有规范性和程序性的运动项目。

### (一) 严格的规范性

体育舞蹈正是由于其规范、完整的技术体系,才得以在全球推广,正如古典舞和西方芭蕾舞一样,它是经过数百年历史的锤炼,几代人加工而成的。体育舞蹈的规范性表现在技术的规范要求上。通过对 WDSF 最新教材的分析,最新的标准舞技术要求增加到 11 个方面,每个动作都可从步序、足位、方位、转度、足法、音乐时值、舞伴位置、身体拧转、升降、倾斜、延伸去规范;而拉丁舞则从步序、足位、使用动作、转度、足法、音乐时值、方位、舞伴位置、引导握持形状、髋部路线、臀部肌肉运动、身体中段横移、身体中段挤压、身体拧转 14 个方面加以规范。技术层面的规范统一,既为体育舞蹈的特性进行了科学化的严谨描述,同时也为体育舞蹈作为一项竞技体育项目提供了可进行评判的标准。除此之外,体育舞蹈对于音乐也有规范要求,对音乐的风格特点、速率、节奏类型、时长等都有严格的规定。

### (二) 高雅的艺术性

体育舞蹈是一项融技术与艺术于一体的表现美的运动项目。究其起源,体育舞蹈运动来源于欧洲的宫廷,要求参与者具有良好的修养、得体的礼仪、优美的动作等。体育舞蹈的独特审美特性是所有运动参与者所着迷的最重要因素,也是其对于观众来说的吸引力所在。随着体育舞蹈运动的发展,追求艺术性、竞技性、技巧性不仅是运动员获取运动成绩的必要途径,也是保持体育舞蹈最本质的风格的艺术要求。正是由于体育舞蹈的艺术性,才使得体育舞蹈作为一项竞技体育项目,能够如此夺人眼球。

### (三) 体育竞技性和健身性

体育竞技性体现在体育舞蹈竞赛中,运动员必须在一轮又一轮的比赛中角逐,每次舞蹈展示时间持续 90—120 秒,进行多样化风格的表演。例如:一个进入决赛的选手,要通过 5 次,每次 5 支舞蹈的竞赛,而对于 10 项舞者来说,至少要通过 4 次,每次 10 支舞蹈的竞赛。一个优秀的选手在力量、平衡、柔韧、协调等身体能力方面都达到极致，以追求在舞蹈状态中的极限展示。

体育舞蹈的健身性表现在其锻炼价值上，从 20 世纪 60 年代至今，许多科研人员对体育舞蹈的生理和心理作用做过研究，通过对人体能量代谢、能量消耗和心率变化的测定，显示出华尔兹舞和探戈舞的能量代谢为 7.57，高于网球 7.30，与羽毛球 8.0 相近。可见，体育舞蹈引起人的生理变化是明显的，它是陶冶情操、锻炼体魄的一种极好的运动形式。

### （四）交往的娱乐性

体育舞蹈起源于社交场所，其本质就是以交往为目的一个娱乐载体。体育舞蹈强调的是娱乐性和健身性，强调身心的和谐发展。体育舞蹈是人们交流思想、抒发情感、消除隔阂、相互沟通的最好形式之一。体育舞蹈是双方合作项目，以"对"为单位，双方遵循同样的技术原理，讲究双人之间的协同配合，从而表达出一致的舞蹈情绪。双方成员都基于其自身舞蹈技术，寻求对方的配合，以展示各自的风格以及表现魅力，合作与交往是这个运动项目不变的主题。舞蹈中融洽、和谐的气氛能增进人与人之间的友谊，丰富社会文化生活。

## 三、体育舞蹈的分类

随着体育舞蹈标准化进程与竞技发展的同步推进，体育舞蹈分类从最初的无序状态到先后有过按照地域划分、按照舞蹈形式划分、按照舞蹈形成的先后顺序划分等标准。体育舞蹈的分类已经综合了上述几个标准，形成了现在约定俗成的两大舞系：标准舞和拉丁舞。

### （一）标准舞

从英文的命名"Standard Ballroom Dance"来看，标准舞是指用一定的标准来规范的舞厅舞。从 20 世纪 20 年代以来，被逐渐纳入到标准舞这个系列的舞蹈一共有 5 种——华尔兹、探戈、狐步舞、快步舞、维也纳华尔兹。与拉丁舞系最大的区别在于标准舞着装正式、华丽，握持单一严谨，舞步起伏（跳跃）流动。

#### 1. 华尔兹（Waltz）

华尔兹舞是标准舞中历史较为悠久的舞种，也是生命力最强的舞蹈。"华尔兹"一词最初来自古德文 Walzel，意思是"滚动""旋转"或"滑动"。3/4 拍的圆舞早在 12 世纪的德国巴伐利亚和奥地利维也纳地区的农民中流行，17 世纪进入维也纳宫廷，18 世纪被誉为"欧洲宫廷舞之王"，19 世纪初传入美国波士顿，20 世纪重返欧洲，并以新的"慢华尔兹"的形式席卷欧洲大陆。华尔兹的风格特点是音乐袅娜、舞态雍容、步伐婉转、曼妙大方。

#### 2. 探戈（Tango）

探戈舞起源于非洲中西部的民间舞蹈探戈诺舞。16 世纪末至 17 世纪初，随着黑奴进入美洲，探戈诺舞融合了拉美民间舞蹈风格，形成了舞姿优雅洒脱的墨西哥探戈和舞姿挺拔、舞步豪放健美的阿根廷探戈。随后传入欧洲，融汇了欧洲民间舞蹈，尤其是受西班牙民间舞蹈的影响，在原有豪放洒脱的基础上，渗入了幽雅含蓄的情趣，形成了西班牙探戈、意大利探戈和英国皇家式探戈。探戈舞舞步顿挫有力、潇洒豪放；身体无起伏、无升降；表情严肃，有左顾右盼的头部闪动动作。探戈的风格特点是音乐华丽、舞态刚劲、步伐顿挫磊落。

### 3. 狐步舞（Slow Foxtrot）

狐步舞起源于美国黑人舞蹈。1914 年夏，美国演员哈利·福克斯模仿马在慢步行走时的动作并设计了一种舞蹈形式，迅速在全美风行，人们因此称狐步为福克斯。现在国际上跳的狐步舞是英国的约瑟芬·宾莉改编的。

狐步舞的风格特点除具有华尔兹的典雅大方、舒展流畅和轻盈飘逸之外，更具有狐步舞独有的平稳大方、悠闲自在、从容恬适的韵味。狐步舞的舞步轻柔、圆滑、流畅，方位多变且不并步。在动作衔接中呈现出降中有升、升中有降的线形流动状。

### 4. 快步舞（Quick Step）

快步舞是一种起源于英国的摩登舞，它以轻快的步伐和活泼的风格著称，有时也被称为"欢快舞"。这种舞蹈将芭蕾舞中的一些小跳动作融合在内，使得它更加轻快灵巧，具有较高的技巧性和艺术魅力。快步舞的动作快速、机灵，具有起伏和弹跳性，舞姿活跃且风格高贵优雅，是标准舞中最轻松活泼的舞蹈之一。它的基本舞步包括并合步（Chasse）、波格（Polka）、锁步（Lock）和一些华尔兹舞步，音乐是 4/4 拍，每分钟 50—52 小节，基本节奏为慢快快慢或慢慢快快。

## （二）拉丁舞

二战胜利后的英国土地上，舞厅舞的盛行不仅传承了英国本土的皇家风范，而且由于人口流动而带来了异域文化的融合，很多拉丁音乐和舞步成为当时流行的舞厅舞的主要内容，一部分有着敏锐洞察力的教师在标准舞的范式下，开始逐步整理拉丁舞，形成了拉丁舞的 5 种风格迥异的舞蹈：桑巴、恰恰、伦巴、斗牛、牛仔。与标准舞最显著的区分在于拉丁舞着装性感优雅、双人配合形式多变，多应用身体髋部多维度绕动动作。

### 1. 桑巴（Samba）

桑巴舞是从巴西农村的摇摆桑巴舞传入城市演变而来的，后在里约热内卢狂欢节上公开表演后，以它微妙的节奏和强烈的感情倾倒了巴西人，逐步成为巴西的民族舞，是巴西音乐和舞蹈的灵魂。20 世纪 20—30 年代桑巴舞传入欧美。桑巴舞的风格特点是动作粗犷、起伏强烈，舞步奔放、敏捷，富有强烈的感染力。由于它在移动时沿舞程线绕场进行，因此它是拉丁舞中行进性的舞蹈。

### 2. 恰恰舞（Cha-Cha-Cha）

恰恰舞由非洲传入拉美后，在古巴获得很大发展，它是模仿企鹅姿态创编的舞蹈。在动作编排上一反男子领舞的习惯，男女动作不求统一整齐，且多半是男子随后。恰恰舞是由 4 拍跳 5 步的舞步构成，其中，第 4 拍跳 2 步，即为"恰恰"。恰恰舞节奏欢快，邦伐斯鼓和沙锤的咚咚沙沙声与动作相吻合，舞蹈诙谐、俏皮，备受欢迎，是拉丁舞中最流行的舞蹈。

### 3. 伦巴（Rumba）

伦巴舞，作为拉丁舞的一种，不仅是一种充满情感的舞蹈，也承载着丰富的历史与文化。起源于古巴的伦巴舞,最早与 19 世纪后期的古巴黑人奴隶群体的生活密切相关。这种舞蹈以其性感而富有情感的舞步和节奏而闻名,融合了非洲和西班牙的舞蹈元素,形成了一种独特的表达方式。伦巴舞的音乐通常以 4/4 拍的节奏进行,舞步包括一个慢步和两个快步,形成快速而富有韵律的动作。伦巴舞的特点在于其腰胯的摆动,这是该舞蹈最突出的特征。舞者们在保持脊椎垂直和肩膀平稳的同时,通过重心的转移自然形成臀部的摇摆,而不是故意摆动臀部。伦巴舞的另一个显著特点是其男女舞伴对舞时的随意性和自由性,这使得伦巴舞在表达青年男女爱情故事时显得尤为优美抒情。

伦巴舞的流行曲《La Paloma》自 1886 年起在古巴为人所知,其舞步以扭胯、捻步和抖肩为主,男性的进攻性与女性的防御性动作交织在一起,形成了伦巴独特的风格。20 世纪 20 年代后,伦巴传入欧洲和北美,吸收了爵士乐和其他舞蹈因素,成为舞厅中广受欢迎的舞蹈形式。在跳伦巴时,舞者需要注意身体的各个部位的协调与控制。例如,出步后,膝部要使劲顶直,臀部的摆动看起来轻快柔和,实则内部用力,展现出一种内存的韧劲。此外,伦巴的动律产生于劳动,因此跳伦巴舞时要求保持脊椎直和两肩平,臀部的摇摆是由于重心的转移自然形成的。

伦巴舞不仅是一种流行的舞蹈形式,更是一种文化现象,它反映了古巴及其他拉丁美洲国家人民的生活和情感。随着时间的推移,伦巴舞已经发展成为国际标准舞中的重要组成部分,受到全世界舞蹈爱好者的喜爱和推崇。

### 4. 斗牛舞(Paso Doble)

斗牛舞是一种源自法国,在西班牙广为流传的舞蹈,其动作灵感来源于西班牙的斗牛场面。这种舞蹈以 2/4 拍的音乐为伴奏,节奏鲜明而有力,每分钟大约 62 小节。斗牛舞的特点在于其雄壮的音乐、豪放的舞态和强悍振奋的步伐,男舞者在舞蹈中扮演斗牛士的角色,表现出勇猛和力量,而女舞者则象征斗牛士用来激怒公牛的红色斗篷,因此她的舞步中包含了大量的跳跃和旋转动作。斗牛舞的舞姿要求挺拔,没有胯部动作和过分的膝盖屈伸,而是通过踝关节和脚掌平踏地面来完成舞步。这种舞蹈动静鲜明,力度感强烈,发力迅速而收步敏捷顿挫。在斗牛舞中,男舞者的角色尤为重要,要求男舞者表现出斗牛士的勇猛坚强、潇洒挺拔以及阳刚和热情,而女舞者则要展现线条的优美和动作的自由流畅。斗牛舞的流行与其独特的风格和强烈的情感表达密切相关。在舞蹈中,男舞者和女舞者的动作都相当舒展和激烈,与音乐的配合非常一致,使得斗牛舞成为了一种充满激情和戏剧性的舞蹈。

### 5. 牛仔舞(Jive)

牛仔舞源于美国西部 20 世纪 20 至 30 年代盛行的牛仔舞蹈,舞步带有踢踏动作。节奏快速兴奋、动作粗犷,带有举持舞伴和甩动的技巧,是表现牧人强健体魄和自由奔放情绪的舞蹈,具有独特的魅力,后经规范进入表演舞范畴。二战期间传入英国,获得迅速推广。牛仔舞音乐 4/4 拍,舞曲欢快、有跃动感、舞步丰富多变,其强烈的扭摆和连续快速的旋转,常使人眼花缭乱,亢奋热烈。

## 第二节　体育舞蹈基本技术

### 一、标准舞

#### （一）身体基本姿势

一般来说,姿势是指在静态或移动状况下,身体用以对抗重力而采用的各种形态。在体育舞蹈中,静态姿势是身体的正常姿势,通过以下对正常站立姿势(非舞蹈姿势)的适应性改变来形成。

（1）略微地伸展腹部肌肉,也有利于略微地伸展背部。

（2）控制盆骨肌肉,以便于腰部线条可以保持与地面平行。

（3）重心转移到脚掌,保持膝盖略微弯曲。

①在这个(重心向前转移的)阶段,身体线条的角度必须保持相对于地板不变。

②女士向脚掌转换身体重心时,只是身体的中段转换,头部仍在初始位置。这会形成一个向后弯曲的线条,不同于初始姿势。身体稍向左移动,直到女士最下方的右肋跟男士最下方的右肋接触。肩部线条应保持跟地板平行、头部直立、脖子拉长、肩部下沉。

手的握持是男士和女士之间的接触点。为形成自然和平滑的连接,男女士肩部保持平行,男士的胳膊形成清晰尖锐的线条,女士的胳膊形成圆弧形线条。下面的顺序步骤可用于双人形成连接(如表13-1所示)。

表13-1　手的握持

| 握持的步骤 | 连接状态和功能 |
| --- | --- |
| 1. 男士左手握着女士右手 | 握持在靠近女士眼睛的高度,保持自然手形 |
| 2. 男士右手放在女士左肩膀 | 支撑女士,用以指示前进、后退和侧向的运动方向 |
| 3. 女士左手放在男士三角肌的下端 | 展现平滑的手形和肩形,女士避免用手拉拽男士肩部 |

#### （二）常见舞伴位置

**1. 闭式位置(右对右)**

这是一个基础位置,通常被用在舞蹈的开始。在闭式位置中,女士中段的右侧接触男士中段的右侧,男士和女士的左侧不接触,肩和胯保持平行(如图13-1所示)。

**2. 外侧舞伴位置**

这个位置与闭式位置非常相似,向前运动的舞伴需要用右脚走向外侧时会被用到。如果步在高位,它与闭式位置的区别就非常小,都是做一个略微的向右旋转,以便在肩部和胯部之间形成出接近1/8的转动,使得前进舞伴的脚和膝可以运动到舞伴外侧。如果舞步在低位,胯部会同时略微向侧移动,直到前进舞伴的右腿进入到后退舞伴的右腿旁侧。此时,只有右侧肋部保持接触(如图13-2所示)。

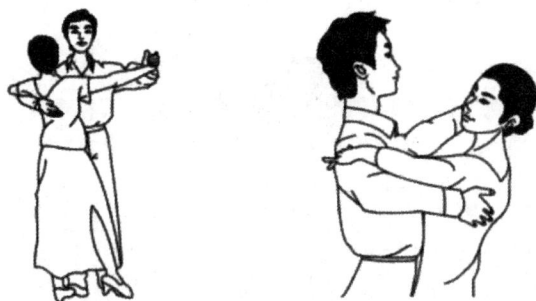

图 13-1　闭式位置

图 13-2　外侧舞伴位置

### 3. 侧行位置

这个位置的接触点是男士的右侧和女士的左侧,形成一个 V 形。当双方都需要朝同一方向向前运动(向着 V 形的开口)时会用到这个位置。为了更详细地说明这个位置,可以考虑以下的例子:从闭式位置开始,略微转动双方的身体(男士向左,女士向右)即可形成侧行位置。两人的身体做类似链条绞动动作的转动,而不是靠滑行动作来呈现出 V 形(如图 13-3 所示)。

图 13-3　侧行位置

### 4. 并退位置

这个位置的接触点是男士的右侧和女士的左侧,形成一个 V 形。当双方都需要朝同一方向向后运动(向着 V 形的关闭处)时会用到这个位置。需要注意的是,并退位置跟侧行位置非常相似(如图 13-4 所示)。

图 13-4　并退位置

### (三) 标准舞身体动作的通用技术

**1. 反身动作**

一侧脚前进或后退时,另侧肩和胯后让或前送,使身体与舞步形成反向配合的身体动作。

**2. 侧引带**

当同侧的肩部与前进或后退的脚步朝舞步的同一方向运动时,被称为"侧引带"。这类动作通常用在从闭式向外侧舞伴转换的舞步中。例如:狐步中的羽步。

**3. 反身动作位置**

在身体不转动的情况下,一脚在身前或身后形成交叉,以保证两人身体维持相靠姿态的身体位置叫反身动作位置。常用于外侧舞伴姿态、侧行位置姿态的舞步中。

**4. 升降**

升降指在跳舞时身体的上升与下降。升降动作是在膝、踝、趾关节屈和伸动作的转换中完成的。

**5. 摆荡**

摆荡是指舞者在身体上升做斜向或横向移动时,像钟摆一样把身体摆动起来。

## 二、拉丁舞

### (一) 身体基本姿势

一般来说,姿势可定义为身体为对抗重力所采用的位置。

有两种类型的姿势:身体处在静止位置下,且不考虑任何运动,为静态姿势;运动中身体的状态为动态姿势。动态姿势是由身体不同部位同时运动的组合结果,而且会不断变化。

拉丁舞里,除了斗牛舞采用一种特别的姿势外,其他舞种基本保持不变。在现代拉丁舞中,男士和女士的身体姿势根据舞种的内涵及特征有略微的不同。各舞种之间也有些小的姿势差异性。常用的拉丁舞姿势如下：

### 1. 男士

从矢状面看，下列点应该在一条垂线上：头部中心（以耳朵为准）、肩部中心、髋部中心。该垂线会根据身体动作和步态，落入脚的不同区域。每种舞的重心都应该维持在脚内缘。

在恰恰舞和伦巴舞里，膝关节应当伸直。高级舞者有时可使用膝关节后锁（过伸）。在其他 3 种舞中，除非特别指出，膝关节都不要过伸。相反地，膝关节应该稍微弯曲，以不改变舞者身高为准。在舞蹈的专门术语中，膝关节的这种状况被称为"压缩"。

肩和胸应该放松，而腹部则应保持微收张力，其力量来源于横膈膜的等长收缩，把肚脐拉向脊柱，拉向内上方胸腔中心。由于拉丁舞鞋的鞋跟有一定高度，大腿后群肌及躯干肌需维持一定的紧张度。

### 2. 女士

在所有舞种中，女士的身体姿势与上述都有些微的不同：胸腔微向前平移（1—2 厘米），骨盆微向后前倾（1—2 厘米）。

## （二）基本身体位置

基本身体位置泛指舞者跳舞时两人相对的位置和姿态。主要包括以下基本位置：

### 1. 闭式位置

伦巴舞、桑巴舞和恰恰舞中闭握式男女方约相距 15 厘米，且女方略靠男士的右侧。身体重心可以落在任一脚，女方重心着落的脚通常与男方相反。男方的右手要放在女方背后，如握茶杯的方式托着女方左肩胛之下半部。男方的右手臂轻柔而微屈地拥住女方，其手肘的高度约与女方的胸部相齐。女方的左臂则顺此曲线轻轻地靠在男士右臂的上方，而左手也轻轻置于男士的右肩之上。男左臂与右臂高度相互对齐，左前臂上举。左手腕平直，手心约在鼻子的高度；并以左手微握女方右手，其相握的位置，约在两人身体相距的中心点（如图 13-5 所示）。

西班牙的闭握式，除了双方的身体从大腿到髋部紧贴之外，与上述十分相似。不过由于身体的贴近，也使得男士的左手与女士的右手，抬高了大约 15 厘米，双方的手肘也是如此。牛仔舞中的闭握式跟伦巴舞、桑巴舞、恰恰舞所使用的相同，只是手臂握的位置稍低一点而已。

图 13-5　闭式位置

### 2. 分式位置

男女分开约一个手臂的距离，互相对视。重心可落在任一脚，女方的重心着落的脚与男方相反。双脚的位置是因进行不同的舞步而有所不同。

握手的方式会因接下来要跳的舞步而异，有下列 3 种握手方式男左女右、男右女左、男右女右且男左女左（双手互换）或男女不相握。当男女相握时，相握的手臂趋前互握，但略为回收弯曲，双手位置略低于胸骨，另一双不握的手向外侧伸也并略为下收弯曲。与肩胛呈一柔和曲线。若双手均分开不握时，双手向前，手臂下垂，双肘靠住身体的两侧。分式位置如图 13-6 所示。

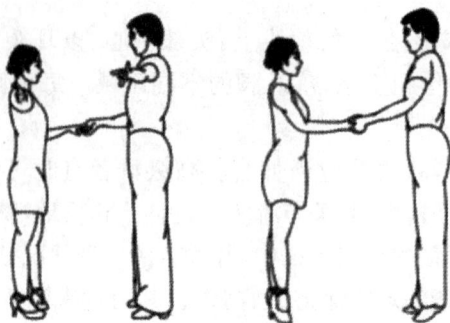

图 13-6　分式位置

### 3. 扇形位置

扇形位置是被用在伦巴舞和恰恰舞,女方在男方的左侧相隔一个手臂的距离,女方的身体与男方的身体呈直角形的排列,而女方之左脚向后踏出一整步,重心便坐落在左脚上。而男方右脚向侧并稍微向前跨出,以支撑全身的体重。女方的右脚向前投射的一条假想的虚线约在男方身体前方的 15 厘米之处。

处于扇形位置之时,男方的左手掌心向上,女方的掌心向下。男方的左手在女方之下并以大拇指扣住女方的手背。女方向前伸的右手稍微下收弯曲到比肩膀略低一些的高度。女方的左手和男方的右手则向外伸出并略为下收弯曲,与肩膀成一柔和曲线。双方的头部以自然的前视方式摆置。扇形位置如图 13-7 所示。

图 13-7　扇形位置

### 4. 分式并退位置

分式并退位置常运用在伦巴舞和恰恰舞中,分式位置是先以男方左手握女方右手,若是分式并退位置,则变成男方左手握女方的右手;男方向右、女方向左各转 1/4 圈后,男方右脚女方左脚向后各退一步;男方的左手、女方的右手向前推出且略向下收,此二手的位置稍低于其胸骨;男方的右手和女方左手则向外侧伸出与肩同高。由于臂部的动作而使身体微倾,让男方的右手臂(女方的左手臂),看起来比另一只手臂高。

要从男方右手握女方左手的分式位置变成男方右手握女方的左手的分式并退位置,

必须男方向左、女方向右各转 1/4 圈后,男方左脚,女方右脚向后各踏一步。而男女的手臂位置与男方左手握女方右手的分式并退位置相反。分式并退位置如图 13-8 所示。

图 13-8　分式并退位置

### (三) 拉丁舞髋部动作技术通则

**1. 髋部路线**

髋部路线是指在每步的运行中,髋部的大致运行轨迹,每一个髋部路线都是整个骨盆结构的一个或多个组合运动。骨盆运动轨迹如下:

(1) 额面横移

髋部向右和左横移(正面视图)。相对于肩线而言,髋部向旁移动,没有转动和倾斜。

(2) 额面倾斜

髋部向左和向右倾斜(正面视图)。一侧髋比另一侧低。这个位置可以通过将身体重量转移到一条腿上,并弯曲另一侧膝盖形成。髋部既无横移也不转动。

(3) 横断面转动

髋向左和右拧转(正面视图)。髋部在肩下转动,形成躯干的扭转。

(4) 天状面前倾和后倾

髋部前倾和后倾。还需要注意的是,髋部的后倾总是与腹部肌肉收缩相结合的。

**2. 常用髋部路线**

髋部路线由上述简单运动组合而成。理论上,有多种可能的髋部路线,且高级舞者可以使用任何一种来达到编排或机体运转的目的。最常用的髋部路线如表 13-2 所示。

表 13-2　8 字胯路线

| 步骤 | | 骨盆运动 |
| --- | --- | --- |
| 开始位置 | | 从中间位置向左拧转 |
| 1 | 向右的半个 8 字 | 向右斜前方横移,并保持向左拧转 |
| 2 | | 向右拧转 |
| 3 | | 向左斜前方横移,并保持向右拧转,至位于身体之下 |

| 步骤 | | 骨盆运动 |
|---|---|---|
| 4 | | 继续向左斜前方横移,并保持向右拧转 |
| 5 | 向左的半个8字 | 向左拧转 |
| 6 | | 向右斜前方横移,并保持向左拧转,至艘位于身体之下 |

（1）8字胯

8字胯是髋部在横断面上,拧转和横移的动作组合,如图13-9所示。根据所跳舞步的不同,也为了运动的流畅性和协调感,在步骤3和6时,将使用一定骨盆前倾动作,在步骤1和4时,使用骨盆后倾动作。在某些情况下。8字胯只做到中间位置（步骤1、2或4、5）。这种情况时的运行被称为"向左/向右的1/4个8字"。

（2）反8字胯

在横断面上,髋部拧转和横移动作的组合。

（3）斜拧

斜拧是拧转和倾斜的结合,当髋部向右拧转时,同时微向左倾斜。当髋部向左拧转时,同时微向右倾斜。

（4）画圈

髋部的画圈动作使用了移动,倾斜,前倾和后倾。

（5）前半圈（向前的1/2圈）

从左向右或从右向左的半个圈,经身体前方,包含一个向前的骨盆倾斜。

（6）后半圈（向后的1/2圈）

从左向右或从右向左的半个圈,经身体后方,包含一个向后的骨盆倾斜。

（7）右半圈

从前至后或从后至前的半个圈,经身体右侧。

（8）左半圈

从前至后或从后至前的半个圈,经身体左侧。

（9）骨盆倾斜

骨盆可向前、向后、向斜或向旁倾斜,是骨盆前倾和后倾的直接结果。

（10）倾斜

倾斜是骨盆的一个位置,即一侧髋相对放低。只有在重量100%放到主力腿上时,或一侧膝盖比另一侧弯曲很多时才能完成。

（11）扭转

扭转是骨盆向左或向右拧转的直接结果。

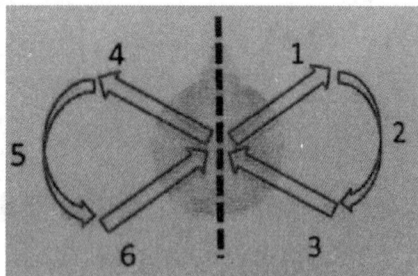

图13-9　8字胯

### 三、体育舞蹈的礼仪

#### （一）礼仪的意义

（1）标准舞礼仪是体育舞蹈中基本精神的体现，是女士优雅、男士绅士的风范之象征。

（2）舞者进行礼貌地行礼，代表对考官以及观众的尊重。

（3）开始礼仪，代表舞者已经准备就绪；结束礼仪，代表舞者向考官、观众以及舞伴表达谢意。

（4）完整的礼仪表示舞者以良好的状态进行舞蹈展示，充分体现自身对舞蹈的尊重。

#### （二）标准舞礼仪的程序

**1. 开始礼仪——面向考官/观众站立**

①右脚向侧迈出一步，同时右手上举经前向侧匀速打开。

②左脚向后交叉于右脚，同时左手上举经前向侧匀速打开。

③女士：双膝微屈，同时右臂屈肘、右手置于左肩，左臂屈肘、左手置于背后，头部略微前点；男士：步骤同女士，但无屈膝行礼。

④还原至双手打开位置。

⑤左脚收回至右脚并立，同时双手经体侧匀速放下，行礼结束。

**2. 结束礼仪——面向考官/观众站立**

①左脚向前迈出一步，同时双手经体侧匀速斜前举。

②女士：双膝微屈，同时右臂屈肘、右手置于左肩，左臂屈肘、左手置于后，头部略微前点；男士：步骤同女士，但无屈膝行礼。

③还原至双手打开位置。

④右脚收回至左脚并立，同时双手经体侧匀速放下，行礼结束。

#### （三）拉丁舞礼仪的程序

**1. 开始礼仪——面向考官/观众站立**

①左脚向侧迈出一步，同时左手上举经前向侧匀速打开。

②右脚向后交叉于左脚。

③女士：双膝微屈，同时左手匀速放下，头部略微前点；男士：步骤同女士，但无屈膝行礼。

④还原至双手打开位置，右脚收回至左脚并立，行礼结束。

**2. 结束礼仪——面向考官/观众站立**

①右脚向前迈出一步，同时双手经体侧匀速斜前举。

②左脚收回至右脚并立，同时双手经体侧匀速放下，行礼结束。

## 四、体育舞蹈建议性组合示例

### 1. 华尔兹单人组合

| 序号 | 动作名称 | 动作时值 | 编舞时值 |
|------|----------|----------|----------|
| 1 | 左脚前进步带跟掌滚动摆荡 | 123,223 | 123,223 |
| 2 | 后退步带跟推摆荡 | 123,223 | 323,423 |
| 3 | 左脚前进并换步 | 123 | 523 |
| 4 | 右脚前进并换步 | 123 | 623 |
| 5 | 左脚后退并换步 | 123 | 723 |
| 6 | 右脚后退并换步 | 123 | 823 |
| 7 | 左脚前进1/4周左转 | 123 | 123 |
| 8 | 右脚后退1/4周左转 | 123 | 223 |
| 9 | 左脚后退1/4右转 | 123 | 323 |
| 10 | 右脚前进1/4右转 | 123 | 423 |
| 11 | 向右摆荡(左脚后退,右脚向旁,右转1/4) | 123 | 523 |
| 12 | 向右摆荡(左脚后退,左脚向旁,左转1/4) | 123 | 623 |
| 13 | 向右摆荡(左脚后退,右脚向旁,右转1/4) | 123 | 723 |
| 14 | 在右脚上左转(右脚后退,左转1/4周,左脚原地靠近右脚) | 133 | 823 |

### 2. 探戈单人组合

| 序号 | 动作名称 | 动作时值 | 编舞时值 |
|------|----------|----------|----------|
| 1 | 两次前进常步接并步 | SQQ | 1234 |
| 2 | 两次后退常步接并步 | SQQ | 5678 |
| 3 | 两次前进常步 | SS | 2234 |
| 4 | 旁步 | QQ | 56 |
| 5 | 刷点步 | &S | 78 |
| 6 | 两常步 | SS | 3234 |
| 7 | 分式左转 | QQSQQS | 5678,4234 |
| 8 | 左转4—6(女步) | QQS | 5678 |
| 9 | 两次后退常步接并步 | SQQ | 5234 |
| 10 | 两次前进常步接并步 | SQQ | 5678 |
| 11 | 两次后退常步 | SS | 6234 |
| 12 | 旁步(女步) | QQ | 56 |
| 13 | 刷点步(女步) | &S | 78 |
| 14 | 分式左转1—3(女步) | QQS | 7234 |

| 序号 | 动作名称 | 动作时值 | 编舞时值 |
|------|----------|----------|----------|
| 15 | 右脚后退接摇步 | &SQQ | 5678 |
| 16 | 左脚后退接摇步 | SQQ | 8234 |
| 17 | 左转 4—6 | QQS | 5678 |

### 3. 华尔兹双人组合

| 序号 | 动作名称 | 动作时值 | 编舞时值 |
|------|----------|----------|----------|
| 1 | 左脚前进并换步 | 123 | 123 |
| 2 | 右转步 | 123<br>223 | 223<br>323 |
| 3 | 右脚前进并换步 | 123 | 423 |
| 4 | 左转步 | 123,223 | 523,623 |
| 5 | 左脚前进并换步 | 123 | 723 |
| 6 | 右脚前进并换步 | 123 | 823 |

### 4. 探戈双人组合

| 序号 | 动作名称 | 动作时值 | 编舞时值 |
|------|----------|----------|----------|
| 1 | 两常步 | SS | 1234 |
| 2 | 旁步 | QQ | 56 |
| 3 | 刷点步 | &S | 78 |
| 4 | 两常步 | SS | 2234 |
| 5 | 分式左转步（女士外侧并步结束） | QQSQQS | 5678,3234 |
| 6 | 两常步 | SS | 5678 |
| 7 | 左脚摇步 | QQS | 4234 |
| 8 | 左转 456 | QQ | 5678 |

### 5. 伦巴单人组合

| 序号 | 动作名称 | 动作时值 | 编舞时值 |
|------|----------|----------|----------|
| 1 | 原地换重心 | 2341 | 1234 |
| 2 | 时间步 | 2341 | 5678 |
| 3 | 原地换重心 | 2341 | 2234 |
| 4 | 时间步 | 2341,2341,2341 | 5678,32345678 |
| 5 | 基本动作（前进与后台） | 2341,2341 | 42345678 |
| 6 | 基本动作 | 2341,2341 | 52345678 |
| 7 | 基本动作四分之一转 | 2341,2341 | 62345678<br>72345678 |

续表

| 序号 | 动作名称 | 动作时值 | 编舞时值 |
|---|---|---|---|
| 8 | 库克拉恰 | 2341,2341 | 82345678 |

### 6. 恰恰单人组合

| 序号 | 动作名称 | 动作时值 | 编舞时值 |
|---|---|---|---|
| 1 | 原地换重心 | 234&1,234&1 | 12345678 |
| 2 | 快节奏原地换重心 | 2&34&1,2&3481 | 22345678 |
| 3 | 原地换重心至追步 | 234&1,234&1 | 32345678 |
| 4 | 前进后退锁步 | 234&1,234&1 | 42345678 |
| 5 | 基本动作 | 234&1,234&1 | 52345678 |
| 6 | 基本动作四分之一转 | 234&1,234&1,<br>234&1,234&1 | 62345678<br>72345678 |
| 7 | 向右手对手 | 234&1 | 8234 |
| 8 | 向左手对手 | 234&1 | 5678 |

### 7. 伦巴双人组合

| 序号 | 动作名称 | 动作时值 | 编舞时值 |
|---|---|---|---|
| 1 | 闭式基本动作1—3 | 2341 | 1234 |
| 2 | 扇形步 | 2341 | 5678 |
| 3 | 阿列玛那 | 2341,2341 | 22345678 |
| 4 | 纽约步 | 2341,2341 | 32345678 |
| 5 | 臂下左转 | 2341 | 4234 |
| 6 | 臂下右转 | 2341 | 5678 |
| 7 | 手接手 | 2341,2341 | 52345678 |
| 8 | 向旁走步 | 2341 | 6234 |
| 9 | 古巴摇滚 | 2341 | 5678 |
| 10 | 向右定点转 | 2341 | 7234 |
| 11 | 肩对肩 | 2341,2341 | 56788234 |
| 12 | 向左定点转 | 2341 | 5678 |

### 8. 恰恰双人组合

| 序号 | 动作名称 | 动作时值 | 编舞时值 |
|---|---|---|---|
| 1 | 1—5闭式基本步 | 234&1 | 1234 |
| 2 | 扇形步 | 2341 | 5678 |
| 3 | 曲棍形转步结束在相对侧行位 | 234&1,234&1 | 22345678 |
| 4 | 纽约步 | 234&1,234&1 | 32345678 |

| 序号 | 动作名称 | 动作时值 | 编舞时值 |
|---|---|---|---|
| 5 | 向右定点转 | 234&1 | 4234 |
| 6 | 手接手 | 234&1,234&1 | 56785234 |
| 7 | 向左定点转 | 234&1 | 5678 |
| 8 | 节奏步 | 234&1,234&1 | 62345678 |
| 9 | 臂下左转 | 234&1 | 7234 |
| 10 | 肩对肩 | 234&1,234&1 | 82345678 |
| 11 | 臂下右转结束于闭式位 | 234&1 | 5678 |

# 第十四章 瑜伽

## 第一节 瑜伽运动概述

### 一、瑜伽的起源与发展

瑜伽，起源于古印度，距今已有五千多年的历史，被誉为"世界的瑰宝"。它最早出现在印度北部的喜马拉雅山麓地带，由古印度瑜伽修行者根据动物的姿势观察、模仿并体验创立出的一系列身心锻炼系统，即体位法。"瑜伽"（Yoga）一词源自梵语"yug"或"yuj"，意为"一致""结合"或"和谐"，代表着探寻"梵我合一"的道理与方法。

瑜伽的发展经历了多个阶段。在公元前 300 年左右，印度大圣哲帕坦伽利创作了《瑜伽经》，正式将瑜伽行法订为完整的八支体系，包括道德规范、身体净化、体式练习、呼吸控制、感官内收、静坐冥想、智慧认知和心灵自在，这标志着瑜伽的正式成形。现代学者将瑜伽的发展分为四个时期：原始发展期、古典时期、后古典时期和现代发展期。

从古至今，瑜伽不断适应时代需求，从一种宗教修行方式逐渐演变为全球广泛传播的身心锻炼修习法。在现代，瑜伽已经成为世界广泛传播的一项身心锻炼修习法，不断演变出了各种各式的瑜伽分支方法，如热瑜伽、哈他瑜伽、高温瑜伽、养生瑜伽等，以及一些瑜伽管理科学。它对心理的减压以及对生理的保健等明显作用而备受推崇。

瑜伽与其他锻炼方式有着明显的区别：瑜伽注重"内外兼修"，运动方式相对舒缓，体位法练习需要将呼吸与姿势动作配合，并强调练习过程的专注；瑜伽没有竞技性，强调每个人在自己的能力范围之内活动，任何年龄段、任何身体状况的人都能从瑜伽锻炼体系中找到适合自己的锻炼内容。

### 二、瑜伽的特点与作用

常练瑜伽可以帮助人们释放和缓解精神上的压力与紧张，培养集中注意力的能力并提高学习、工作的效率。瑜伽练习可以强身健体，主要改善人体柔韧、力量和平衡等方面的身体素质。瑜伽通过推、拉、扭、挤、伸等各种动作不仅可以增进脊柱的健康，还能强化内脏器官,加强内分泌系统的功能,预防和辅助治疗各种慢性疾病。

## 第二节 瑜伽运动基本动作

### 一、瑜伽呼吸法

#### (一) 胸式呼吸

(1) 跪坐于脚跟上,背挺直,进入自然的呼吸。

(2) 将双手掌心向内,四个手指朝前,拇指朝后,轻轻地拢住肋骨两侧。吸气时,感觉肋骨向外扩张,扩张的力量会轻轻地推开手掌;呼气时,感觉肋骨向内收缩,手掌随着肋骨回缩向内合拢。

(3) 反复进行 3~5 分钟以后,将手掌放下,试着保持这种呼吸方式。

#### (二) 腹式呼吸

(1) 仰卧于垫子上,双腿打开,一只手放于腹部,另一只手放于胸部。

(2) 做 15~20 次缓慢的呼吸。吸气时,腹部向上鼓起;呼气时,腹部向下收缩,肩胸部不动。可以用手感觉自己的呼吸是否符合标准。

(3) 在吸气和呼气之间暂停几秒钟,同时保持喉部处于放松状态。

#### (三) 完全呼吸

(1) 仰卧于垫子上,屈膝,双脚平放,与髋同宽,放松。

(2) 吸气时,腹部、肋骨、胸部依次向上鼓起,暂停几秒钟。

(3) 呼气,同时舒张胸部和肩部肌肉,慢慢持续收缩腹肌,再次暂停几秒钟。

(4) 重复以上步骤。

### 二、瑜伽体位法

#### (一) 站立体式

站立体式富有动感,能激发能量,是其他体式的基础。在站立体式中,身体的重量要均匀分布在脚跟和脚趾上,两腿要均衡受力。通过站立体式,练习者可以逐步熟悉骨骼和肌肉的各个部位,并学会利用意识使这些部位运动起来,变得更有主动性。

**1. 战士二式**

功能:可以使腿部肌肉更为匀称、强健。同时,它也能缓解小腿和大腿肌肉痉挛,增强腿部和背部肌肉的弹性,加强腹部器官。

动态版本动作描述:如图 14-1 所示,准备体式如图 14-1(1)所示,而后依次做(2)、(3)姿势,并交替进行,重复 3~8 次,以呼气结束,再反向恢复准备体式。然后,换右边重复做一组动作。

(1)　　　　　　　　(2)　　　　　　　　(3)

图 14-1　战士二式

静态版本动作描述:按动态版本执行,在完成图 14-1(1)~(3)动作后自然呼吸保持 3~8 个呼吸时间。反向执行这组动作,恢复准备体式,再换右边动作。

### 2. 战士一式

功能:能充分扩展胸腔,有助于深度呼吸,可缓解肩部和背部肌肉的僵硬,强健脚踝和膝盖,对颈部僵硬也有治疗的效果,同时还能减少臀部的脂肪。

动态版本动作描述:走或跳至图 14-2(1)的动作位置,进入图 14-2(3)动作后,图 14-2(3)和图 14-2(4)动作(这里不用抬头)交替进行,重复 4~8 次,以呼气结束,再反向执行到图 14-2(3)。然后,换右边重复这组动作。

静态版本动作描述:按动态版本执行,在完成图 14-2(4)后自然呼吸保持 4~8 个呼吸时间。反向执行这组动作,恢复图 14-2(1),再换右边动作。

(1) 准备体式　　　(2) 准备体式　　　(3) 进入前体式　　　(4) 战士一式

图 14-2　战士一式

### 3. 三角伸展式

功能:能强壮腿部肌肉,去除臀部和腿部的僵硬;同时能缓解背部疼痛,增强脚踝力量,强健胸部;此外,还可以消除身体侧面多余的脂肪,使人体态轻盈。

动作描述:走或跳至图 14-3(1)动作位置,进入图 14-3(3)动作时应先侧弯再转头向上看,下侧手可以轻放在脚踝或者小腿上,也可以像图中所示放在瑜伽砖上。如果身体柔韧度可以,下侧手可让手指甚至手掌触地,但要放于小腿外侧。在图 14-3(3)的位置上自然呼吸保持 3~8 个呼吸的时间。反向执行这组动作,恢复图 14-3(1),再换右边动作。

(1)　　　　　　　　(2)　　　　　　　　(3)

图 14-3　三角伸展式

## （二）平衡体式

### 1. 树式

功能：能强壮腿部肌肉，锻炼平衡感，还可以使人拥有挺拔、优雅的姿态。

动作描述：保持图 14-4(3)动作 3～8 个甚至 16 个呼吸的时间，注意力集中在温和地伸展脊椎和脖子以及腿、脚着地的感觉。双腿要对称练习并保持呼吸时间相等。

如果练习过程中站立不稳，可以根据个人情况完成图 14-4(1)和图 14-4(2)动作，也可将脚放于支撑腿小腿或膝盖内保持身体稳定。

(1) 手扶助握脚踝　　(2) 下肢稳定手合并　　(3) 进入体式（正面）　　(4) 进入体式（侧面）

图 14-4　树式

### 2. 鸟王式

功能：能强健脚踝，消除肩部僵硬，还可以防止小腿肌肉痉挛。

动作描述：保持图 14-5(3)动作 3～8 个甚至 16 个呼吸的时间，注意力集中在保持手臂和视线居中，身体挺直，以及膝盖对着正前方上。如果练习过程中站立不稳，可降低难度，双臂互抱或展开。

(1) 脚动作　　　　(2) 脚动作　　　　(3) 完整鸟王式

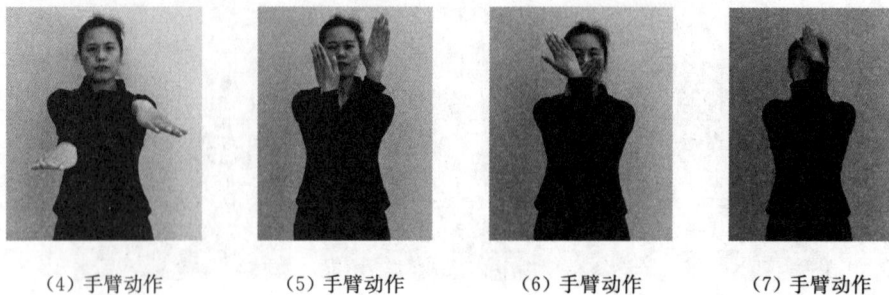

（4）手臂动作　　　（5）手臂动作　　　（6）手臂动作　　　（7）手臂动作

图 14-5　鸟王式

### （三）腹部体式

功能：可以缓解腹部胀气，也有助于减轻胃部疾患，还有助于消除腰部脂肪，增强肾脏功能。生理期不可以做。

完全船式动作描述：保持 3～8 个呼吸时间，注意力集中在保持脊椎和双腿伸直上（如图 14-6 所示）。

（1）准备体式　　　　　　（2）进入体式

图 14-6　完全船式

### （四）后弯体式

#### 1. 全蝗虫式

功能：这个姿势能加强上背部肌肉的力量，增强脊柱的弹性，降低颈部和肩膀的僵硬度，练习对椎间盘突出的人群十分有好处。

动作描述：保持图 14-7(2)3～8 个呼吸的时间，注意力集中在收缩腹部上。

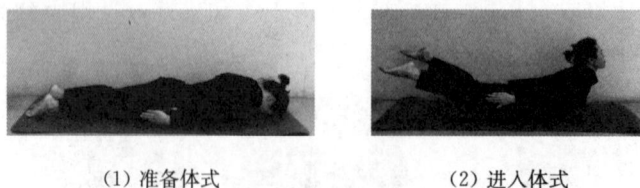

（1）准备体式　　　　　　（2）进入体式

图 14-7　全蝗虫式

#### 2. 鱼式

功能：打开和伸展喉咙，使呼吸系统受益，释放上背部的张力。

动作描述：在图 14-8(2)位置上保持 2～8 个呼吸时间，注意力集中在扩胸和轻轻挤压背部上。有能力的继续吸气,头、胸、腰同时抬离地面向远伸,向上抬起(达到个人最适合高度)手臂尽量向后伸展。

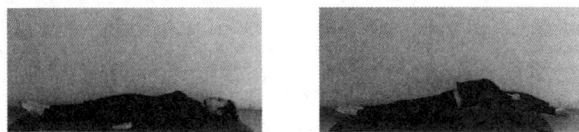

(1) 准备体式　　　　　　(2) 进入体式

图 14-8　鱼式

## (五) 前屈体式

### 1. 单腿头到膝式

功能:有助于提高腿部后侧的柔韧性并促进背部的伸展,能轻柔地按摩腹脏器官,促进消化和排泄,还可以有效消除腿部和背部的赘肉,是一个同时可以美化腿部与后背的体位法。

动作描述:保持图 14-9(3)4～6 个呼吸时间。注意力集中在保持髋部外开、收腹以及用胸部呼吸上。每次呼气时,再轻松地稍微前弯。双腿要对称练习。

(1) 准备体式　　　　　(2) 准备体式　　　　　(3) 进入体式

图 14-9　单腿头到膝式

### 2. 束脚式

功能:有助于保持膝关节、髋关节的柔韧性,改善盆腔、腹部和下背部的血液循环,强健生殖系统,预防坐骨神经痛和疝气。该姿势对女性大有益处,有助于减少经前和经期问题。

动作描述:保持图 14-10(3)中姿势 6～8 个呼吸的时间。如果背部受过伤,不要进大幅度版本的练习。

(1) 准备体式　　　　(2) 进入体式(侧面)　　　　(3) 进入体式(正面)

图 14-10　束脚式

### （六）扭转体式

**1. 脊柱扭式**

功能：脊柱扭式是使大脑清醒的最有效的姿势。对排列各个脊椎骨的位置特别有用，特别能有效扭转腰部以上的脊椎，缓解背部的疼痛。

动作描述：保持图 14-11(3)中姿势 3～8 个呼吸的时间，让脊椎伸直，并保持在中间位置。在这个例子中用不被挤压的左胸呼吸，如图 14-11(2)恢复呼气，再反向执行这套动作。

（1）准备体式　　（2）准备体式　　（3）进入体式　　　　（4）进入体式

**图 14-11　脊柱扭式**

**2. 仰卧屈膝扭转式**

功能：按摩和放松腰骶部，使脊椎排列整齐，按摩腹部器官。

动作描述：从图 14-12(1)开始进入图 14-12(2)后还原至图 14-12(1)，再进行相反方向的转动。左右方向各进行三次，每侧最后一次扭转坚持 6～8 个呼吸时间。

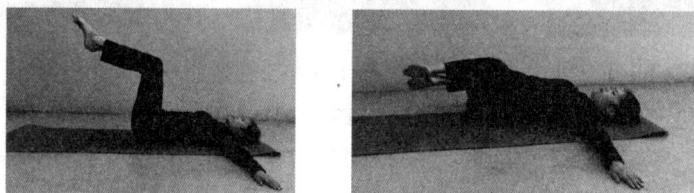

（1）准备体式　　　　　　　　　（2）进入体式

**图 14-12　仰卧屈膝扭转式**

## 第三节　瑜伽运动练习方法

### 一、瑜伽练习的注意事项

### （一）心态

练习瑜伽应保持一种平和的心态，切忌好高骛远，只一味追求高难的动作。实际上高难度动作所能带来的健康益处与大多数练习者日常练习的 20 种基本动作所带来的益处是相似的。

每个人练习瑜伽的起点都不一样,即使练习者身体僵如木板或非常瘦弱,仍然可以通过规律的瑜伽练习来增加身体的柔韧度、肌肉力量、平衡感和心肺功能,从而提高自身的体质水平。因此,按照自己的速度循序渐进地练习才是更为重要的。

瑜伽练习没有竞技性,因此练习过程无须和他人攀比,只和自己比,只和昨天比,只有持之以恒地正确练习才能身心获益。

### (二) 练习频率

最好坚持每天练习,尽管在练习的初期阶段这么做很难坚持,但记住要享受每次的练习过程,不要让它成为一种强迫性的束缚和苛刻的纪律,温和地对待自己,关注自己每天的感觉,并根据自己的感受调整瑜伽的练习进程。通常,练习者可以从每周练习两次开始。

### (三) 练习时间

应尝试每天在同一时间练习瑜伽,这样坚持能形成习惯,产生最大的效果。清晨是学习或练习的最佳时间,但对于初学者来说,最好是在下午或者晚上开始练习,因为此时身体的肌肉更柔韧。

每次练习的时间可以是 15 分钟,也可以是两个小时。为了获得最佳的练习效果,应准备 60～90 分钟,这样练习者就有充足的时间完成姿势、呼吸、放松和冥想的练习。刚开始练习者会喜欢短时间的练习,但慢慢地就会逐渐习惯并延长练习的时间。

### (四) 练习环境

练习瑜伽应选择通风好、空气清新、安静、温暖的地方,室内、室外均可以。练习的地面应平坦且不要过硬。应避免在阳光直射下练习瑜伽,在烈日下暴晒后也不要马上练习瑜伽。

### (五) 服饰

穿宽松、轻便、舒适的服装练习瑜伽,以便让身体可以自由地活动。女性的内衣不宜过紧,以免使呼吸或循环受限。尽管瑜伽练习赤脚为佳,但如果太冷,也可以穿棉袜或者专业的瑜伽鞋练习,忌穿丝袜练习。练习前应摘掉项链、耳钉、戒指、手表、腰带和其他的饰物,以免练习过程中刮伤自己。

### (六) 器材

应选用薄厚适中的垫子或毯子,好的垫子应具有良好的防滑性和弹性。初学者不宜用镜子以免分散注意力,但在达到一定熟练程度后,可偶尔使用镜子来观察细微动作。

### （七）进食

应空腹练习瑜伽,即使最少量的进食(如水果或果汁、牛奶、酸奶),至少也要在练习前1小时完成。如果进食蔬菜、谷物,则要求在练习前2小时完成。如果进食肉类等油腻食物,则要求在练习前3～4小时完成。练习完半小时后进餐。

### （八）卫生习惯

练习瑜伽体位法之前,要做好个人的清洁卫生:清空膀胱,清洗鼻腔、牙齿和舌头;沐浴后更适合练习瑜伽,但要在15分钟或者20分钟之后再开始练习。练习完体位法后还想洗澡,最好在仰卧放松功后15～20分钟再沐浴。

### （九）女性月经期

女性经期中最好不要练习,建议停下来休息。如果身体发紧或者感觉有压力时,可以练习仰卧束脚式或束脚式动作,但幅度不能过大。在月经期,所有挤压腹部姿势、倒立姿势、后仰姿势都要禁止。

## 二、瑜伽体位法练习的基本技巧

### （一）注意身体的信号

练习者需要敏锐地观察以下这些身体信号:

**1. 身体的颤抖**

初学者都会有这样的经历:动作过程尤其在动作的保持过程中四肢会遇到一种不自主的颤抖,这些颤抖是练习者的肌肉正在适应工作需要而起的反应,只要没有出现劳损就不必担心。这时可以尝试深呼吸一下,并将注意力集中到身体上。如果这种颤抖超过了疼痛感界限,练习者就需要适当放慢练习速度或者完全停止该动作。

**2. 呼吸的急促**

练习过程呼吸明显加快是练习强度加大的正常反应,但如果呼吸急促,那就说明练习者即将达到训练量上限。这时练习者需要警惕起来,小心地控制动作。

**3. 身体的其他反应**

如果练习过程听到关节的响声而又没有任何不适,这是正常现象,不必紧张。如果出现头晕、恶心等不适症状,则应立即停止休息,并尽快咨询教练。

### （二）缓慢而稳当地运动

为了得到最好的练习效果,应当缓慢而稳固地练习各种动作,并关注自己呼吸和体式的变换。尽量抵挡动作无意识的加快,仔细地体会每一个动作。如果呼吸变得急促起来或者练习者开始感觉疲劳了,应当稍作休息再继续。如果出现了厌烦的情绪或者精力分散了,就应该换一个充足的时间段全身心地投入,或者制动采用前面提到的休息方法进行放松。

### （三）配合正确的呼吸

**1. 呼吸的基本原则**

（1）用鼻子呼吸，除非特别说明，不要屏息。

（2）呼吸（包括吸气和呼气）要早于运动几秒钟，即先进行呼吸再进行动作。

（3）吸气和呼气末都有一个自然的停顿。

（4）练习开始时让呼吸引导运动的长短。

（5）让呼吸动作本身引导练习者。如果练习者感到呼吸费力时，就提示练习者该收回动作或者开始进行下一个动作了。

（6）在做任何体位法时，尝试感受气流正在涌向练习者的动作部位。

**2. 呼吸与体位法配合的一般规律**

（1）进行身体向前屈的姿势时呼气。

（2）进行身体向后弯的姿势时吸气。

（3）进行身体向侧弯的姿势时呼气。

（4）进行身体扭转的姿势时呼气。

### （四）适时地放松肢体

对于初学者，下面的做法可以在练习的开始阶段帮助练习者体验到某一特定姿势的功效和益处。

（1）适当地简化一些瑜伽体式。

（2）利用一些辅助器械。常用的有瑜伽砖、瑜伽带、瑜伽凳。图 14-13 是瑜伽带在头到膝式中的应用。但最重要的还是要关注动作过程肌肉的用力方式，有意识地放松那些不要用力的肌肉，释放拙力。

图 14-13 利用瑜伽带辅助头到膝体式

## 三、瑜伽体位法练习的简化动作

下面的简化练习可以帮助练习者逐步完成前面介绍的体位法的动作要领。

**1. 战士二式**

可以先背靠墙壁练习，以便更好地控制姿态。当练习者双脚靠墙时，后面的手掌则可以接触到墙壁。

**2. 战士一式**

（1）如果后脚跟内转感到困难，可将脚跟靠墙练习。

（2）如果下背部感到不适，可将双手置于髋部完成该姿势。

（3）感觉抬头往上看无法保持平衡时，可以先目视正前方。

（4）最传统的练习方法是手臂头顶合十，练习者可以根据自己的练习进度选择该手型。

**3. 三角伸展式**

（1）身体柔韧度不够的练习者可以双手叉腰，背靠墙壁来帮助控制身体的平面和保持平衡(如图 14-14 所示)。

(2) 如果转头感到疼痛,可以直视前方。

**4. 树式**

(1) 当弯曲腿的脚掌无法稳定地放在大腿根部时,可以尝试将脚的位置降到膝盖的内侧(如图 14-15 所示)。

(2) 当身体无法稳定地保持竖直时,可以靠墙练习以支撑身体。

(3) 做动作时总是不停地晃动,可以尝试从抬脚的那一刻就先将注意力放在较近的地面,随着身体的稳定慢慢将视线抬高并集中在不远处的某一物体上。

(4) 如果肩膀总是紧张,无法充分伸展,可以将两手分开,呈双臂上举的姿势。

图 14-14　三角伸展式简化动作　　图 14-15　树式腿部简化动作

**5. 鸟王式**

(1) 如果腿无法盘到异侧腿小腿的内侧,可以贴紧在小腿外侧。

(2) 手无法盘紧可以采用两臂相互抱紧的方法代替。

**6. 完全船式**

(1) 如果双腿伸直保持平衡感到困难,可以将双手放在地上,或将抬起的双脚靠在墙上,但不要用手掌碰触双腿。

(2) 如果双腿伸直,背部感到疼痛,可以使膝盖保持弯曲(如图 14-16 所示)。

**7. 全蝗虫式**

可以先行练习图 14-17 的改编动作,同样可以增强上下背部的力量。

图 14-16　完全船式简化动作　　　　图 14-17　全蝗虫式简化动作

**8. 脊柱扭式**

(1) 当练习者的手无法抓住脚踝外侧时,完全可以尝试用手臂的肘部抵住膝盖的外侧。

（2）在练习脊柱扭动式之前可以先练习半脊柱扭式、简化脊柱扭式，关于这些体式的内容练习者可以参看张蕙兰的《瑜伽气功与冥想》。

## 四、瑜伽放松练习

按下面的步骤进行仰卧放松功练习（如图 14-18 所示）。30 分钟的练习方案大约放松 5 分钟。60 分钟的练习方案大约放松 10 分钟，并在步骤（6）运用第一节中介绍的腹式呼吸或者完全呼吸方法。

**图 14-18　仰卧放松功**

（1）仰卧平躺，双臂伸展放松，置于身体两侧，掌心向上，闭上双眼，做仰卧放松功动作。

（2）有意识让自己放松。可以想象一幅自己躺在阳光灿烂的白色沙滩上的画面。

（3）做两次深呼吸，尽量使呼气时间延长。

（4）绷紧双脚的肌肉，坚持几秒钟，然后有意识地放松双脚。依次使自己的小腿、大腿、臀部、腹部、胸部、背部、双手、前臂、上臂、肩部、颈部和面部肌肉进行同样的练习。

（5）不时地检查自己从脚部到脸部的肌肉是否已经放松了。记住舌头和嘴巴也要放松。

（6）享受身体逐渐完全放松的感觉，同时让自己自由呼吸。

（7）将要结束该练习时，在睁开双眼前尽量长时间地保持这种放松的感觉。

（8）睁开双眼，伸伸懒腰，侧身缓慢坐起来，搓热双掌抚摸眼球，缓慢睁开眼睛向远看。

# 第十五章 拓展训练

本章将介绍拓展训练的起源、拓展训练的特点和拓展训练的流程。针对大学生协作能力、沟通能力、创新能力的培养,本节选取有代表性的拓展训练项目进行详细讲解。

## 第一节　拓展训练概述

### 一、拓展训练的起源

户外拓展训练的奠基人是库尔特·哈恩,他创办了"阿伯德威海上学校",学校采用拓展训练辅助培养年轻海员在海上的生存能力和触礁后的生存技巧及团队精神。20 世纪50 年代后,拓展训练的独特创意和训练方式逐渐被教育学家、心理学家、社会学家、管理学家所推崇,培训对象由海员扩大到学生、工商界人士等群体,训练目标也由单纯的体能训练、生存训练扩展到心理训练、人格训练和管理训练等,通过模拟真实情况的户外活动,对参与者进行心理和管理两方面的培训。

### 二、拓展训练的特点

拓展训练的特点包括:

(1)综合活动性:以体能活动引导,引发认知、情感、意志和交往活动。

(2)挑战极限:项目设计有一定难度,考验心理素质,鼓励挑战自我极限。

(3)集体与个性:强调分组合作,同时在集体中展现个性。

(4)高峰体验:在克服困难后,体验到胜利感和自豪感。

(5)自我教育:教员仅在课前说明内容和要求,活动中尊重学员的主体性。

### 三、拓展训练的流程

拓展训练的流程包含 5 个步骤：亲历、感受、分享、总结、应用。

（1）亲历：亲历也就是亲身体验。任何训练项目都是学生在教师的指引下去经历模拟场景，去完成具体任务。

（2）感受：只有置身其中，才能得到最真切的、全方位的、印象深刻的感受。学生在经历的过程中，会产生一些想法和观点，意识到自己的"症结"所在。

（3）分享："三人行必有我师"。完成任务的过程，也是磨合切磋、交流共进的过程。分享感受、畅所欲言的同时，每个人都会获得更多的经验。

（4）总结：通过实践、观察、交流和讨论，每个人都会有所心得，每个人的认识亦能由感性上升到理性。

（5）应用：这个过程是训练之后的个人收获。认识由实践获得，之后再用来指导实践，这也是拓展训练的终极意义所在。

## 第二节 常见拓展训练项目

常见的拓展训练项目及其分类、简介如表 15-1 所示。

**表 15-1 常见的拓展训练项目**

| 分类 | 项目 | 目标 | 人数与时间 | 场地与器材 |
|---|---|---|---|---|
| 破冰、沟通类 | 进化论 | 加强交流，活跃气氛，增添趣味性。 | 人数不限，20 分钟左右。 | 宽阔平整的室外场地，粉笔（或白灰粉）。 |
| | 超声速 | 培养沟通能力、协作能力、科学思维方式、制订战略计划能力，发展奔跑能力。 | 10～15 人，30 分钟左右。 | 平整开阔的场地，扑克牌。 |
| 个人挑战与领导力类 | 信任背摔 | 培养挑战自我的信心与勇气，增强责任感和信任感，提高团队凝聚力。 | 不少于 11 人，其中男性不少于 5 人，90 分钟左右。 | 宽间平整、地面无尖利石头的场地，15 米背摔架、背摔绳。 |
| | 盲人方阵 | 理解领导力在团队中的影响与作用，体会决策时个人的心理变化，理解团队活动中的角色认定与完成本职工作的重要性。 | 14 人左右，70 分钟左右。 | 相对平坦空旷的场地，宽 1—1.5 厘米、长 25 米左右的长绳，眼罩，整理箱。 |
| 团队合作类 | 蛟龙出海 | 培养竞争意识、勇往直前的精神和百折不挠、精益求精的意志品质，了解个人与团队节奏一致的重要性。 | 15 人左右，30 分钟左右。 | 宽阔平整、无尖利石头的场地，捆脚带，秒表。 |
| | 不倒森林 | 培养团结协作、互相补位的意识和积极心态，提高执行力。 | 10 人左右，20 分钟左右。 | 平整宽阔的场地，秒表，长杆。 |

下面对包括上述 6 种拓展训练项目的十种大学生可参与的拓展训练项目做具体介绍。

## 一、进化论

### 1. 项目操作

（1）教师集合所有学生，告诉大家比赛的规则和活动的范围，用粉笔画出 4 个直径为 5～10 米的圆圈作为进化圈，分别代表鸡蛋、小鸡、公鸡、凤凰。

（2）比赛开始，所有学生蹲下作为鸡蛋，学生两两进行猜拳，胜者进化一个等级，负者退化一个等级。

（3）进化为凤凰后的学生可走出圈子。

（4）比赛最终以剩余 3 名未成功进化的学生而结束，给予他们一定的"惩罚"。

### 2. 项目规则

（1）两人猜拳一局定胜负。

（2）胜者可以进化，即跑到相应进化角色的圆圈内，负者退化为前一个等级，由于鸡蛋为最低级，所以此等级的负者还是鸡蛋，无须退化。

（3）在猜拳或进化后，每个学生必须做出与对应角色相应的动作。

### 3. 注意事项

跑动中注意安全，防止相互碰撞。

### 4. 回顾分享

（1）主动和陌生人相互沟通有什么样的障碍？如果已经有了沟通的方式，会不会变得较为容易？

（2）在有些激烈及混乱的环境中，你有没有记住几个新朋友的面孔？

**图 15-1　进化论活动场景**

## 二、超音速

### 1. 项目操作

（1）所有参赛的学生应按照规则要求在限定的时间内完成比赛。

（2）教师可根据学生的身体素质情况设定跑进的距离。

（3）教师严格监控比赛过程，对违规现象进行说明。

### 2. 项目规则

（1）每队成员排成一列纵队，远处地面放置若干张扑克牌，要求队员按照数字从小到大依次翻开扑克牌。

（2）比赛开始后所有队员要严格按照站好的顺序依次进行，不得打乱顺序。

（3）听到开始口令后，每个队每次只能允许一名队员去翻开扑克牌，每名队员每次只能翻一张扑克牌，不管正确与否，都应返回换下一名队员。

（4）当队员翻开的扑克牌正确时应将扑克牌正面朝上，反之则将扑克牌扣上。

### 3. 注意事项

（1）每次跑进的前一名同学回来后要与下一名同学击掌，下一名同学才可继续。

（2）教师应时刻监控比赛过程，出现违例情况立即说明。

（3）教师应根据学生身体情况合理安排比赛人员，安全第一。

### 4. 回顾分享

（1）做事情要学会找科学的方法。

（2）团队高效工作需要每一个人配合。

（3）要敢于发现和及时解决问题。

（4）学会承担义务的同时发挥个人敢于担当的意识，培养自我的领导力。

图 15-2　超音速活动场景

## 三、信任背摔

### 1. 项目操作

（1）全体参与者在台下练习两遍捆手方法（双手体前交叉，掌心相对，十指交握，由内向上反翻至胸前，双手向内收紧，拳头抵住下颌，用绳子在手腕处捆扎）。

（2）背摔者上台后，教师先把其双手捆住。

（3）背摔者背向台站立。

（4）教师面向背摔者弓步站立，双手扶住背摔者的髋部，帮助其固定身体。

（5）背摔者大声喊："准备好了没有？"下面的保护者齐声回答"准备好了。"

（6）背摔者正直后倒，保护者接住背摔者。

（7）保护者将背摔者的脚放下，让其站稳，然后将捆手的绳子解开。

### 2. 项目规则

（1）保护者面对面成两队弓步站立，两队队员的左膝内侧相互紧贴，手心向上，五指并拢，放在对面同伴同一侧的肩膀上，胸部和两肩用力，双臂保持小幅度弯曲，同一列的保护者之间肩与肩靠紧。

（2）保护者始终仰头注视背摔者的背部，做好拉住背摔者的准备。

（3）在背摔者没有安全站稳前，保护者不能松懈。

**3. 注意事项**

（1）注意背摔者是否紧张，并保持交流。

（2）注意背摔者倒下时的身体状态。

（3）对于表现好的参与者及时给予鼓励。

（4）患有腰部疾病、颈椎和脊柱疾病、严重心脏病、脑血管疾病、高血压的人，不宜参加信任背摔。

**4. 回顾分享**

（1）应信任整个系统。

（2）责任即意味着付出。

（3）要换位思考。

（4）要克制自己生理本能的恐惧，遵循规范操作，减轻其他队员的负担。

（5）做一件事的表现与能力有直接关系，个人能力可以通过后天的学习获得，心理能力的好坏常常决定了成功与否。

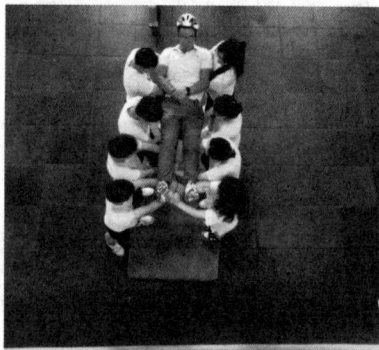

图 15-3　信任背摔活动场景

## 四、盲人方阵

**1. 项目操作**

（1）将学生带到指定的区域进行，学生成半圆形站立以便听清游戏规则。

（2）游戏过程中，教师实时观察记录。

**2. 项目规则**

（1）在整个活动过程中，任何人不得摘掉眼罩。

（2）戴上眼罩后，将双手置于身前，不得背手，严禁蹲坐在地上。

（3）学生确定提前完成任务后，将绳踩在脚下，并通知教师，教师确认后，学生方可按照教师的要求摘下眼罩。

**3. 注意事项**

（1）场地应平坦宽阔。

（2）戴上眼罩后，将双手置于体前，不得背手而走，严禁蹲坐在地面。

（3）活动过程中要注意安全。

（4）摘下眼罩时，应背对阳光，闭眼一会儿再睁开。

**4. 回顾分享**

（1）活动过程中，收获了什么？

（2）在特殊情境下，团队是怎么沟通的？

（3）团队在协作的过程中需要团队成员合理有效地沟通、计划、分工与合作。

（4）要做好自己的本职工作，认清自己的角色。

图 15-4 盲人方阵活动场景

## 五、蛟龙出海

### 1. 项目操作

（1）设定比赛距离，提出比赛要求与规则。

（2）教师实时控制比赛，记录现场学生的表现。

### 2. 项目规则

（1）比赛距离为 20 米，所有队员站于起点之后，以每队第一个队员的脚触到终点线为完成标志。

（2）每队所有人胳膊挽在一起。

（3）如果中间有人捆脚带松开或有人摔倒，要立即停止，整理好再重新出发。

（4）不能以跳或挪动的方式前进。

### 3. 注意事项

（1）做好热身活动。

（2）捆脚带要松紧适度。

（3）如果失去控制，尽量往前倒。

（4）身体不适的学生，不强求参与，做些力所能及的事情即可。

### 4. 回顾分享

（1）活动中遇到哪些困难，都是如何解决的？

（2）节奏不一致寸步难行，要理解个人与团队保持一致的重要性。

（3）执行力是团队成功的关键。

图 15-5 蛟龙出海活动场景

### 六、不倒森林

**1. 项目操作**

（1）设定两人前后间隔距离，讲解比赛要求与规则。

（2）教师实时控制比赛，记录现场学生的表现。

**2. 项目规则**

（1）以长杆长度为半径，每队队员手扶长杆，站成一个圆圈。

（2）所有队员将左手背后，右手掌平放于长杆上，不能握持。

（3）每队队员同时移动位置，手掌平放在前面队员的杆上。

（4）连续不间断完成 10 次为成功，如果中间长杆倒地，则需重新开始。

**3. 注意事项**

不能拿长杆打闹，不能将长杆插入地上。

**4. 回顾分享**

（1）每个人都把自身简单的事情做好就是给团队最大的支持。

（2）执行力就是把自己的事情保质保量完成好，并做好工作的衔接。

（3）互相包容、鼓励有利于团队的发展。

图 15-6　不倒森林活动场景

### 七、同心鼓

**1. 项目操作**

（1）一个直径 40 cm 的鼓，鼓身固定有沿圆周均匀分布的绳子。每个人拉一根绳子，保持鼓面水平。

（2）在保证安全的情况下，尽可能多地进行颠球。球颠起的高度应不低于鼓面 20 cm，否则此球不计数。如果球飞出鼓面，不得将鼓摔落在地上。

（3）游戏开始后，教师实时观察记录。

**2. 项目规则**

（1）同心鼓通常是 8～10 人组成的团队游戏，也可以根据实际情况调整人数。

（2）游戏开始裁判将球从鼓的中心位置向上抛去，队员齐心协力将球颠起。

（3）颠球次数多的队伍获胜，如果在颠球过程中球触地或触绳，应重新抛球，但可以连续计数。

**3. 注意事项**

（1）颠球过程中注意安全，避免过度用力或操作不当导致受伤。

（2）听从裁判指令，确保游戏顺利进行。

**4. 回顾分享**

（1）团队成员不分年龄、职业和性别，只需要有积极进取的心态和良好的沟通合作能力。

（2）队员之间应相互配合，互相信任。

（3）将自己担任位置的任务做好是团队成功的关键。

图 15-7 同心鼓活动场景

## 八、极速 60 秒

**1. 项目操作**

（1）各组代表队员通过三轮的努力，力争 60 秒的时间将规定区域内的 30 张卡片按照从大到小的顺序依次找出并递交给教师。

（2）教师实时观察记录。

**2. 游戏规则**

（1）每轮每组只能由一名组员进入圈内，只有这名组员可以触碰卡片并将卡片从大到小的次序交给老师，其他组员只能在圈外辅助，不能进圈也不能触碰卡片。

（2）每轮时间 60 秒，时间一到本轮立即终止，全部组员 5 秒内撤离场地。

（3）每张卡片以谐音、象形或一些常识性的内容逐一表示 1～30 范围内其中一位数字，具有唯一性。

（4）每轮过后，所有卡片都会返回圈内，再下一轮时需再次从头开始，逐一递交卡片。

（5）禁止使用任何电子产品进行拍摄或录像。⑥由老师统一口令开始，每轮间隔 3～5 分钟时间，再进行下一轮。

**3. 注意事项**

（1）30 张卡片区和参加比赛的队伍区制定 4 米以上的距离，卡片区内有大约 2 米的绳圈。

（2）拓展教练负责讲解游戏规则，不负责提示。

**4. 回顾分享**

（1）要相互沟通，多换位思考。

（2）要学会感激，学会宽容，学会回报，整个团队才会团结奋进。

（3）如果让你当队长你会怎么分配队员们所担任的角色呢？

图 15-8　极速 60 秒活动场景

# 九、合力搭建

## 1. 项目操作

（1）场地要空旷。

（2）小组全员参与，每个人至少拉一根绳子，通过控制绳子来控制绳盘上的挂钩。

（3）按照要求一层一层地垒起团队之塔。

（4）游戏开始，教师实时观察做好记录。

## 2. 项目规则

（1）只允许拉绳子的末端，不可以人为缩短绳长。

（2）项目过程中，任何人身体的任何部位都不可以触碰积木。

（3）可多个小组同时开始进行比赛，评判标准参考积木块数与时间。

（4）可只进行一轮，也可进行多轮比试，每轮比赛规则稍有不同。

## 3. 注意事项

（1）在移动过程中一定要注意安全，注意脚下。

（2）项目过程中服从教师指令。

## 4. 回顾分享

（1）团队所有成员要团结合力。

（2）只有坚持不懈的努力，才能达到平衡的状态。

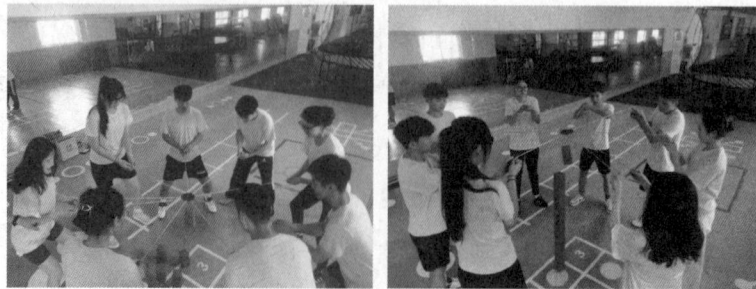

图 15-9　合力搭建活动场景

## 十、无敌风火轮

### 1. 项目操作

（1）设置一个圆形区域，将所有参与者分成若干组，并让每组站在圆形区域外侧。

（2）游戏开始时，所有参与者开始边跑边推风火轮前行，轮子的大小应该足够大，以容纳一到两个人站在上面。

（3）参赛者应在不离开轮子的情况下推动其前进。若有人掉下轮子或者轮子停止前进，该组则重新开始。

（4）教师实时观察记录。

### 2. 项目规则

（1）将参赛者分成若干个队伍，每队 5 人。

（2）每个队伍派出一名风火轮手，其他成员作为推手。

（3）风火轮手需站在轮子上，用双手抓住一根绳子，身体向前倾斜，保持平衡。

（4）推手需要推着风火轮手前进，同时保持平衡。

（5）每个队伍在规定时间内，走得越远得分越高。

（6）参赛者在比赛过程中不得手抓地面或者其他物体，否则将被判定为犯规。

（7）每个队伍只有一次机会进行比赛，比赛结束后得分高的队伍获胜。

### 3. 注意事项

（1）参赛者需要佩戴相应的保护装备。

（2）参赛者需遵守比赛规则，尊重对手和裁判的决定。

（3）比赛过程中，应注意安全，防止发生意外伤害。

### 4. 回顾分享

1. 每个队员都应正确认识自我。

2. 每个队员都应服从指挥。

3. 活动可以增强队员间的团结互助，理解和克服困难的团队精神。

图 15-10　无敌风火轮活动场景

# 第十六章 攀岩运动

攀岩运动是一项集智力、体力、技术于一体的体育项目。本节将主要介绍攀岩运动的起源与发展、场地与装备、基本技术与训练等。

## 第一节　攀岩运动概述

### 一、攀岩运动的起源与发展

攀岩运动兴起于 20 世纪中期的欧洲。20 世纪 80 年代后,现代竞技攀岩比赛开始兴起,法国、意大利和美国先后举办了各种形式的攀岩比赛。我国的攀岩运动始于 20 世纪 80 年代。1987 年,中国登山协会派人到日本学习攀岩运动的相关攀爬技术与规则,并于当年 10 月在北京怀柔举办了第一届全国攀岩比赛,这标志着攀岩运动正式引入我国。1993 年国家体委(现为国家体育总局)将攀岩运动列为正式比赛项目,同年 9 月在长春举办了第一届全国攀岩锦标赛。2001 年,在云南昆明举办了首届亚洲杯攀岩比赛。在竞技攀岩水平快速提高的同时,我国的群众性攀岩运动也得到了蓬勃发展。许多高校成立了相应的攀岩社团或专门的攀岩队伍。攀岩运动在我国不仅成了正式的竞技体育比赛项目,还是一项时尚休闲运动。

### 二、攀岩运动的特点

攀岩运动是一项结合力量、技巧、勇气和策略的极限运动,它要求参与者在垂直或倾斜的岩壁上进行攀登,利用手脚和身体的力量以及专用装备克服地心引力。攀岩对上肢力量、手指抓握力和下肢爆发力具有高要求,同时还需要攀岩者具有良好的平衡感、柔韧性和协调性。此外,攀岩运动还强调心理素质,如决断力、专注力和面对高度及难度时的冷静。攀岩适合不同年龄和体能水平的人群,是一项既锻炼身体也锻炼意志的运动。

### 三、攀岩运动的场地

（1）自然场地：野外登山或攀岩时遇到的各种大岩壁、峭壁或大石头等。

（2）人工场地：一般建在室内或运动场周围，由钢筋混凝土材料或玻璃钢面构成。攀岩场地的高度一般不低于6米，有4～6条路线。

### 四、攀岩运动的主要装备

#### 1. 攀岩绳

攀岩绳是攀爬者的生命绳，是由高强度的尼龙按特殊的方法纺织而成的。攀岩绳有较大的延展性，可以吸收脱落时所产生的大部分冲击力而减小对攀爬者的伤害。攀岩绳主要分为主绳（动力绳、静力绳）和辅绳两类，主绳的主要用途如表16-1所示。

表 16-1　各种主绳及其主要用途

| 直径 | 种类 | 主要用途 |
|---|---|---|
| 8毫米 | 静力绳 | 远征型攀登固定绳及人工攀登用吊拉绳 |
| 8毫米 | 动力绳 | 攀岩或攀冰用的双绳系统的一部分 |
| 9毫米 | 动力绳 | 攀岩或攀冰用的半绳系统的一部分，简单的冰河健行所使用的轻量单绳 |
| 10毫米 | 动力绳 | 攀岩、攀冰或冰河健行使用的轻级单绳 |
| 10.5毫米 | 动力绳 | 攀岩、攀冰或冰河健行使用的中级单绳 |
| 11毫米 | 动力绳 | 攀岩、攀冰或冰河健行使用的较耐久单绳 |
| 12毫米 | 静力绳 | 洞穴探险或搜救绳（非攀登用） |

#### 2. 安全带

安全带为攀爬者和保护者提供舒适安全的固定，可以把坠落的冲击力分散到腰和腿上。安全带通常包括腰带、腿环和前方的附加连接系统，如图16-1所示。根据用途，安全带可分为可调式安全带（多用于登山、攀冰、攀岩场馆）和不可调式安全带（多用于个人攀岩）；根据形状，可以把安全带分为半身式安全带（坐式安全带—下半身、半身式安全带—上半身）和全身式安全带。

#### 3. 扁带

又称为绳套或扁带套，是软性带状物，如图16-2所示。扁带通过机械缝合或手工打结成为一定长度的闭合圈，在保护系统中用作软性连接。扁带有机缝式和打结式两种，扁带有60厘米长、120厘米长等规格。

图 16-1　半身式安全带

#### 4. 铁锁

又称为钩环或扣环，用来连接绳子与保护点、安全带与保护器等，如图16-3所示。在保护系统中，铁锁用作刚性连接。铁锁的正确使用方法是保持锁门闭合且纵向受力。

#### 5. 快挂

如图16-4所示，在扁带的两端分别连接一个铁锁成为快挂。使用时一端扣入保护点,另一端连接人体安全带或主绳。快挂能使攀登操作便利。

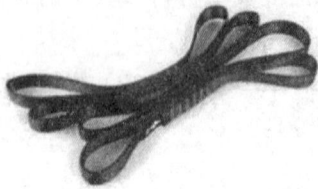

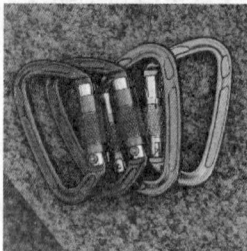

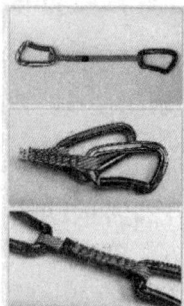

图 16-2 扁带　　　　　图 16-3 铁锁　　　　图 16-4 快挂

**6."8"字环**

如图 16-5 所示,"8"字环是攀岩中常用的保护设备和下降器,通过绳子与环产生的摩擦力来保障攀爬者的安全。

**7. 上升器(攀升器)**

上升器在攀岩过程中起到借力和保护的作用,主要解决在单绳技术中向上运动的问题,如图 16-6 所示。上升器分为手式上升器(左手式和右手式)、胸式上升器和脚式上升器。

**8. 头盔**

如图 16-7 所示,头盔是保护头部的装备,既可防止上方落石或攀爬者落下时对头部造成伤害,又可避免各种非安全脱落姿态或突然碰撞到坚硬岩面等情况下伤及头部。

图 16-5 8 字环　　　　　图 16-6 上升器　　　　　图 16-7 头盔

此外,攀岩运动的常用装备还有攀岩鞋、镁粉、镁粉袋、岩点、攀石垫等。

## 第二节　攀岩运动基本技术与训练

### 一、攀岩运动的基本技术

攀岩运动是以力量为主的人体攀爬运动,基本技术由攀岩手法、攀岩脚法、身体技巧、技术动作、混合技术组成。

## （一）攀岩手法

手在攀登中是抓住支点、维持身体平衡的关键，手臂力量的大小直接影响攀登的质量和效果。优秀的攀岩运动员必须拥有足够的指力、腕力和臂力，要能根据支点的不同分别运用握、抓、抠、压、捏、抿、撑、搂、戳、反提、搭等手法，如图 16-8 所示。

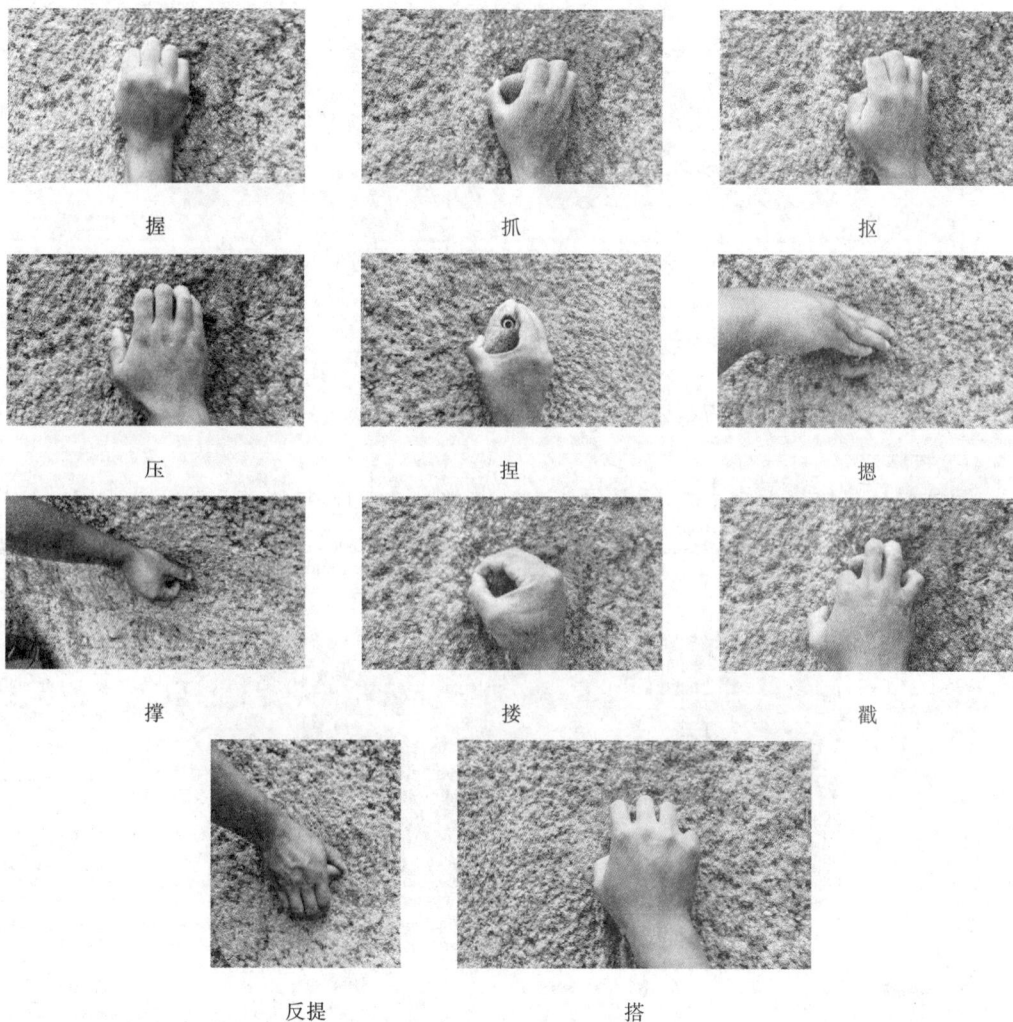

握　　　　　　　　　　抓　　　　　　　　　　抠

压　　　　　　　　　　捏　　　　　　　　　　抿

撑　　　　　　　　　　搂　　　　　　　　　　戳

反提　　　　　　　　　　搭

**图 16-8　攀岩手法**

## （二）攀岩脚法

脚是攀岩运动中支撑人体重量的主要受力部位。在攀岩过程中，能否合理巧妙地用脚承受自身重量是评价一名攀岩运动员水平高低的重要指标。攀岩运动员要能够根据岩点的不同特征，分别使用正蹬、脚尖外侧踩点、脚尖内侧踩点、踩摩擦点、脚尖勾点、脚跟挂点等脚部动作（如图 16-9 所示），以实现较好的攀登效果。

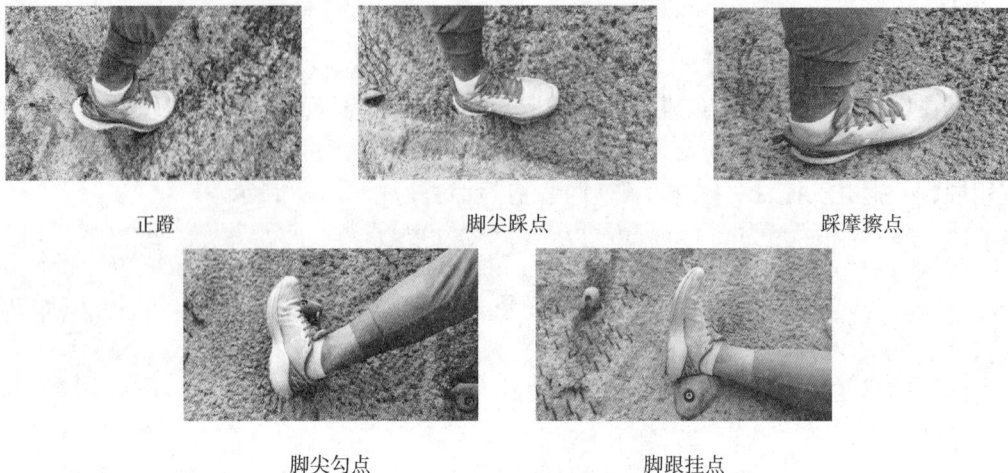

正蹬 　　　　　　　　脚尖踩点 　　　　　　　　踩摩擦点

脚尖勾点 　　　　　　　　脚跟挂点

图 16-9　攀岩脚法

## （三）身体技巧

攀岩运动中的身体技巧主要有转腰、推胯、转胯、压胯、挺胯、转脚、摆膝、折膝。

### 1. 转腰

目的是让身体靠近作用力手，从而省力。做转腰动作时，身体重心要在两脚中间平均分配，单手直臂抓点，双脚踩点。双肩微平，拧动作用力手的对侧腰至极限，左右手轮换抓点，转腰练习，如图 16-10 所示。

图 16-10　转腰

### 2. 推胯

即胯部侧向移动技术。预备式起，双手抓点，始终保持直臂大腿和膝关节横向移动，去推动髋关节横向移动，完成推胯动作，如图 16-11 所示。

图 16-11　推胯

### 3. 转胯

预备式起,先推胯至极限,然后旋转异侧腰胯。在转胯之前,先调整作用力手异侧脚的踩点部位,然后转胯,完成转胯动作,如图 16-12 所示。

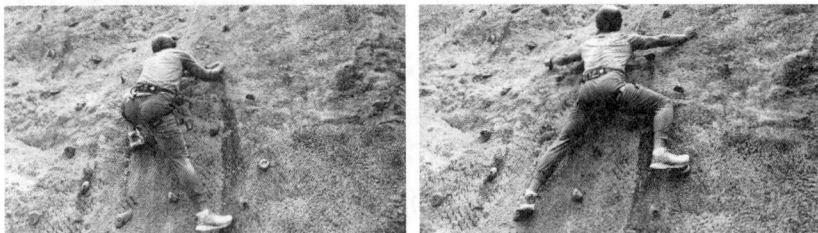

图 16-12　转胯

### 4. 压胯

压胯技术一般用于单脚大跨度踩点结束后,为了使身体上升而采用压胯动作,如图 16-13 所示。

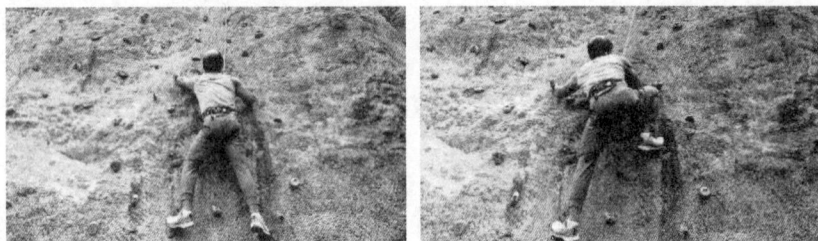

图 16-13　压胯

### 5. 挺胯

挺胯技术是攀岩重要的发力技术之一,分为正面挺胯和侧面挺胯,一般用于推胯结束之后进行。正面挺胯技术的要点:双脚踩点,重心平均分配,正面抬胯,单手抓点,直臂,松肩,直腰,松胯,然后胯部前后摆动起势,使身体迅速靠近岩壁,抬胯,托腰,使重心上移,完成抬胯动作。如作用力手顺势旋肩、屈臂,则完成整个身体的移动动作,如图 16-14 所示。

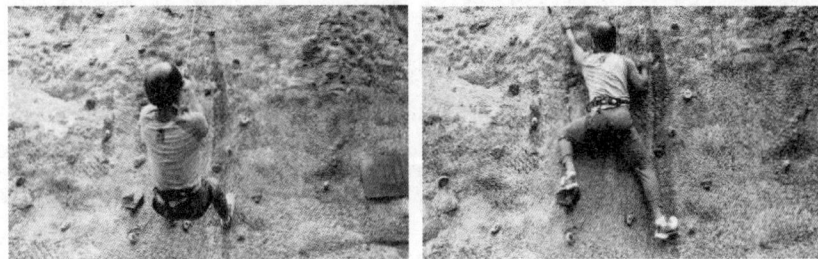

图 16-14　挺胯

### 6. 转脚

攀登踩点时,脚尖在岩点上左右旋转的动作叫作转脚。转脚经常和转胯、折膝技术一起使用。通常在转脚前,先移动重心至另一脚,然后转动脚尖,转脚时脚不需要离开岩点,如图 16-15 所示。

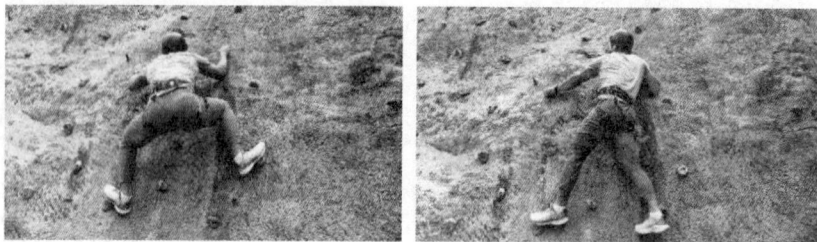

图 16-15 转脚

**7. 摆膝**

它是攀岩技术中最简单实用的动作,是推胯的前奏。在发力抓点之前,先来回摆动膝盖,带动身体,然后抓点,如图 16-16 所示。

**8. 折膝**

在攀爬中,推胯的目的是让膝盖横向移动,但有时膝关节反方向旋转移动可能平衡效果更好,这就是折膝技术。折膝之前,双脚踩点,先把重心移到一脚,然后向内旋转另一膝关节,至其反方向,这一动作称为常规折膝。进行常规折膝时,当膝关节旋转至关节朝下时,身体重心平均分配到两脚之间,这就是深度折膝,也称落膝,这一技术多用于双脚大跨度和大斜壁攀登,如图 16-17 所示。

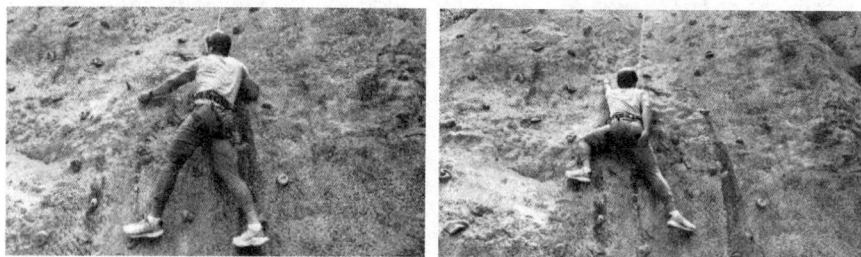

图 16-16 摆膝

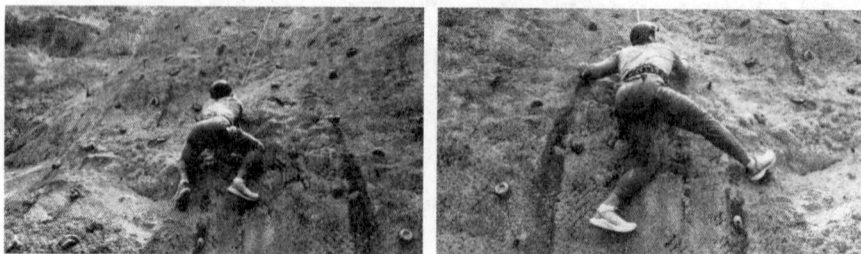

图 16-17 折膝

## (四) 技术动作

攀岩运动中的技术动作有直臂钩挂、单臂锁定、对角线运动、侧身技术、交叉手、交叉脚、换手、换脚、换脚上高点、脚上手点。

**1. 直臂钩挂**

预备式起，直臂状态抓点，通过旋转作用力于肩关节完成重心移动，如图 16-18 所示。

**2. 单臂锁定**

屈臂状态去抓点，通过单臂锁定，完成重心移动。另外，单臂锁定技术经常在直臂钩挂旋肩结束后使用，使身体重心继续移动，如图 16-19 所示。

**3. 对角线运动**

在攀登过程中，身体异侧手脚配合使用，即左手抓点和右脚踩点配合，形成身体的对角线运动方式，称为对角线运动，也称为对角线技术，如图 16-20 所示。对角线运动经常和内侧踩点及单臂锁定技术一起使用。

**4. 侧身技术**

身体侧向岩壁，以身体对侧手脚接触岩点，另一只腿伸直来调节身体平衡，主要依靠单腿，配合同侧腰胯把身体顶起，从而抓握上方支点，如图 16-21 所示。

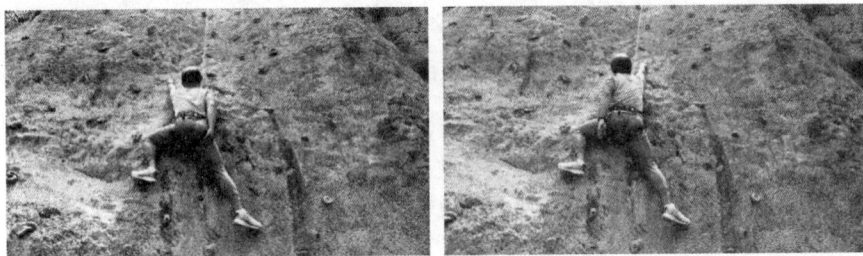

图 16-18　直臂钩挂

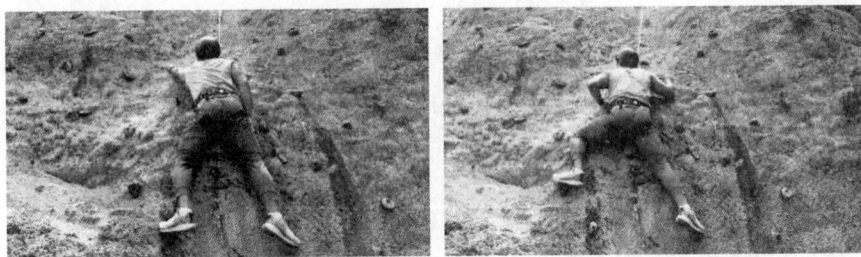

图 16-19　单臂锁定

图 16-20　对角线运动

图 16-21　侧身技术

### 5. 交叉手

在攀爬过程中,当下一手点在作用力手外侧方向且距离适中时,可考虑使用交叉手动作。抓点时,手臂从作用力手上方通过形成的交叉,叫作上交叉;手臂从作用力手下方通过形成的交叉,叫作下交叉。交叉手动作属于身体重心横向移动技术,肩关节的柔软度很重要。交叉手是攀岩中较难的动作,当脚点较小时,通过摆膝、膝盖横向移动来完成交叉动作,如图 16-22 所示。

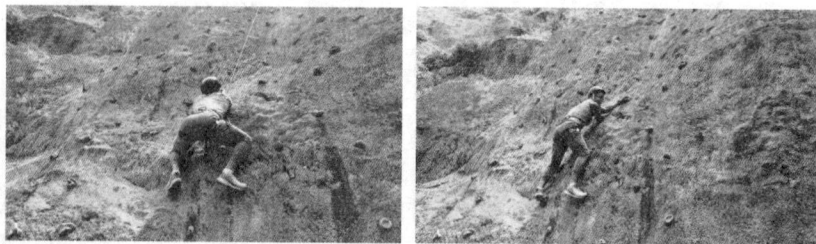

图 16-22　交叉手

### 6. 交叉脚

攀爬过程中,当下一脚点在作用力脚点外侧且距离适中时,可使用交叉脚技术。在交叉脚前,手臂伸直,膝盖旋转作用力脚,使异侧脚从作用力脚横向交叉通过。交叉脚可分为内交叉脚和外交叉脚,如图 16-23 所示。

图 16-23　交叉脚

### 7. 换手

在作用力手点完成换手动作,叫作换手,如图16-24所示。换手可分为常规换手和空中换手。常规换手常用于中、小号手点换手。当手点较大且动作较平衡时,可考虑空中换手。

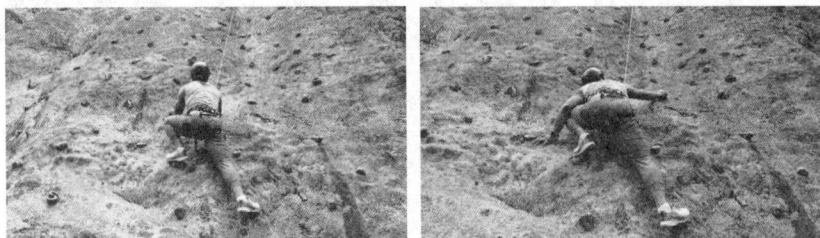

图 16-24　换手

### 8. 换脚

当岩壁上支点数目较少时,可能会经常用到换脚技术。以右脚踩支点换左脚为例,首先,右脚应逆时针旋转,将支点靠近左侧的部分空出来留给左脚,然后左脚趁势踩住右脚旋转时空出的部位,这时左脚已经可以承受一部分身体的重量,最后右脚慢慢向下滑出,左脚则逐渐踩住整个支点,取代右脚的位置,完成整个换脚动作,如图16-25所示。

图 16-25　换脚

### 9. 换脚上高点

当脚点位置较高且较远时,需要抬脚踩点或需要跳跃才能踩到,然后将重心迅速移至该脚点,这种技术叫作换脚上高点,如图16-26所示。

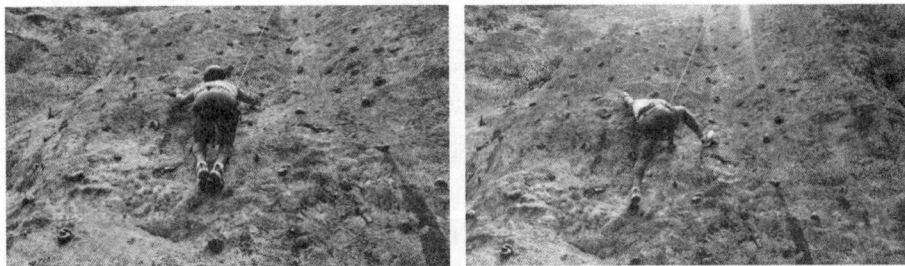

图 16-26　换脚上高点

### 10. 脚上手点

脚上手点是当一些手点在腰间位置时,把同侧脚踩到此点,身体向上、向前压,把重心移到脚上,发力蹬起,伸手抓握下一支点,另一只手用来保持平衡的一种技术动作,如图

16-27 所示。

图 16-27　脚上手点

### （五）混合技术

混合技术是攀岩运动中简单的身体整体协调配合技术，包括手侧拉、混合侧拉、躯干支撑法、侧身法等。

## 二、攀岩运动训练

攀岩运动训练是培养攀岩运动员良好的思想道德和意志品质，全面发展运动员的身体机能和专项素质，提高运动员攀岩运动技术与能力的专门教育过程。

### （一）攀岩运动技术训练

攀岩运动技术指攀爬者合理地运用自己的运动能力，完成各种攀登动作的有效方法。攀岩运动技术训练的主要内容包括攀岩手法训练、攀岩脚法训练、综合技术训练。

**1. 攀岩手法训练**

手在抓握支点时，依手指弯曲的角度可分为抠、勾、搭 3 种抓法。抠是通过手指指尖及各指关节弯曲抠入支点用力，适用于支点较小但有小凹槽的情况。勾是把手指弯曲成钩形来勾住支点。当支点较小时，用力点在中指尖；当支点较大时，用力点落在第二指节，第二指节张开的角度越大，所需的力量越大。搭是把手指稍微弯曲，搭在支点上发力。当两手抓同一支点时，前手可先放弃最好的抓握处，让给后手，以免换手的麻烦；抓握支点水平用力时，受力臂的位置要低，靠向下的拉力加大水平摩擦力以保持身体的稳定。

**2. 攀岩脚法训练**

把脚放在脚点的最佳位置，集中注意力观察下一个脚点；平稳流畅地将身体重心转移到另一只脚上；不管是站在支点上还是在支点上攀爬，都要保持脚的稳定，同时体会把上体的动作与脚的动作分开；在转移重心及攀爬时保持动作流畅。

**3. 综合技术训练**

训练时首先要练好手脚配合。初学者或技术不熟练的运动员，如果上肢力量差，攀登时就容易疲劳，甚至逐渐失去抓握能力而脱攀，所以学习攀岩首先要练习增强上肢的力量。综合技术训练口诀：侧爬易，正爬难；侧身贴墙跨度大；上点下点要贴岩，"人"字点往外拉；先移重心再抓点，重心带体抓点易；脚踩点，掌前掌内或外侧腿成 120°为最佳，最好多做反向拉。

### （二）攀岩体能训练

体能指攀岩运动员机体的基本运动能力，是攀岩竞技能力的重要组成部分。攀岩体能训练主要包括力量训练、耐力训练、速度训练等。

**1. 力量训练**

力量可用徒手、负重、变小支点等方法练习，主要训练手指手腕力量、手臂力量、大腿力量、小腿力量、脚踝脚趾力量、躯干力量。力量训练的要求：注意处理好身体各部位力量发展与全面发展的关系；注意把握好关键力量和薄弱力量的训练；注意力量训练方法的多样性与有效性的紧密结合；注意力量训练负荷的合理安排；注意力量训练后的放松与恢复等。

**2. 耐力训练**

耐力的训练方式有大屋檐爬、线路训练、12 分钟跑、5 000 米跑、10 000 米跑、持续跑、越野跑、6～8 分钟爬墙练习、跳绳练习等。

每周可以安排一次耐力训练，并贯彻于全年训练中；在耐力训练中，要注重培养吃苦耐劳的精神和坚持不懈的品质；要重视心肺功能的增强；要进行科学合理的设计，把多样性、有效性、趣味性等有机结合起来。

**3. 速度训练**

速度的训练方式有 30 米加速跑、30 米加速踩点跑、跑楼梯、跑格子、速度跑上下坡等。在速度训练中，应注意一般速度素质训练与专项速度素质训练相结合；注意以发展力量和柔韧性等来促进速度素质的发展；发展速度素质应重视肌肉放松；要抓住速度敏感期发展速度素质。

### （三）攀岩战术训练

攀岩战术指在攀岩比赛中，根据对方和外部条件，充分发挥自身特长，争取获得最佳比赛成绩的方法。攀岩战术训练指培养攀岩运动员合理地运用攀岩战术原则和战术方法的训练。常用的攀岩战术训练方法有减难与加难训练法、模拟实战训练法、想象训练法、程序训练法、实战法等。

### （四）攀岩心智能力训练

心智能力指攀岩运动员观察问题、分析问题、解决问题的能力以及良好的意志品质等，是运动员在攀岩过程中以心理和智能为基础，运用多种专业知识指导攀岩运动训练和比赛，提高攀岩竞技水平的能力。攀岩心智能力训练包括心理训练和智能训练两方面。心理训练应该贯穿于日常训练的始终，常用的训练方法有意念训练、诱导训练、模拟训练等。智能训练一般安排在运动员拥有一定的技术战术基础之后进行，常用的训练方法有观察力训练、记忆力训练、思维与想象力训练、观点模仿练习、2 分钟观点镜面练习、观点盲爬、省点集体爬等。

# 第十七章 花样跳绳

跳绳运动简便易行，深受大众喜爱。花样跳绳是在传统跳绳运动的基础上融合跳绳技巧、舞蹈、武术、音乐等形成的一种运动项目。

## 第一节 花样跳绳运动概述

### 一、花样跳绳的起源与发展

跳绳运动起源于中国，历史悠久，流传广泛。历史上，跳绳有"长索""透索""跳索""白索""绳飞"等叫法，曾是孩童的游戏。后来，经过不断演绎和创新，发展成为集健身、娱乐、竞技、观赏为一体的体育运动项目。

**图 17-1 汉代画像石上的跳绳图**

陕西被认为是花样跳绳的发源地。2013 年，花样跳绳被列入陕西省第四批非物质文化遗产。发源于陕西的花样跳绳，群众基础广泛，跳法变化繁多，可分为绳操、绳舞、绳技、绳拳等类别，包括 12 大类 60 多套绳路，300 多种跳法。花样跳绳将速度与力量、难度与花样相结合,极具技巧性、趣味性、艺术性和观赏性。

根据不同的标准,花样跳绳有多种分类方法。如根据绳子长短分为短绳类、中长绳类、长绳类;根据参与跳绳的人数分为个人花样、双人花样、三人花样等;根据跳绳时使用的绳子数量分为单绳类、双绳类、多绳类。结合《全国跳绳运动竞赛规则》,根据跳绳的技术特点和动作结构,花样跳绳可分为个人花样、两人一绳(朋友跳)、车轮跳、交互绳、长绳花样、集体花样跳绳表演等。国家体育总局社会体育指导中心制定了《中国跳绳段位制(试行)》,对花样跳绳的段位等级和晋段考评标准做了规定,适合大众,推荐跳绳爱好者参考。花样跳绳的全国竞赛主要有全国跳绳联赛、全国跳绳冠军赛、全国跳绳锦标赛、全国跳绳规定赛等。国际比赛则有世界跳绳锦标赛、中国国际跳绳公开赛等。

## 二、花样跳绳的特点

花样跳绳技巧多样,不仅包括基本的单摇、双摇,还有许多复杂的花式动作,如交叉跳、编花跳、转身跳等,要求参与者具备高度的身体协调性和节奏感。通过练习不同的跳绳动作,可以提高身体的协调性和灵活性,对平衡感和协调能力的提升有显著效果。跳绳是一种高强度的有氧运动,能有效提升心肺功能,增强心血管系统的健康。跳绳需要跟随一定的节拍进行,有助于培养参与者的节奏感和音乐感。花样跳绳鼓励创新和个性化的表达,参与者可以根据自己的喜好编排动作,展现个人风格。花样跳绳也是一种竞技运动,有各种比赛和表演,可以激发参与者的竞技精神和追求卓越的动力。跳绳活动轻松有趣,适合不同年龄和体能水平的人群,具有很高的娱乐性和普及性。跳绳不需要很大的空间,可以在室内外进行,方便易行。长期坚持跳绳有助于减肥、塑形,提高身体素质,是一种有效的健身方式。花样跳绳不仅是一种锻炼身体的运动,也是一种展现个人魅力和创造力的艺术形式,对身心健康都有积极的影响。

# 第二节　花样跳绳运动基本技术

花样跳绳要求运动员合理运用身体姿势的变化或人、绳之间的配合,凭借想象力和创造性将各跳绳技术动作有机地融合在一起,全面展示花样跳绳的技巧性和艺术性。

## 一、基本动作

花样跳绳的基本动作主要有握绳、预备动作和摇绳动作。

**1. 握绳**

正握绳柄是最常用的握绳方法。大拇指与食指捏住绳柄,其余三指并拢贴住绳柄,握于绳柄中后端。注意两手手心尽量向下或相对,不要向上。

**2. 预备动作**

并脚站立,双膝并拢,两脚踝稍错开。正握绳柄,将绳置于身后。上臂贴紧身体两侧,前臂自然弯曲,上臂与前臂夹角约120°。

### 3. 摇绳动作

两手握绳，两臂自然屈肘。以肘关节为轴，两小臂和手腕协调用力（熟练后可仅手腕用力）由后向前摇动绳子。摇绳动作是花样跳绳的基础，要完成连续多摇跳等复杂花样动作，必须对摇绳动作多加练习、熟能生巧。

## 二、基本花样

《中国跳绳段位制（试行）》对花样跳绳项目设置一～九段，其中一～三段的动作如表17-1所示。

表 17-1　段位花样动作（一～三段）

| 段位 | 动作名称 | |
|---|---|---|
| 一段 | 左右侧打(S—S) | 弓步跳 |
| | 着脚绳(O) | 双脚交换跳 |
| | 并脚左右跳 | 双脚交换跳 |
| | 开合跳 | 间隔交叉跳(C) |
| 二段 | 弹踢腿跳 | 踏绳跳 |
| | 后膝腿跳 | 左右侧打直径跳 |
| | 吸腿跳 | 手臂缠绕(W) |
| | 钟摆跳 | 前后转换跳 |
| 三段 | 间隔交叉后接跳(C) | 吸踢腿跳 |
| | 双腿跳 | 侧身前点地跳 |
| | 提腰侧点跳 | 双脚交叉侧勾点地跳 |
| | 前后打 | 侧打交叉跳(S—C) |

结合《中国跳绳段位制（试行）》花样项目一～三段动作内容，下面介绍开合跳等基本花样动作。做基本花样动作时，两手腕注意放松，自然柔和摇绳，手与脚的动作注意协调，做到一摇一跳。跳跃时，踝关节与膝关节注意放松，控制好节奏与时机，做到前脚掌着地，富有弹性；注意身体直立姿态，眼视前方，面带微笑；练习时，可先做徒手练习，分手部与脚部练习，然后手脚一起配合。

### 1. 开合跳

两手持绳向前摇，当绳子过脚置于空中时，两脚跳跃张开，膝盖微弯曲状态，当绳子快打地时，两脚成合并跳过绳，一拍一动，完成开合跳，如图17-2所示。做开合跳时，手与脚的节奏注意做到一摇一跳，一开一合。

### 2. 弓步跳

有手持绳向前摇，当绳子过脚置于空中时，两脚分开成前后弓步动作，当绳子打地快过脚时，双脚并拢跳过绳，一拍一动，左右边各四次，完成弓步跳，如图17-3所示。手与脚的节奏注意做到一摇一跳，一弓一并。

### 3. 并脚左右跳（滑雪跳）

两手持绳向前摇，当绳子过脚置于空中时，双脚并拢向右、左边跳，一拍一动，左右边各四次,完成拼脚左、右跳,如图 17-4 所示。做并脚左右跳时,手与脚的节奏注意做到一摇一跳,一左一右。

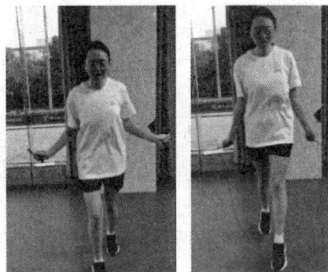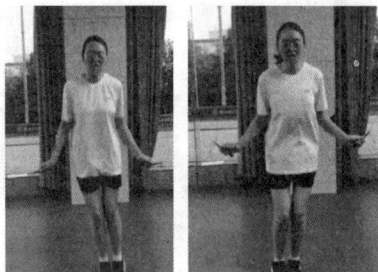

图 17-2　开合跳　　　　　图 17-3　弓步跳　　　　　图 17-4　并脚左右跳

### 4. 基本交叉跳(间隔交叉跳)

两手持绳摇,此动作分成两拍完成,第一拍两手为直摇绳,第二拍两手为交叉摇绳,一拍一动,开与合各四次,完成基本交叉跳,如图 17-5 所示。做基本交叉跳时,注意摇绳时手部交叉的位置,另外手与脚的节奏注意做到一摇一跳,一开一合。

图 17-5　基本交叉跳

### 5. 勾脚点地跳

两手臂向前摇绳,一只脚勾脚同时向前点地,另一只脚直立跳跃过绳,接着换脚做同样动作,一拍一动,左右边各四次,完成勾脚点地跳,如图 17-6 所示。做勾脚点地跳时,手与脚的凑注意做到一摇一跳,一勾点一并跳。

### 6. 后屈腿跳

手持绳向前摇,当绳子过脚置于空中时,一只脚向后折叠后踢,另一只脚直立跳跃过绳。反之为另一只脚折叠后踢,一只脚直立跳跃过绳,一拍一动,左右边各四次,完成后屈腿跳,如图 17-7 所示。做后屈腿跳时,手与脚的节奏注意做到一摇一跳,一屈一跳。

### 7. 钟摆跳(左右钟摆跳)

两手持绳向前摇,当绳子过脚置于空中时,一只脚向同一侧摆动,另一只脚直立跳跃过绳,反之为另一只脚动作,一拍一动,左右边各四次,完成钟摆跳,如图 17-8 所示。做钟摆跳时手与脚的节奏注意做到一摇一跳,一左一右。

### 8. 左右侧打直摇跳

两手持绳,向前摇绳至体侧左边甩绳,再向右边甩绳,接着两手打开成直摇姿态,双脚并拢跳跃过绳,完成左右侧打直摇跳,如图 17-9 所示。

图 17-6　勾脚点地跳　　　　图 17-7　后屈腿跳　　　　图 17-8　钟摆跳

图 17-9　左右侧打直摇跳

### 9. 手臂缠绕

两手持绳背做预备姿势，两手向前摇绳至一边，如左手边顺着向前方缠绕左手腕一圈，再摆至右边反向打开所缠绕的绳子，反之为右手缠绕绳子，再摆至左边打开所缠绕的绳子，如图 17-10 所示。做手臂缠绕时，手的节奏注意做到一摇一绕，一摇一打地。练习手臂缠绕时，先学会同一方向的缠绕，如一边向前缠绕后接着向后打开，再接着左右手一起配合。

图 17-10　手臂缠绕

### 10. 提膝侧点跳

此动作由四拍组成，两手持绳向前摇，当绳子过脚一拍时，其中一只脚扣脚提膝，当绳子过第二拍时，提膝脚侧点地，第三拍还原成提膝，第四拍为并脚跳跃过绳，反之为异侧重复动作，完成一遍，左右各一次，完成提膝侧点跳，如图 17-11 所示。做提膝侧点地跳时，手与脚的节奏注意做到一摇一跳，一提一点一跳。

除了基本花样，个人花样还有交叉花样、多摇花样、力量型花样、抛接绳花样等多种花样。

图 17-11　提膝侧点跳

花样跳绳竞赛规则

# 第十八章 击剑

现代击剑运动结合了古代剑术优雅的动作和灵活的战术,要求运动员在训练和比赛中保持精神的高度集中,展现出良好的身体协调性。

## 第一节　击剑运动概述

本节将介绍击剑运动的基础知识,包括击剑运动的起源与发展、特点与作用。

### 一、击剑运动的起源与发展

击剑是从古代剑术决斗中发展起来的一项体育运动。击剑运动中的剑的材质由最初的石制、骨制发展到青铜制、铁制等,其功能也从最初的生产生活工具演变为兵器,又逐步走上体育运动场。根据使用的器械不同,击剑一般分花剑、重剑和佩剑。

1955 年,北京体育学院(现北京体育大学)开设击剑专修课,击剑运动被引入我国。1984 栾菊杰夺得我国首枚击剑奥运金牌,终止了这项古老运动由欧洲人称霸的局面。同年,我国第一支国家击剑队正式成立。世界击剑锦标赛和奥运会击剑比赛一般被认为是国际剑坛的两大赛事。

**1. 花剑**

花剑最大长度为 110 厘米,剑身最大长度为 90 厘米,质量低于 500 克,剑身横断面呈四角形、护手盘小。花剑是完全刺击武器,只有剑尖刺中才有效,剑身横击(劈)无效,有效击中部位是上身穿金属背心部位。

**2. 重剑**

重剑长度与花剑相同,质量低于 770 克,剑身横断面为三角形,护手盘大。重剑也是完全刺击武器,但有效击中部位为全身(除后脑)。

**3. 佩剑**

佩剑最大长度为 105 厘米,剑身最大长度为 88 厘米,质量低于 500 克,剑身横断面近似长方形,护手盘为月牙盘。佩剑既可刺又可劈,这是与花剑、重剑最大的区别,有效击中部位是身体腰部以上部分,包括上身、头盔及手臂。

## 二、击剑的特点与作用

在击剑运动中,良好的心理素质是获胜的关键。击剑个人赛一般采用单败淘汰赛制,运动员会面临很大的心理压力,想要在赛场上掌握主动权,运动员的身体素质、心理素质和专项素质很重要。在有限的比赛时间内,运动员要时刻保持精神高度集中,通过试探、观察等找出对手的漏洞,迅速设计出合适的技战术,充分发挥自身的各项竞技能力,并在规则允许的范围内干扰对手能力的发挥。

击剑比赛是一项充满刺激的运动,可以有效释放压力。运动者通过击剑对抗,也可以激发拼搏奋斗的热情,体验斗智斗勇并最终获胜的快乐。此外,击剑运动对于礼仪文化也非常重视,比赛开始前对手间要相互敬礼,并向裁判敬礼,以示对对手和裁判的尊重。

## 第二节　击剑运动基本技术

基本技术是击剑运动的基础动作元素,是运用和发展高阶技术的基础。本节重点讲解击运动的准备姿势和步法移动。

### 一、准备姿势

#### 1. 持剑

常用剑柄以枪柄为主,佩剑运动员和少数重剑运动员使用直柄剑。剑柄有左右手之分,直柄不分。持枪柄时,大拇指和食指稍屈对握,控制剑尖,中指、无名指、小指压紧剑柄,使剑柄贴于掌根中线,如图 18-1 所示。直柄则压在小拇指根处,掌心与剑柄间留有一定间隙。持剑时,手腕要保持一定的紧张度,利于控剑。

#### 2. 敬礼

立正的同时,左手自然下垂,右手持剑,再由以下3 个动作衔接组成。

图 18-1　持剑

(1)转身侧立,脚跟相靠,两脚呈直角。持剑臂伸直,与身体呈约 45°,使剑尖斜指向地面

(2)屈臂,使剑尖直指向上,护手盘靠近嘴唇。

(3)伸臂,使剑平指向被致敬者。

#### 3. 实战姿势

侧立,面向前方。前脚脚尖向前,后脚垂直前脚,脚跟置于前脚延长线上,两脚距离同肩宽。两膝微蹲,躯干自然,稍含胸收腹。持剑臂微屈,持剑手持剑指向前方,剑身、持剑臂、躯干保持在同一纵面上。非持剑臂于体侧弯曲,自然抬起,手腕、手指自然放松。实战姿势如图 18-2 所示,它是击剑动作的准备姿势,主要是为了方便移动、进攻和防御。

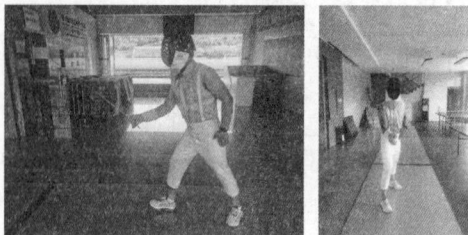

图 18-2　实战姿势

## 二、步法移动

合理有效的移动脚步可以保持、寻求有利的战斗距离,及配合手上动作做出进攻、还击和防守。

### (一) 一般步法

**1. 向前一步**

前脚脚尖勾起,小腿向前迈出一脚距离,脚跟先着地,然后过渡到全脚掌、后脚跟移动相同距离,如图 18-3 所示。注意后脚应离地向前挪动,不要拖地向前。

**2. 向后一步**

提起后脚,向后挪动一脚距离,前脚紧跟向后移动相同距离,如图 18-4 所示。

**3. 向前交叉步**

后脚经前脚内侧交叉向前路一大步,在前脚脚尖着地;前脚接着向前跨相同距离,如图 18-5 所示。

图 18-3　向前一步　　　　图 18-4　向后一步　　　　图 18-5　向前交叉步

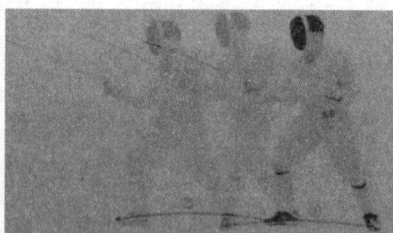

**4. 向后交叉步**

前脚经后脚跟交叉向后跨一大步,在后脚跟后约10 厘米处着地,后脚接着向后跨相同距离。

**5. 向前跃步**

提起前脚脚跟,向前摆小腿,同时后脚快速蹬地,向前跃一小步,两脚同时着地,如图 18-6 所示。

图 18-6　向前跃步

**6. 向后跃步**

提起后脚脚跟，快速向后挪脚，同时前脚掌用力蹬地，向后跃一小步，两脚同时着地。

**7. 向内移步**

先提后脚向腹侧方向横跨一步，前脚向内移动同样距离。

**8. 向外移动**

先提前脚，向背侧方向横跨一步，后脚跟随向外移动同样距离。

## （二）进攻步法

**1. 弓步**

翘起前脚脚尖，向前摆小腿，躯干同时向前，后脚掌稍蹬地，使后腿蹬直，前跟先着地，然后过渡到全脚掌，大腿几乎和地面平行，小腿垂直地面，后腿伸直，身体稍前呈弓步姿势，如图18-7所示。持剑做弓步进攻时，应先出剑使剑尖对准目标，再出脚呈弓步姿势，非持剑臂向后摆动，有利身体平衡。

**2. 冲刺**

先伸持剑臂，带动躯干前移，当身体重心超过前脚时，后脚蹬地提膝，经前腿内侧交叉向前摆动，前腿同时蹬地伸直，充分展体，后腿交叉着地在前脚前，如图18-8所示。

图18-7 弓步　　　　　图18-8 冲刺

## 第三节 击剑运动基本战术

下面以花剑为例，介绍击剑运动的基本战术。花剑是常见的基础剑术，其基本战术具有代表性，与重剑、佩剑基本战术的区别主要在于手部动作。

## 一、进攻战术

**1. 直刺进攻**

先伸持剑臂，紧接着出弓步，手指控制剑尖向目标刺出。直刺进攻时，手臂不要一开始就伸得过直，应基本伸直，肩关节保持放松，直到击中瞬间才充分伸展手臂。

**2. 转移进攻**

用剑尖在对手的剑下做一个半圆形转移动作，同时伸臂刺向对手暴露的目标。转移进攻属于间接进攻,发动在一条击剑线上,结束在对手暴露部位的另一条击剑线上。

### 3. 击打转移进攻

击打即用自己的剑身敲击对手的剑身,是迅猛的手腕动作。击打前,要保证自己的剑身与对手有一段距离,便于击打。击打可引起对手的反应动作,利用这一时机,迅速做转移进攻。

### 4. 压剑转移进攻

和击打转移进攻相似,区别在于使用压剑动作,而不是击打动作。压剑时,对手产生反抗力,利用这个反抗力做出转移进攻。

### 5. 复杂进攻

复杂进攻是由几个简单进攻组合起来的进攻,通常在一条击剑线上做假动作,在另一条线上发动进攻。

## 二、防守战术

### 1. 武器防守

武器防守是以剑来防开对手进攻的防守方法,通常用自己剑的强部(如剑枢部)去防对手的弱部。好的武器防守必须有合适的距离。

(1)击打防守:用自己的剑做一个击打动作来防开对手的剑。

(2)格挡防守:也称压剑防守,用自己的护手盘和剑根控制住对手进攻的弱部,还击时紧贴对手的剑击中对手。

### 2. 距离防守

距离防守是依靠步法退出对手进攻距离以达到防守目的防守方法。距离防守要求良好的距离感节奏感,要做到快速、灵活。

### 3. 躲闪防守

躲闪防守是依靠身体位置的变化来避开对手进攻的防守方法。

## 三、还击技术

### 1. 直接还击

防守后,在防守线上直接还击,或接触对手的剑身还击。直接还击是最常用、最基本的还击方法。

### 2. 转移还击

防守后,采用转移刺或转移劈的办法去进攻对手暴露的部位。

### 3. 缠剑还击

防守后,用自己的剑缠住对手的剑,并还击对手薄弱部位。

### 4. 交叉还击

防守后,剑身向后拉,绕过对手剑尖向另一暴露部位刺去。

### 5. 反还击

自己的进攻被对手防守还击时,立即收回做出防守后紧接的进攻动作。

## 四、反攻战术

反攻是在对手进攻动作进行中做出的进攻动作或防守性的进攻动作，

**1. 一般反攻**

对一个进攻动作做出的反攻。

**2. 对抗反攻**

关闭对方进攻线而中止对方进攻所做的反攻。

**3. 及时反攻**

对复杂进攻具有击剑时间优势的反攻。

击剑竞赛规则

# 第十九章 极限飞盘

飞盘运动在我国兴于社交，成于竞技，广受年轻人的喜爱。其基本玩法是投掷和接住飞盘，可单人掷远、掷准，也可多人比赛互相投掷，玩法多样。

## 第一节 极限飞盘运动概述

### 一、飞盘运动的起源和发展

飞盘运动起源于美国，1948 年瓦特·莫里森(Walter Morrison)制造出塑料飞盘，促进了这项运动在全世界的流行。2022 年 8 月，国家体育总局社体中心等单位举办了首届中国飞盘联赛，进一步推动了我国飞盘运动的发展。如今，飞盘运动已形成 10 余种竞赛项目和娱乐玩法，如飞盘掷远赛、飞盘掷准赛、飞盘回收计时赛、飞盘回收计距赛(投跑接)、飞盘越野赛、双飞盘等。飞盘运动受众广泛、老少皆宜，参与者可以根据个人爱好、身体状况、参与目的选择适合自己的飞盘项目和玩法。在诸多项目和玩法中，最受欢迎的竞赛主要有 4 种：极限飞盘、飞盘高尔夫、花式飞盘和勇气飞盘。其中，极限飞盘是一项以传递飞盘为内容，无身体接触，自我监管，攻防对抗的团队性竞技休闲项目，具有新颖性、趣味性、竞技性、没有场地限制等特点。2001 年，极限飞盘被世界运动会列为正式项目。飞盘运动的主要赛事有世界飞盘锦标赛、世界青年飞盘锦标赛、世界运动会飞盘比赛、飞盘高尔夫世界冠军赛等。

### 二、极限飞盘运动的作用

#### 1. 健身作用

极限飞盘运动需要大量跑、跳、投、接等基础技术动作，能锻炼速度、力量、耐力等身体素质。

#### 2. 娱乐作用

极限飞盘运动参与成本低，玩法多样，允许男女同场对抗，适合在集体活动、日常锻炼中开展。

**3. 教育作用**

极限飞盘作为团队运动，可以有效锻炼大学生的观察能力、决策能力、领导能力和共情能力等。此外，飞盘运动蕴含的"熟知规则、避免身体接触、享受比赛、公平竞赛、真诚沟通"的飞盘精神也是其吸引大学生群体的一个重要原因。

**4. 社交属性**

极限飞盘运动是一项开放、娱乐、包容的运动，飞盘传接画出的美妙弧线将参与者快速连接起来，可以有效打破人与人间的隔阂。

## 三、极限飞盘运动的器材和场地

基本飞盘器材为圆盘形，以塑料材质为主。以极限飞盘使用的标准飞盘为例，它在外形上为"两面三缘"结构，其中"两面"指盘面和盘底，"三缘"包括外缘、内缘与底缘，如图 19-1 所示。盘面外周有凸出的粗糙纹路，称为"防滑线"或"海德瑞克线"，盘底面与内缘相交而形成的沟称为"内缘盘沟"。三缘、防滑线和内缘盘沟是持盘的重要部位。成人赛制中，标准飞盘的质量为 175 克（±3 克），直径为 272 毫米（±3 毫米），高为 32 毫米（±2 毫米）。

极限飞盘主要有 7 人制和 5 人制两种形式。以 7 人制极限飞盘为例，一般选用平整的草地作为比赛场地，场地标准尺寸为 100 米×37 米，其中两侧得分区为 18 米×37 米，如图 19-2 所示。

**图 19-1 极限飞盘的器材**

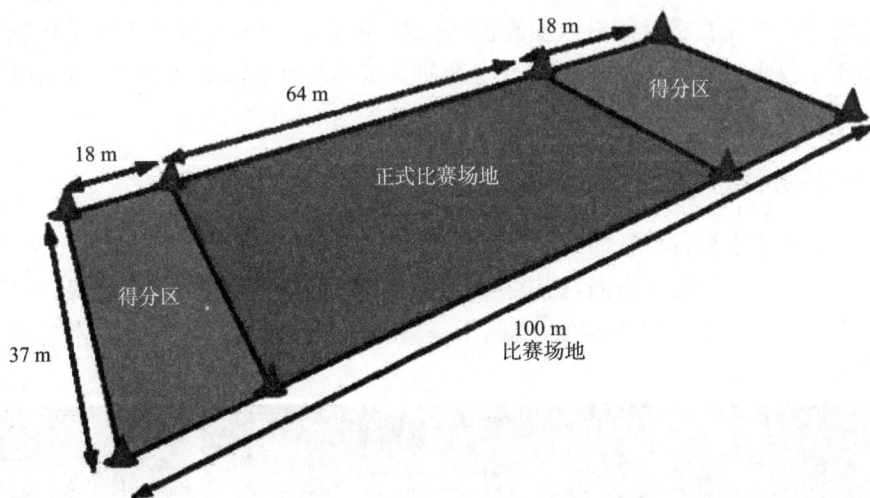

**图 19-2 极限飞盘 7 人制场地**

## 第二节　极限飞盘运动基本技术

### 一、持盘和投盘技术

#### （一）正手持盘和投盘

持盘手呈手枪状，掌心向上。飞盘盘面向上平行于地面，6 点钟位置置于持盘手虎口。持盘手拇指置于盘面，按压在防滑线上，食指与中指并拢，顶住底缘和内缘盘沟，并指向 9 点钟方向，无名指与小拇指并拢夹住外缘。或中指顶住内缘，食指托在盘底。常见正手持盘方法如图 19-3 所示。

**图 19-3　正手持盘握法**

以右手正手投盘为例，准备姿势时，两脚开立，膝关节微屈，右手正手持盘将飞盘立于体前，左手在 12 点钟位置辅助，目视投掷方向。做好准备姿势后，以左脚为轴心脚，右脚向右侧跨步，同时身体向右侧转，右手持盘平挥至身体右侧，使盘面向上平行于地面。重心向右脚移动稳定后，反向转体，向前顶肘时挥动小臂，手腕向前拨动，将飞盘投掷出手。正手投盘的重点首先在于身体沿纵轴旋转，肩、肘、腕关节放松，其次在于出手拨腕时的发力。注意正手投盘时要通过中指拨动盘内缘使飞盘逆时针旋转投掷出手，发力时不要夹肘，手腕不要向下翻动。

#### （二）反手持盘和投盘

持盘手呈握手手型，拇指张开，其余四指并拢。飞盘盘面向上平行于地面，外缘 3 点钟位置紧贴手掌。拇指置于盘面，按压在防滑线上，食指第一关节轻扣住底缘，中指、无名指、小指自然弯曲，扣在内缘盘沟处，或四指呈扇形分开扣在内缘盘沟处。常见反手持盘方法如图 19-4 所示。

**图 19-4　反手持盘手法**

以右手反手投盘为例，准备姿势与正手投盘类似，右手反手持盘将飞盘盘面向上平行于地面,在手任 3 点钟位置辅助。做好准备姿势后,以左脚为轴心脚,右脚向左跨过轴心脚,同时向左后转体并稳定身体重心。右脚落地稳定后,右手将飞盘从后经胸前引至投掷目标方向,挥小臂抖腕出盘。反手投盘的重点与正手投盘类似。

## 二、接盘技术

### (一) 夹接法

夹接法是两手掌心相对,上下合并将飞盘夹住,如图 19-5 所示,故又称"三明治接盘法"。夹接法适合接下颚以下、膝关节以上的来盘,接盘准确性高,是初学者必学的基本接盘方法。

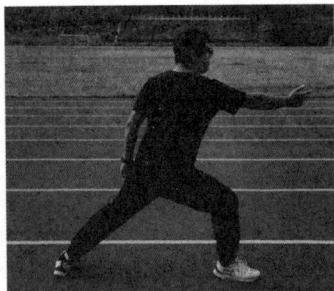

图 19-5　夹接法

### (二) 上手接法

对胸部以上的来盘可以使用上手接法。掌心对向来盘方向,手掌张开,大拇指在下,其余四指在上,向前主动迎盘,飞盘接触手的瞬间向后引盘缓冲并夹住来盘。上手接法可分为单手和双手,如图 19-6 所示。通常,双手碰不到盘或者跳起接盘时会使用单手接盘。

图 19-6　上手接法

### (三) 低手接法

对腰部以下的来盘可以使用低手接法。低手接法的技术要领与上手接法相似,接盘时手掌张开,大拇指在上,其余四指在下,如图 19-7 所示。

图 19-7　低手接法

## 三、极限飞盘传接训练

### （一）对向传接练习

对向传接练习如图 19-8 所示。对向传接练习是从初学者成长为职业选手需要的最多的练习,适合初学者练习传接技术,也适合飞盘比赛开始前热身、巩固和熟悉盘感。

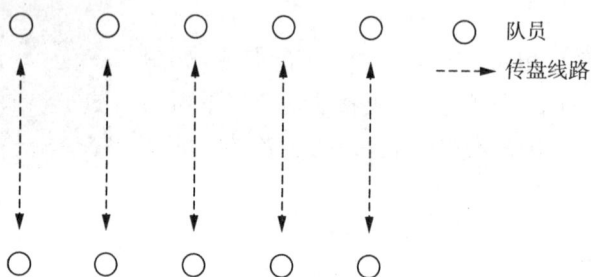

图 19-8　对向传接练习

### （二）直传斜插练习

直传斜插练习如图 19-9 所示。使用正反手不同方向投掷即可有多种练习方式。直传斜插练习时要注意传盘时机及传盘速度控制,接盘队员跑动时外侧脚发力,加速跑向接盘点,并根据传盘线路适时调整跑动的方向和速度。

### （三）斜传直插练习

斜传直插练习与直传斜插练习几乎一样,如图 19-10 所示。斜传直插练习时传盘队员要注意在斜向投掷飞盘时给出提前量。

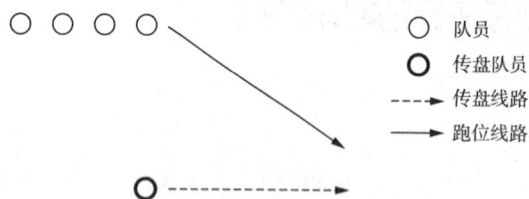

图 19-9　直传斜插练习

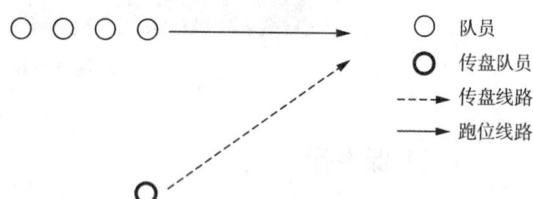

图 19-10　斜传直插练习

### （四）直传变向斜插练习

直传变向斜插练习是战术练习的关键,如图 19-11 所示。队员排成一列,在队伍斜前方 45°方向 5～6 米处摆放脚标,队伍中奇数队员传盘,偶数队员斜向加速至脚标,变向斜插至直线接盘位置,完成两人传接练习。

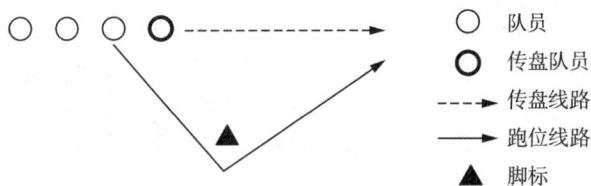

图 19-11 直传变向斜插练习

# 第三节 极限飞盘运动基本战术

极限飞盘的基本玩法是每一方队伍防守一个得分区。如果一名己方队员在对方防守的得分区中成功接住飞盘,就算得一分。持盘人不可以持盘移动,但可以将飞盘传给任何方向上的队友。一旦拥有盘权的一方传盘没有完成,立即攻防转换,对方队伍可以拿起飞盘并向对面得分区进攻。其中,竖排战术和横排战术是战术体系的基础。

## 一、竖排战术

比赛中,场上队员以竖列队形站位,通过队员不断跑出队列接盘或无盘跑动并回到对列中的方式,创造向前推进的机会或增加本队的控盘时间及控盘机会,最终实现得分。竖排战术是极限飞盘中最常见的战术,如图 19-12 所示。

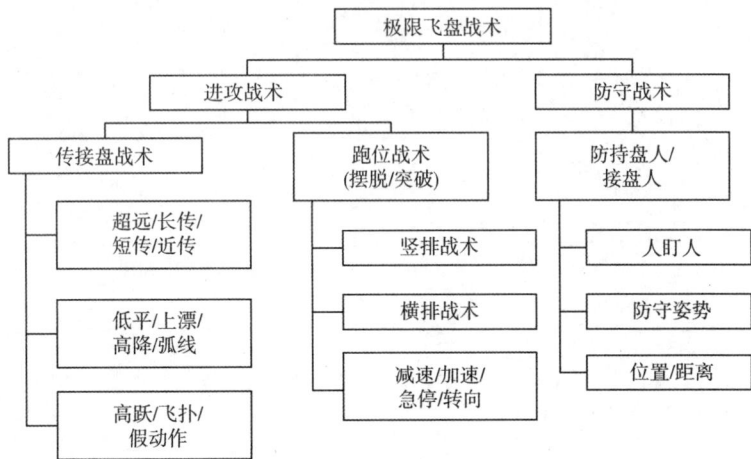

图 19-12 竖排战术

## 二、横排战术

横排指战术阵型与得分线平行,如图 19-13 所示。比赛中,控盘队员与切盘队员各成一横排,多名控盘队员相互配合寻找推进时机,切盘队员则以菱形跑位创造场上空当,同时寻找接盘时机,协助控盘队员使队伍整体向前推进,并最终实现得分。最常用的横排战术是"3-4 站位",即 3 名控盘队员和 4 名切盘队员。

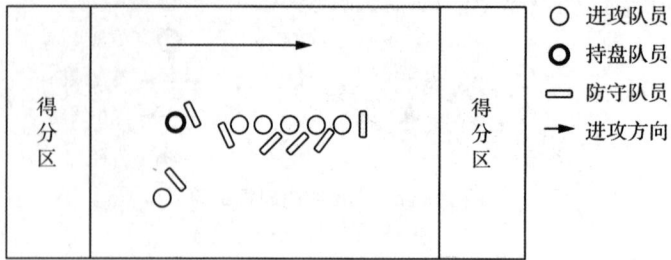

图 19-13　横排战术

极限飞盘竞赛规则

# 第二十章 轮滑

## 第一节 轮滑运动概述

### 一、轮滑运动的起源与发展

1863 年,美国人詹姆士发明了第一双双排溜冰鞋,四个轮子分前后两组,由两个轴穿起两个轮子,四个轮子上的轴承可以使轮子很稳定地转动,可以做转弯、前进和向后的各种动作,这就是最为广泛使用的旱冰鞋,成为轮滑球、花样轮滑、果酱溜冰(jamskating)和极限轮滑的运动器材。

20 世纪初,轮滑运动在和欧洲得到广泛开展,一些国家纷纷成立了速度轮滑俱乐部。英国于 1908 年修建了世界上最大的轮滑场,1910 年,欧洲开始出现了轮滑球赛。1924 年在瑞士的蒙特勒举行了国际轮滑联盟第一次代表大会。

### 二、轮滑运动的作用

轮滑运动对个人的身体和心理健康都有很多作用。

**1. 健康锻炼**

轮滑是一种全身运动,可以锻炼到身体的各个部位。它可以提高心肺功能,增强肌肉力量和耐力,有助于改善身体的整体素质。

**2. 协调与平衡**

轮滑需要保持平衡并控制滑行的方向和速度,因此可以帮助培养个人的协调能力和平衡能力。

**3. 塑造身体线条**

轮滑运动可以帮助塑造身体的曲线和线条,尤其是对臀部和腿部肌肉的塑造效果显著。

**4. 消耗卡路里**

轮滑是一种有氧运动,能够有效地燃烧卡路里。

**5. 减轻压力**

轮滑运动可以增加身体素质和释放紧张情绪。滑行在自然环境中，使人感到轻松愉悦，对缓解压力和焦虑有积极的作用。

**6. 增强心理素质**

轮滑需要勇气和决心，能够增强个人的自信心和勇敢精神。克服困难和挑战的过程，有助于培养毅力和耐力。总而言之，通过轮滑运动，人们可以获得身体健康，增强协调和平衡能力，塑造身体线条，消耗卡路里，减轻压力并增强心理素质。同时，轮滑运动也是一种有趣和富有挑战性的活动，可以带来快乐和满足感。

## 三、轮滑运动的分类

**1. 速度轮滑**

速度轮滑是最能体现轮滑运动竞技性的项目，类似于速度滑冰项目。现主要以单排轮滑鞋为比赛工具，超长距离和长距离是速度轮滑运动的基础项目，短距离是核心项目。

**2. 自由式轮滑**

自由式轮滑也称平地花式轮滑，极具轮滑运动的休闲性和趣味性，可以较自由地进行轮滑运动，入门容易，场地和器材要求简单，也是目前大众普及率最高的轮滑运动。

自由式轮滑比赛项目分为：花式绕桩、速度过桩（个人赛、淘汰赛）、花式对抗、双人花式绕桩、花式刹停、轮滑舞蹈、轮滑拉龙（广东特色比赛项目）、平地跳高。

**3. 花样轮滑**

花样轮滑源自于花样滑冰，是最能体现轮滑运动艺术性和技巧性的项目，平衡是花样轮滑的基础，旋转是精髓，所以对运动员的控轮技术和艺术表现力有极高的要求。

花样轮滑分为规定图形滑、自由滑、双人滑和双人舞4个项目。该项目对着装、音乐、轮滑鞋都有要求。比赛在不小于50米长、25米宽的场地上进行。

**4. 轮滑球**

轮滑球由冰球发展而来，两者规则非常相似。轮滑球融合了冰球和马球两种运动项目的特点，以个人技巧和团体协作为基础，比赛规则宽松，具有很强的对抗性。轮滑球是第一个进入奥运会的轮滑项目，为轮滑进奥运做好了铺垫。运动器材为单排/双排溜冰鞋，分单双两个组别进行比赛。

**5. 极限轮滑**

极限轮滑，也叫特技轮滑，是轮滑运动中最为前卫、最富刺激性和观赏性的项目，极限轮滑的场地最具代表性的就是U型池，滑手们在U型池做出各种高难度动作，"上下翻飞"，充分展示自己的技巧和身体素质。

按照场景，极限轮滑分为街头极限轮滑、公园极限轮滑和坡面障碍极限轮滑。

（1）街头极限轮滑运用日常环境中的元素，如栏杆、楼梯，甚至每一个街边障碍物都有可能用来展现轮滑招式，选手需要高度创新和完美地表现技巧。

（2）在公园和坡面障碍场景中，选手使用预设环境滑出"线条"（由一系列连贯的招式组成）。

**6. 轮滑速降**

轮滑速降是一种相对较刺激的类似速滑的轮滑形式,一般选择在比较陡峭的公路或山路进行。速降者在佩戴好全套护具之后,靠路面的倾斜给予动力,人体自由下落,感受风驰电掣般的刺激。

此外,还有滑板、轮滑阻拦、轮滑回转、滑板车、轮滑障碍追逐赛等项目。

## 第二节　速度过桩训练方法

### 一、起跑

#### (一)侧向起跑预备姿势

**1. 练习目的**

保持身体的静止和稳定,便于起跑。

**2. 动作要领**

当听到发令员发出"On your Mark"口令时,运动员以直立姿势站好,当听到"Ready"口令时,运动员侧身向起跑方向,两腿与肩同宽平行分立,用轮的内刃着地,将将有力腿放在后面,两腿与起跑线成 20～30 度角,身体重心落在两腿中间,两膝微屈,约成 110 度角,膝盖内扣,上体前倾与地面成 40～50 度角,前侧手臂自然下垂,后侧手臂向侧后平举,高度不超过肩,目视前方 8～10 米,当听到"Go"立即跑出。侧向起跑的主要特点是能用较强的蹬摆动作,克服人体的静止状态,取得前进的初速度。一般腿部力量较强的运动员会采用这样这种起跑法。

**3. 自我检查**

①两脚与起跑线成 20～30 度角,上体前倾与地面成 40～50 度角,身体重心落在两腿中间。

②两腿弯曲,约成 110 度角,膝盖内扣。

③前臂自然下垂,后臂向侧后平举,高度不超过肩,目视前方 8～10 米处。

**4. 练习方法**

①原地模仿练习。

②慢速度状态练习。

③逐渐过渡到正常起跑状态并提高滑行速度。

**5. 自我过关测试**

①在正确完成技术动作的前提下,根据个人特点和能力,由运动员和教练员共同进行评价。

②有较强的启动和滑行能力及滑行速度。

### （二）正向起跑预备姿势

**1. 练习目的**

保持身体的静止和稳定，便于起动。

**2. 动作要领**

当听到发令员发出口令，轮子内刃压紧地面，两脚成外"八"字型站好。这时，两腿微屈，成110度，两膝关节前弓，身体重心落在两脚中间并稍偏前，身体重心投影点位于脚的前内侧，上体稍前倾，与地面成40～50度角。如果右脚是有力脚，左臂放于体前自然下垂，右臂放于体侧后平举，高度不超过肩，目视8～10米处，当听到"Go"立即跑出。

正向起跑姿势由于两脚离起跑线都较近，因而离开起跑线所用的时间少，起动速度较快，因而离开起跑线所用的时间就少，起动速度较快。因用身体重心前移克服人体的静止状态，所以需要腿的力量相对小，一般为反应敏捷的运动员所采用。

**3. 自我检查**

①两脚跟分开5～10厘米，脚尖分开成90～120度角，用轮子内刃压紧地面。

②两腿微屈，约成110度角，两膝关节前弓。

③身体重心落在两腿中间稍偏前部位，上体稍前倾，与地面成40～50度角。

④目视前方8～10米处。

**4. 练习方法**

①原地模仿练习。

②慢速度状态练习。

③逐渐过渡到正常起跑状态并提高滑行速度。

## 二、起跑后第一步

**1. 练习目的**

使身体由静止状态，在最短时间内，以较省力并合理的技术动作获得最理想的速度。

**2. 动作要领**

一般来说，跑出后的第一步即为起动，起动技术好坏在很大程度上将决定起跑的效果和起跑的速度。侧向起跑时，当听到"GO"后，运动员应将前脚微微抬离地面并迅速外转，同时后腿用力蹬地，身体前倾，配合下肢动作，小振幅摆动双臂。外转的前脚，应用轮子的内刃着地，以踏切动作向前稍迈出，并使脚跟落于前进方向的中线上，臀部前送，重心直投影点落于两脚的稍前内侧。

**3. 自我检查**

①身体重心前置，上体前倾。

②落地脚脚尖外旋。

③落地脚稳定扎实，没有侧滚轮现象。

④有效支撑身体重心，便于蹬腿发力。

**4. 练习方法**

①原地模仿练习。

②慢速度状态练习。

③逐渐过渡到正常起跑状态并提高滑行速度。

## 三、切跑式疾跑

### 1. 练习目的

使身体由静止状态,在最短时间内,以较省力并合理的技术动作获得最理想的速度。

### 2. 动作要领

两腿以蹬切动作向侧后方蹬伸,以轮子的内刃着地,两脚外展的角度保持固定或变化很小,完成疾跑阶段。这种方法速度较快,适合于腿部力量较强、灵活性较好的运动员,但对起跑与正常滑跑的衔接技术有较高的要求。

### 3. 自我检查

迅速启动,在最短的时间内达到最快速度,并与正常滑跑动作相衔接。

## 四、疾跑与滑行的衔接

### 1. 练习目的

顺利、流畅地将起动与滑行结合起来,保证起动的迅速和滑行的流畅,把疾跑中已获得的向前速度转移到正常滑跑中去,这一过程就是速度过桩的起跑的衔接。这时,要明显地由以轮子内刃蹬地的疾跑技术,过渡到轮子外刃着地、平刃惯性滑行和内刃蹬地的滑行技术。

### 2. 自我检查

衔接稳定、流畅,有效地利用疾跑的速度,有利于正常滑跑技术的发挥。

### 3. 练习方法

①原地模仿练习。

②慢速度状态练习。

③逐渐过渡到正常起跑状态并提高滑行速度。

### 4. 自我过关测试

①在正确完成技术动作的前提下,根据个人特和能力,由运动员和教练员共同进行评价。

②有较强的起动和滑行能力及滑行速度,并适应运动员个人和比赛对抗的战术行动。

## 五、进桩滑行

### 1. 练习目的

以适当快速单脚滑行入桩,稳定快速滑行过桩。在这一过程尽量以最快速度绕过20桩,并成功撞线。

### 2. 动作要领

在这一过程就是单脚 Snake 技术的延伸,在滑行过程连续地由外刃转换为内刃。要求膝盖弯曲,滑行动力主要来自小腿的快速摆动,上身保持直立,浮腿屈在滑行腿后方,双臂的用于保持身体的平衡,置于身体两侧,几乎保持不摆动。

**3. 自我检查**

滑行稳定、流畅，有效利用之前获得的速度，并测验每次的练习时间，不断提高。

**4. 练习方法**

①慢速度状态稳定的练习。

②逐渐加速，直至达到自己控制内的最高速度。

**5. 自我过关测试**

① 在正确完成技术动作的前提下，根据测定的时间，由运动员和教练员共同评价。

②有较快的速度且速度稳定，并适当在过桩过程利用发力加速来增进前进速度。

# 六、速度过桩

## (一) 持续训练法

持续训练法是以比较恒定的强度连续进行练习的方法。它可以改善运动员的心肺功能和有氧代谢能力。其主要特点是练习强度不大，且相对稳定，一次训练的时间较长，中间没有间歇，因而，训练的负荷量相对较大，是有氧功能训练。持续训练法可以提高运动员的每搏输出量和肺通气量，改善最大吸氧量。在训练过程中，大脑皮层保持兴奋和抑制有节奏地转换，可以使神经系统功能得到改善，并能使技术动作得到巩固与提高。在实际应用中应注意以下几点：

①在技术训练，应以保持正确的技术动作规范为前提。当技术动作变形时，应及时调整练习的持续时间或练习强度。

②控制好负荷量和负荷强度。负荷量的控制要通过调整练习的时间和次数来实现；而负荷强度主要通过合理安排练习的速度和动作的频率来控制。

③负荷量和负荷强度的指定要充分考虑到运动员的性别、年龄以及训练水平等实际情况。

## (二) 重复训练法

重复训练法指在相对固定的条件下，有间歇地反复练习，而每两次练习的间歇要使运动员的机体基本得到恢复。重复训练法可促进运动员大脑皮层和肌肉有节奏地工作和休息，保持较长的工作时间；也可使机体进行良好的恢复，保持较好的运动能力；同时使大脑皮层中刺激的痕迹得到强化，有利于技、战术的形成与巩固。重复训练法具有强度大、动作稳定和恢复充分的特点，既有利于提高运动技能，又有利于提高身体素质。

在速度过桩训练中，根据不同的训练目的和内容，使用重复训练法的要求也不同。以技术练习为主时，要严格要求运动员按照技术规范进行，对训练强度不要做较高的要求，而要保证一定的重复次数。以提高巩固技术为主时，应在保持一定重复次数的基础上，逐渐地加大练习的强度。为尽快提高运动员的技术水平和掌握技术的能力，可让运动员在大负荷的情况下和模拟比赛的情况下反复练习，以提高技术运用能力。为保证训练的质量，休息的时间要充分。同时，重复的次数应以运动员能按预定的强度完成为准，不要出现技术动作变形的情况。一般来说，训练的练习次数不要太多，但强度可大些，以运动员所能承受的最大强度为限,应接近或达到比赛强度;练习的重复次数不必过多,但组数可适当增多,以弥补练习次数的不足和保证训练的时间。

### (三) 间歇训练法

严格控制间歇时间,在机体尚未完成恢复过程时就进行下一练习的方法叫间歇训练法。运用间歇训练法进行训练,每次(组)练习间隔的时间应使机体不能达到完全恢复的状态,这一点与重复训练法有本质的区别。

运用间歇训练法,要事先计划好组与组之间的休息时间,用相对的短时间、高强度做功方式进行训练。它的优点在于增加训练积累起来的总时间,大大超过同等强度下单一持续做功的总时间。比如运动员在100％的最大吸氧量强度水平上连续做功10分钟,引起乳酸堆积,力气用尽。那么利用同等强度,与单一做功10分钟所积累的乳酸相同。然而从做功的时间上看,持续法只做功10分钟,而间歇训练法却增加到了30分钟。间歇训练法主要对供能系统和肌肉有刺激,就是说,间歇训练的强度特性确实对肌肉组织的生化性质和结构造成了影响。间歇训练还能提高身体耐乳酸能力和快速消除乳酸的能力。由于间歇训练是强调无氧能力的训练,所以通常采用短时间做功的速度训练。要想从间歇训练中获得最大益处,那么在练习过程中,就必须采用与专项动作相近的训练形式。

速度过桩竞赛规则

# 第二十一章 游泳

游泳运动方式多样,技巧丰富,对身体的锻炼比较全面均衡,有很高的健身价值和很强的观赏性、趣味性。经常参加游泳运动的人不但形体健美,而且肌肉能力、心肺功能都很好。通过学习本章,读者可以全面掌握4种竞技游泳的基本技术,了解相关安全常识。

## 第一节　游泳运动概述

### 一、游泳运动的起源与发展

人类在与大自然进行斗争的过程中,逐渐学会了游泳。最初,人类只是简单地模仿水栖动物的姿势与动作,在水中简单地移动,久而久之,便掌握了在水中行动的技能,如漂浮、游动、潜水等,进而产生了各种游泳姿势。1896 年举办的第 1 届奥运会将游泳列为比赛项目之一。第 2 届奥运会增设仰泳、障碍泳和潜泳比赛。第 3 届奥运会将游泳比赛的姿势规定为自由泳和仰泳,比赛距离以"码"为单位。1908 年第 4 届奥运会,成立了国际游泳联合会,并制定了国际游泳比赛规则,同时规定比赛距离统一使用"米"为单位。1996 年第 26 届奥运会和 2000 年第 27 届奥运会,游泳比赛项目达 32 项,游泳成为奥运会比赛金牌数仅次于田径的比赛大项。

### 二、游泳运动的作用

游泳是一项全身性的有氧运动,对身体健康有多方面的益处:

(1)心血管健康:游泳能够增强心脏功能,提高心肺耐力。

(2)肌肉锻炼:游泳能够锻炼到身体的大部分肌肉群,增强肌肉力量和耐力。

(3)关节保护:由于水的浮力,游泳对关节的冲击较小,适合关节问题的人群。

(4)减肥塑形:游泳消耗热量大,有助于控制体重和改善身体线条。

(5)减压放松:水的按摩效果和游泳时的放松状态有助于减轻压力。

（6）提高协调性：游泳需要身体各部分协调运动，可以提高身体的协调性和灵活性。

总的来说，游泳是一项适合各个年龄段人群的运动，对身心健康都大有裨益。

## 三、游泳运动主要赛事

国际高水平游泳赛事主要有奥运会游泳比赛，以及国际游泳联合会主办的世界游泳锦标赛、世界杯短池游泳系列赛、世界短池游泳锦标赛等。

我国主办的高水平游泳赛事主要有全国运动会、全国游泳锦标赛和全国游泳冠军赛等。

2020 年东京奥运会上，中国游泳队获得 3 枚金牌、2 枚银牌、1 枚铜牌，打破女子 4×100 米自由泳接力亚洲纪录，打破女子 400 米自由泳亚洲纪录，打破女子 200 米蝶泳奥运会纪录。

## 第二节　游泳运动基本技术

本节将介绍初学游泳时熟悉水性的方法，以及竞技游泳中蛙泳、自由泳、仰泳、蝶泳的腿部动作、手部动作和完整配合。

### 一、熟悉水性

#### （一）站立与水中行走

放松心情，速度平稳，逐渐加速，体会行走过程中身体位置的改变以及如何在行走中保持平衡。

（1）双手扶池边，面向池壁，沿着池壁侧向行走。

（2）单手扶池边，面向游泳池的一端，向前或向后行走。

（3）双手不扶池边，在体侧轻微划水帮助移动和保持平衡。

#### （二）呼吸

吐气用口和鼻，吸气时主要靠嘴，不要用鼻子。

（1）闭气练习：在浅水区双手扶池边，弯腰，吸气后下蹲低头使头部完全没入水中，10 秒后起身站立。

（2）吐气练习：在浅水区双手扶池边，弯腰，将鼻子和嘴没入水中，同时慢慢吐气，眼睛看着水面的波浪。

（3）呼吸练习：在浅水区双手扶池边，弯腰，吸气后低头没入水中闭气 2 秒左右，用口鼻在水中慢慢吐气，将近吐完气时抬头，在嘴刚露出水面时，用力张大嘴将余气吐出同时吸气。重复吸气、闭气、吐气的连续过程。

### （三）漂浮

肩放松，肘伸直，将身体完全舒展，就像趴在床上一样。

（1）扶池边漂浮：在浅水区双手扶池边，吸气低头，双脚离地，使自己的身体完全放松。肩放松，双手轻轻扶住池边即可。

（2）抱膝漂浮：处于浅水区，吸气后低头，轻轻蹬离池底（不要跳），全身抱成一团漂在水面上，如图 21-1 所示。双手松开下压水面，抬头挺身直立，两腿伸直双脚向下踩池底，直立。

图 21-1　抱膝漂浮

### （四）滑行

肩放松，手臂、腿自然伸直并拢，身体完全舒展，低头看池底。双手伸直扶打水板，深吸气、低头、身体前倾并屈膝，双脚同时蹬池壁（浅水区一只脚蹬地），两腿并拢向前滑行。

## 二、蛙泳

### （一）腿部动作

#### 1. 动作要点

蛙泳腿部动作包括收腿、翻脚、蹬夹水、滑行 4 个方面。

（1）收腿：屈膝收腿，脚掌沿水面靠近臀部，小腿缓慢收腿，同时两腿分开直至两膝与肩同宽，小腿与水面垂直，如图 21-2 所示。

（2）翻脚：膝关节不动，小腿向外翻转，使脚尖向外，脚掌外翻，由后方看成"W"形，如图 21-3 所示。

（3）蹬夹水：小腿带大腿，向外蹬水紧接着向内夹水，如图 21-4 所示。小腿的动作路线是 2 个半圆。在蹬夹水过程中，脚内侧和小腿应当有很大的阻力感。蹬夹水结束时，双腿并拢，两脚成内八字形。

（4）滑行：在蹬夹水完成后，两腿放松，保持双腿并拢、两脚尖相对的姿势 2 秒左右，如图 21-5 所示。

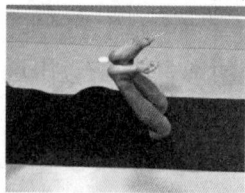

图 21-2　收腿　　　　图 21-3　翻脚　　　　图 21-4　蹬夹水　　　　图 21-5　滑行

**2. 陆上模仿**

陆上模仿包括陆上翻脚练习和池边坐姿模仿。

（1）陆上翻脚练习：双腿伸直，勾脚后脚外翻，即为蛙泳腿动作中的翻脚动作。

（2）池边坐姿模仿：眼睛看着自己的腿，按照"收腿、翻脚、蹬夹水、滑行"的步骤进行练习，注意翻脚后要使双腿成"膝关节在内，小腿外翻"的"W"形。

（3）池边俯卧模仿：趴在池边，使双腿在水中，上半身在岸上。按照动作顺序练习，注意体会脚内侧和小腿是否有很大的阻力感。每次滑行结束，做一次呼吸的模仿动作。

（4）水中俯卧模仿：双手持打水板，闭气，使自己漂浮起来，按照动作顺序进行蛙泳腿练习。注意换气的时机是在每次滑行结束，吸气低头后再收腿。

## （二）手部动作

**1. 动作要点**

外划时放松，内划时加速用力，积极前伸，放松滑行。

（1）外划：双臂伸直，双手同时边向外、边向后划至比肩略宽，然后屈臂向后下方划水，如图 21-6 所示。

（2）内划：双手向后划水至肩下时，手掌转向内，双手加速内划，在胸前合拢，两前臂同时夹紧身体，如图 21-7 所示。

图 21-6  外划

图 21-7  内划

（3）前伸：双手双臂并拢伸直，伸直的同时低头，如图 21-8 所示。

（4）滑行：在前伸结束后，保持双臂并拢、低头放松的姿势 2 秒左右。

**2. 陆上模仿**

陆上模仿包括陆上站立模仿和池边俯卧练习。

（1）陆上站立模仿：站立低头弯腰，双手向前伸直。按照动作顺序进行练习。注意双

图 21-8　前伸

手在分手向外划水时就抬头进行吸气,在前伸的同时低头闭气、吐气。

(2)池边俯卧练习:趴在池边,腰部以上在水中,腰部以下在岸上。按照动作顺序进行划水与呼吸的配合练习。注意体会双手和小臂内侧是否划到水,是否有阻力感。

(3)水中站立练习

站在浅水区,进行蛙泳手模仿练习。注意体会双手和小臂内侧是否划到水。划水时会带动身体前进,但要注意避免主动向前迈步。

### (三)完整配合

**1. 动作要点**

划水腿不动,收手再收腿,先伸胳膊再蹬腿,并拢伸直漂一会儿。

**2. 陆上模仿**

陆上模仿包括陆上俯卧模仿和池边俯卧模仿。

(1)陆上俯卧模仿:趴在地上,按照动作顺序进行练习。跟随口令,"1"划水,"2"收手,"3"收腿,"4"伸手,"5"蹬腿。

(2)池边俯卧模仿:把胸部以上放水里,腿在岸上进行练习,或把腿放在水里,腰部以上在岸上进行练习。口令同陆上俯卧模仿。

**3. 水中练习**

水中练习包括推拉板练习、扶池边练蛙泳配合、闭气配合和分解配合。

(1)推拉板练习:双手抓住打水板,全身伸直俯卧水中,抬头吸气的时候肘关节弯曲,把板子拉到胸前,收腿、翻脚、低头呼气时把板子推出去,肘关节快伸直的时候蹬腿。

(2)扶池边练蛙泳配合(深水池用):一只手抓住池边,另一只手和腿练习配合,然后换手再做一遍。

(3)闭气配合:减少了呼吸动作,降低了动作难度,比较容易掌握配合动作。

(4)分解配合:从 3 次蹬腿 1 次划水过渡到 2 次蹬腿 1 次划水,最后完成 1 次蹬腿 1 次划水的完整配合。

## 三、自由泳

### (一)腿部动作

如图 21-9 所示,以髋为轴,大腿发力,大腿带动小腿。绷脚尖,双脚成内"八"字形。

下踢用力,上抬放松。打腿要做到幅度小、频率快、动作连贯。

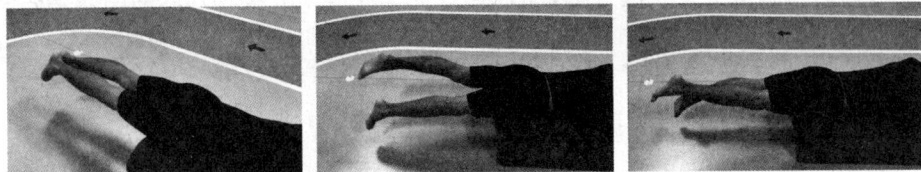

**图 21-9 自由泳腿部动作**

### 1. 动作要点

打腿时大腿发力,大腿带动小腿向下打水。打水幅度为 30～40 厘米。直腿上抬,在脚接近水面时略屈膝关节,由大腿带动小腿向下打水。

### 2. 池边练习

臀部以上在岸边,从大腿根部开始放在水里,身体伸展俯卧在池边,练习打水。速度由慢到快,重点体会直腿上抬时髋关节展开的拉伸感。

### 3. 水中练习

全身俯卧水中,两手扶住池边或手持打水板,闭气进行打腿练习。肩要放松,腋下要完全伸展开。

## (二) 手部动作

手开始划动,头开始转动并慢吐气,手出水时头出水,有力吐气并被动式吸气,随着手在空中移动,头随之转动复原。

### 1. 动作要点

自由泳手部动作可分为入水及划水、出水及移臂和两臂配合 3 个方面。

(1) 入水及划水:如图 21-10(1)所示,手贴近耳朵,在肩的延长线入水。手掌和前臂对准水,沿着身体的中线向后划水至大腿。

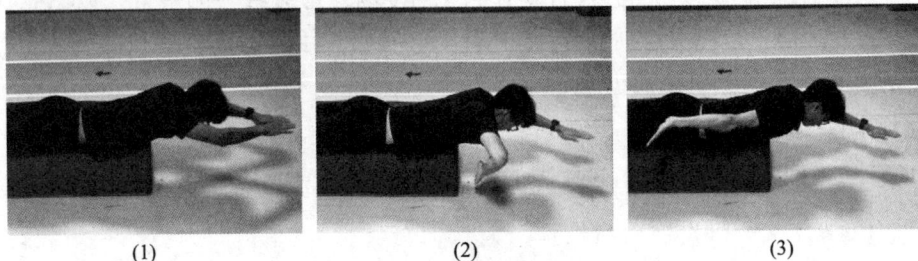

(1)　　　　　　　　　　(2)　　　　　　　　　　(3)

**图 21-10 自由泳手部动作**

(2) 出水及移臂:手臂划水结束时成直臂,此时略微转肩,提肩提肘,由肩带动肘关节并顺势带动前臂向前移动,如图 21-10(2)所示。

(3) 两臂配合:对于初学者,推荐前交叉配合。一只手入水伸直时,另一只手开始划水,两手在头前有短暂的交接。右手伸直,左手开始划水,如图 21-10(3)所示。

**2. 陆上模仿**

站在岸边,弯腰低头。先进行单臂的模仿划水练习,眼睛看着划水的路线是否正确。单臂熟练后,两臂配合练习,逐渐加上呼吸一起练习。每划水 2～3 次,呼吸 1 次。

**3. 水中练习**

站在浅水区,面向池壁,双手指尖刚好碰到池壁。练习方法同陆上模仿。

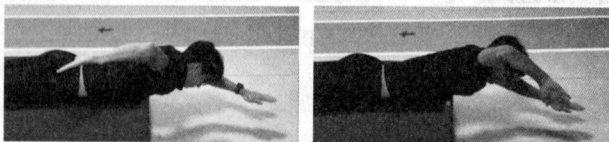

图 21-11 自由泳陆上模仿

### (三)完整配合

身体要保持伸展平直,双臂、双腿并拢伸直,身体要整体转动,不能有侧向的扭动。呼吸是难点,关键在于身体的整体转动配合呼吸,常见的错误是采用蛙泳式的抬头吸气。

**1. 动作要点**

自由泳配合为 6 次打腿、2 次划水、1 次呼吸,也可采用 3 次划水、1 次呼吸;两臂采用前交叉配合,一只手入水伸直时,另一只手开始划水,两手在头前有短暂的交接;转头吸气时,该侧的肩也要转动并露出水面,这样有利于呼吸。

**2. 陆上模仿**

原地踏步,如同在水中不停顿地打腿。跟随口令,"1"边划水边转头慢吐气;"2"手划至大腿,"啪"用力吐气;"3"移臂,眼睛看手,手移至肩平处吸气完毕,随着手入水头复原。

**3. 水中练习**

水中练习包括扶池边练习和两人配合练习。

(1)扶池边练习:双手扶池边,打腿让自己浮起来,先练习一侧手臂。以右臂为例。左手扶池边始终不动,打腿帮助漂浮,划右臂配合呼吸。手臂的单臂练习熟练后,可以进行双臂的练习。注意双手在池边处进行交叉。

(2)两人配合练习:浅水区,一人练习,一人帮助。练习者打腿漂浮,两臂划水并配合呼吸,同伴在头前拉住练习者一只手,缓慢前进,帮助练习者体会划水和前进的效果。

## 四、仰泳

### (一)腿部动作

直腿下压,屈腿上踢,踢腿要踢直。两脚略并拢,成内"八"字形,如图 21-12 所示。

**1. 动作要点**

仰泳腿部动作包括下压和上踢两方面。

(1)下压:大腿带小腿直腿下压,大腿停止下压后,小腿和脚在惯性的作用下继续下压,当膝关节呈 135°左右时,转入上踢过程。

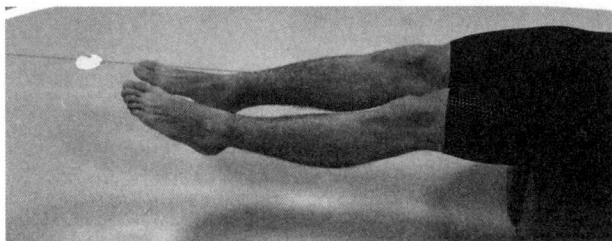

图 21-12 仰泳腿部动作

（2）上踢：大腿带动小腿用力向后上方做踢水动作，在上踢过程中膝关节和脚不能露出水面，两腿的上下打腿幅度为 30～40 厘米。

**2. 陆上模仿**

池边仰卧练习。仰卧在池边，臀部以下在水里进行练习。

**3. 水中练习**

水中练习包括水中抱板练习和水中进阶练习。

（1）水中抱板练习：双手轻轻抱一打水板帮助身体漂浮，伸展身体仰卧于水中进行练习。

（2）水中进阶练习：双手放于体侧，仰卧水中进行练习，此为上一个练习的进阶练习。手部动作入水、划水、出水及空中移臂动作依次紧密衔接。划水时注意呼吸要有节奏，不能随意呼吸。通常在移臂的时候吸气，在划水时吐气。

## （二）手部动作

**1. 动作要点**

仰泳手部动作包括入水、划水、出水及空中移臂 3 个方面。

（1）入水：掌心朝外，手臂伸直，小指先入水。臂的入水位置在肩的正前方。

（2）划水：手臂入水后，上臂贴近身体，手掌和小臂向外下方划水直至手臂划至大腿附近为止。划水过程中手掌不能露出水面。

（3）出水及空中移臂划水结束时手掌贴近大腿，因此大拇指领先出水。此时注意手臂伸直。移臂过程中保持手臂伸直，当手臂与水面垂直时使掌心向外，手臂贴着耳朵，小指先入水。

**2. 陆上模仿**

陆上模仿包括站立模仿和仰卧池边练习两方面。

（1）站立模仿：站在岸边，单臂做划水练习，逐渐过渡到两臂配合。

（2）仰卧池边练习：仰卧在池边，右侧手靠近水边，在水中进行练习。然后换方向，左手练习。

**3. 水中练习**

两人水中配合练习。同伴坐池边或站在水中，扶住练习者的双腿，帮助其漂浮。练习者仰卧水中做划水练习。

### （三）完整配合

身体要保持伸展平直,腰腹挺起来,完全仰卧在水面上,略收下颌。

**1. 动作要点**

一手入水时,另一手划水。仰泳配合是 6 次打腿、2 次划水。在练习时可以不考虑打腿的次数,只要记住持续打腿不要停即可。练习时先打腿,当感觉身体漂浮起来并且匀速前进时,再加划水。在划水时腿切记不能停。注意调整呼吸。

**2. 陆上模仿**

站在岸边,两腿原地摆动,模仿打腿动作,两臂配合做划水练习。

**3. 水中练习**

浅水区,同伴扶住练习者的腰部帮助其漂浮,练习者仰卧水中练习两臂划水配合,逐渐过渡到手腿配合或不需要同伴的帮助。

## 五、蝶泳

在掌握了蛙泳、自由泳和仰泳技术后,蝶泳技术就相对容易掌握了。蝶泳来源于蛙泳,在技术上,很多地方却和自由泳相似。

### （一）腿部动作

两腿并拢伸直,双脚成内"八"字形,腰背发力,大腿带动小腿做"鞭打"打水动作,如图 21-13 所示。

**图 21-13 蝶泳腿部动作**

**1. 动作要点**

如图所示,略微屈膝呈 $120°\sim130°$,绷脚背对水,大腿带小腿向下快速打水。向下打水结束,大腿直腿上移,在脚后跟刚露出水面时,再次重复向下打水。

**2. 陆上模仿**

左手扶墙边站立,右手放于腰部,左脚站立,右脚进行单脚的模仿练习。

**3. 水中练习**

水中练习包括池边练习、俯卧水中练习和打水板练习。

(1)池边练习:深水区,双手扶池边,肩部放松,双腿进行蝶泳腿练习。

(2)俯卧水中练习:俯卧于水面,双手先放于体侧,闭气,连续打蝶泳腿。注意头部不要入水太深,在水面附近并要保持相对稳定。

（3）打水板练习：双手扶打水板进行蝶泳腿练习，注意肩和头部要保持放松稳定，不能乱晃。

### （二）手部动作

划水时抬头吸气。空中移臂时，伴随双臂入水，低头闭气。

**1. 动作要点**

双手在肩的延长线上由大拇指领先入水。入水后，双臂和肩继续前伸至腋下完全伸展，双臂高肘抱住水在身体下方划向大腿，此时随着划水的进行开始抬头呼吸。双臂沿着身体加速推水至大腿后，顺势小指先出水，肘关节保持伸直状态。两臂在水面上前移至入水。伴随双臂在空中移动，低头入水闭气。

**2. 陆上模仿**

站在岸上做双臂与呼吸的配合练习。

**3. 水中练习**

水中练习包括浅水站立模仿练习和夹板辅助练习。

（1）浅水站立模仿练习：站在浅水区，弯腰低头，进行练习。注意体会双手划水时遇到的阻力。

（2）夹板辅助练习：自己双腿中间夹住一块打水板，进行练习。

### （三）完整配合

抬头呼吸的时候主要是借助打腿时划水的力量，顺势抬起上身，不要刻意通过弓腰发力来抬上身。2 次打腿配合 1 次划水、1 次呼吸。

**1. 动作要点**

手入水的时候，配合第一次打腿，在肩部继续前伸的时候，大腿开始上抬。手臂划水到腹部下方时进行第二次打腿。第二次打腿通常是为了帮助身体上升便于抬头换气。

**2. 陆上模仿**

准备姿势为直立，两臂上举，一条腿配合划水进行蝶泳配合的模仿练习。

**3. 水中练习**

水中扶板练习。单手扶打水板，进行单手和腿配合的练习。双手交替进行。按照多打腿少划水的原则，由 4 次打腿配合 1 次划水和 1 次呼吸逐渐过渡到 2 次打腿配合 1 次划水和 1 次呼吸。

## 第三节　游泳安全卫生与救生常识

本节将介绍游泳安全卫生常识和水上救生常识，包括游泳场地的选择、游泳前的准备、实用游泳技术、间接赴救、直接赴救、自我救护方面的常识。

## 一、游泳安全卫生常识

### (一) 选择安全卫生的游泳场地

大学生学习游泳应选择人工游泳场馆，不要到自然水域游泳。人工游泳场馆的管理比较规范。池水经常消毒、排污和过滤，清晰度较高，深水和浅水有明显标志，安全性和卫生情况都较好。

### (二) 游泳前的准备

游泳前应进行身体检查，患有心脏病、高血压、癫痫、肺结核、传染性肝炎、皮肤病、红眼病、精神病、中耳炎的人，处于发烧状态的人，以及开放性创伤者，都不宜游泳。游泳前还应进行适当的热身，以提高神经系统的兴奋性，增强心血管系统和呼吸系统的功能，增加肌肉的力量和弹性。加快血液循环和新陈代谢，提高身体各关节的灵活性。热身活动对防止抽筋、拉伤也有积极的作用。

## 二、水上救生常识

### (一) 实用游泳技术

实用游泳是游泳运动的一种，主要指为了生产和生活需要而进行的游泳活动。通常意义上讲的实用游泳技术指踩水、侧泳、反蛙泳、潜泳、抬头自由泳和着装泅渡等。下面介绍人们在日常生活生产中经常用到的踩水、侧泳、反蛙泳、潜泳和抬头自由泳技术。

**1. 踩水**

踩水是一项实用价值较大的游泳技术，其在日常生活上应用较多，如持物过河、通过逆流、救溺水者等。

踩水的基本动作与蛙泳类似，但踩水时身体在水中基本接近于直立，头部始终在水上。踩水时，身体直立水中稍前倾，头露出水面，稍收髋，两腿微屈勾脚，两臂胸前平屈，掌心向下，两手划水路线成"八"字弧形。腿和臂的动作配合要连贯，腿与手臂的动作比例为1∶1，即一般是两腿各蹬夹一次水，或是两腿同时蹬夹一次水，两手做一次划水动作。

踩水时，呼吸要自然，随腿、臂动作的节奏自然地呼吸。用踩水技术游进时，身体要略前倾，腿稍向侧后蹬水，两臂向后拨水。也可以采用侧身向前的技术，这时后腿应较为用力。

**2. 侧泳**

侧泳的技术动作自如省力，实用价值很大，水中搬运物品、拖带溺水者等多用侧泳。侧泳时身体侧卧水中，稍向胸侧倾斜与水平面呈 $10°\sim15°$，头的下半部浸入水中，下面的手臂前伸，上面的手臂置于体侧，两腿并拢伸直、摆动打腿。两臂交替划水（或同时划水），两腿蹬剪水，呼吸时头稍向侧转动。侧泳两腿蹬剪水一次，两臂各划水一次，呼吸一次。两腿蹬剪水后，在上面的臂划水结束与下面的臂前伸时，应有短暂的滑行动作。

### 3. 反蛙泳

反蛙泳的动作比较简单,易操作,游进时由于比较省力故能持久使用。在水中救助溺水者时,可用托枕、双手托颌和托双腋等多种方法用反蛙泳进行拖带运送,因此,该技术在游泳救生工作中起着重要作用。

反蛙泳的完整配合技术有两种:一种是移臂与收腿同时进行;另一种是手划水和腿蹬夹水交替进行,但腿、臂各做一次动作之后身体自然滑行。两臂前移的同时,两腿慢慢收回,边收边分开,两臂将入水时,两腿同时做蹬夹水;然后两臂自然并拢前伸,开始做臂划水动作。划水结束,身体自然伸直调行。呼吸与臂、腿配合,在两臂入水后稍闭气,两臂划水时用口鼻均匀地呼气,在移臂时用力吸气。

### 4. 潜泳

潜泳是在水下游进的一种游泳技术,它的实用价值也很大,如水下搜寻、打捞溺者及水中沉物等,都要采用潜泳。潜泳技术可分为潜深和潜远两种技术。

(1)潜深时头朝下,提臀举腿,两臂做蛙泳伸臂动作,向下伸直,由于两腿的重力作用,使身体人入水中。入水后,两腿向上做蛙泳腿的蹬水动作,以增加身体下沉速度。在身体达到需要的深度后通过两臂、头部后仰以及胸部和腰部后屈的动作,使身体由垂直姿势转为水平姿势。

(2)潜远时多在水下用蛙泳游进。在游进中为了避免身体上浮,头的位置应稍低于蛙泳头的位置,头与躯干成一直线。臂划水的幅度要比蛙泳臂划水的幅度小,收腿时屈髋幅度较小。配合动作与蛙泳相同,但是滑行时间稍加延长。

### 5. 抬头自由泳

抬头自由泳是在自由泳游进过程中保持头部始终露在水面上。抬头自由泳有助于救生员在接近溺水者时准确捕捉目标,主要用于接近目标时的观察。抬头自由泳的完整配合采用6:2:1的比例,即6次打腿配合2次划水和1次呼吸,这种配合能保持腿、臂协调,保持身体位置较高,以保证整个配合动作的稳定性。

## (二)间接赴救

间接赴救指救生员在岸上发现并经过准确判断,对发生溺水事故正在呼救挣扎的溺水者,利用现场救生器材,如救生圈、救生浮漂、救生杆和其他可用器材,在保证自身安全的前提下,对溺水者进行救助。

## (三)直接赴救

直接赴救指救生员对距离游泳池边较远处发生溺水事故的溺水者,在不能采用救生器材的情况下,救生员入水与溺水者直接接触进行救助。直接赴救是由观察、入水、接近、解脱、拖带(徒手和器材)、上岸(徒手和器材)等技术环节组成的。直接赴救是与溺水者直接接触,因此带有一定的危险性,在使用直接赴救技术时,应以保证自己的安全为前提,未经过专业救生技术培训的人,不建议其对溺水者进行直接赴救。

## （四）自我救护

### 1. 抽筋

游泳时可能出现手指抽筋、小腿与脚趾抽筋、大腿抽筋等情况。发生抽筋时，首先，要保持镇静，大声呼救；其次，在水中保持静立，进行自救，主要方法是先反向牵拉抽筋的肌肉，然后进行按摩，抽筋缓解后迅速上岸休息。

### 2. 呛水

预防呛水较好的方法是多练习呼吸技术，在未完全掌握的时候不去深水区游泳，外且游泳的时候注意力要集中，避免过度紧张。发生呛水时，要保持冷静，采用踩水技术使身体保持平衡，缓解后上岸休息。

游泳竞赛规则